主　　　编：曲青山　黄书元
副 主 编：冯　俊　辛广伟

编委会主任：李　颖　陈鹏鸣
编 委 会：（按姓氏拼音为序）
　　　　　　蔡文祥　陈兴芜　陈智英　樊原成　房向东
　　　　　　龚江红　韩丽璞　何志明　胡长青　胡彦威
　　　　　　黄立新　黄　沛　吉日木图　李海平　李树军
　　　　　　林　毅　刘　哲　彭克诚　曲　仲　宋亚萍
　　　　　　王景霞　王为松　王　旭　温六零　谢清风
　　　　　　徐　海　姚德海　叶国斌　游道勤　赵石定
　　　　　　钟永宁

编委会办公室
主　　　任：陈少铭
成　　　员：张双子　陈郝杰

2018年主题出版重点出版物

曲青山
黄书元　主编

中国改革开放全景录

重庆卷

中共重庆市委党史研究室 / 编

重庆出版集团　重庆出版社

总　序*

曲青山

为庆祝改革开放40周年，中央党史研究室、人民出版社决定联合全国各省区市相关单位共同编写出版《中国改革开放全景录》大型丛书。这是党史界、出版界围绕中心、服务大局，积极作为、主动履职的一件大事。

一、我们为什么要庆祝改革开放

党的十九届一中全会后，习近平总书记在十九届中央政治局常委同中外记者见面时的讲话中指出："中共十九大到二十大的5年，正处在实现'两个一百年'奋斗目标的历史交汇期，第一个百年目标要实现，第二个百年奋斗目标要开篇。这其中有一些重要的时间节点，是我们工作的坐标。"第一个重要坐标就是2018年改革开放40周年。为什么将改革开放同中华人民

---

* 此文为曲青山同志在2018年1月10日《中国改革开放全景录》丛书编写出版第三次工作会议上的讲话。

中国改革开放全景录

共和国成立、全面建成小康社会、中国共产党成立等重大历史事件一道确立为党和国家工作全局的坐标呢？因为改革开放是决定当代中国命运的关键一招，也是决定实现"两个一百年"奋斗目标、实现中华民族伟大复兴中国梦的关键一招。改革开放是我们党在经过曲折、反思后，实现伟大历史转折和伟大飞跃，大踏步赶上世界潮流、走近世界舞台中央的一个重要法宝，改革开放对党、对国家、对民族、对世界都产生了重大而深远的影响。

改革开放使党的面貌发生了历史性变化。改革开放40年来，我们坚持党要管党、全面从严治党，党的建设质量不断提高，党的执政地位更加巩固，为开创、坚持和发展中国特色社会主义提供了坚强的政治保证和组织保证。特别是党的十八大以来，以习近平同志为核心的党中央坚定不移推进全面从严治党，形成了反腐败斗争压倒性态势，消除了党和国家内部存在的严重隐患，党内政治生活气象更新，党内政治生态明显好转，全党理想信念更加坚定、党性更加坚强，党自我净化、自我完善、自我革新、自我提高能力显著提高，党的执政基础和群众基础更加巩固，为党和国家事业取得的全方位、开创性成就，发生的深层次、根本性变革提供了坚强政治保证。改革开放取得的巨大成就，使得中国共产党成为一个拥有8900多万名党员、450多万个基层党组织的世界第一大党，成为一个在拥有13亿多人口的中国长期执政的党。

改革开放使中国的面貌发生了历史性变化。改革开放之初，我们党发出了"走自己的道路，建设有中国特色的社会主义"的伟大号召。经过长期努力，中国特色社会主义进入了新时代，意味着科学社会主义在21世纪的中国焕发出强大生机活力，在世界上高高举起了中国特色社会主义伟大旗帜。从1978年到2017年，我国国内生产总值由3679亿元增长到82.7万亿元；城镇居民人均可支配收入和农村居民人均可支配收入分别由1978年的343.4元、133.6元增加到2017年的36396元、13432元；农村贫困发生率从1978年的97.5%大幅下降到2017年的3.1%以下。220多种主要工农业产品生产能力稳居世界第一位，改革开放前长期困扰我们的短缺经济和供给不足状况已经发生根本性转变，我国社会主要矛盾已经转化为人民日益增长的美好生活需要和不平衡不充分的发展之间的矛盾。改革开放取得的巨大成就，使得具有5000多年文明历史的古老中国重新焕发出强大生机活力，使得中国这个世界上最大的发展中国家在短短40年时间里摆脱贫困并跃升为世界第二大经济体，彻底摆脱被"开除球籍"的危险。可以说，没有改革开放，就没有中国的今天；离开改革开放，也没有中国的明天。

改革开放使中华民族的面貌发生了历史性变化。习近平总书记曾深刻指出："60多年前我们党领导人民经过长期艰苦卓绝的斗争建立了新中国，30多年前我们党领导人民开始了改革开放，这两件大事大大加快了实现中华民族伟大复兴的历史进程。"党的十一届三中全会以来，中国共产党团结带领人民进行改革开放新的伟大革命，破除阻碍国家和民族发展的一切思想和体制障碍，开辟了中国特色社会主义道路，形成了中国特色社会主义理论体系，确立了中国特色社会主义制度，发展了中国特色社会主义文化，使中国大踏步赶上时代，使久经磨难的中华民族迎来了从站起来、富起来到强起来的伟大飞跃。改革开放取得的巨大成就，使我们比历史上任何时期都更接近中华民族伟大复兴的目标，比历史上任何时期都更有信心、有能力实现这个目标。今天的中华民族充满自信，正日益走近世界舞台中央，迎来了实现伟大复兴的光明前景。

改革开放使世界格局的面貌发生了历史性变化。改革开放既改变了中国的面貌，又重塑了世界格局。40年来，我国综合国力不断增强，国际地位显著提高，国际影响力、感召力、塑造力进一步提升，中国同世界的关系进入新阶段，国内国际两个大局联系更加紧密。作为世界和平的建设者、全球发展的贡献者、国际秩序的维护者，在全球治理体系变革等关乎人类前途命运的重大课题上，再也不能少了中国声音。正如习近平总书记指出："世界那么大，问题那么多，国际社会期待听到中国声音、看到中国方案，中国不能缺席。"改革开放取得的巨大成就，也拓展了发展中国家走向现代化的途径，给世界上那些既希望加快发展又希望保持自身独立性的国家和民族提供了全新选择，为解决人类问题贡献了中国智慧和中国方案。

改革开放是我们党的历史上一次伟大觉醒，正是这个伟大觉醒孕育了新时期从理论到实践的伟大创造。40年来的伟大实践充分证明:"只有社会主义才能救中国,只有改革开放才能发展中国、发展社会主义、发展马克思主义。"我们坚信,在以习近平同志为核心的党中央坚强领导下,中华民族伟大复兴必将在改革开放的伟大进程中得以实现。

二、我们为什么要编写出版《中国改革开放全景录》

庆祝改革开放40周年,是党和国家政治生活中的一件大事。中央党史研究室是直属党中央的党史研究机构,是中央主管党史业务的工作部门。人民出版社是党和国家重要的宣传思想文化阵地。双方合作编写出版《中国改革开放全景录》,这是党史界和出版界共同为庆祝改革开放40周年献上的一份厚礼,具有重要意义。

第一,编写出版《中国改革开放全景录》是为了记史存史、资政育人

准确记载和反映党的历史,发挥党史以史鉴今、资政育人重要作用,是党史工作者的重要任务,也是出版工作者的使命责任。做好丛书编写工作,必须紧紧围绕记史存史、资政育人这一目标展开,把改革开放的历史研究好、记载好,把改革开放的成功经验梳理好、总结好,把改革开放的伟大成就宣传好、维护好。

一是生动记录改革开放波澜壮阔的历史进程,为改革画像,为先贤留名,为人民存史。从党的十一届三中全会作出把党和

中国改革开放全景录

国家工作中心转移到经济建设上来、实行改革开放的历史性决策以来，已经40年了。按照中国传统的说法，改革开放已经进入不惑之年。40年，改革的春风吹遍神州大地，创造出一个又一个彪炳史册的人间奇迹。我们编写《中国改革开放全景录》丛书，就是要生动记录我们党团结带领全国各族人民进行改革开放的伟大实践，集中反映改革开放和社会主义现代化建设取得的历史性成就，充分彰显中国特色社会主义道路自信、理论自信、制度自信、文化自信，为后世留一份珍贵的历史资料。

二是总结好改革开放的历史经验，发挥党史资政作用，为新时代全面深化改革开放贡献智慧和力量。早在延安时期，毛泽东同志就指出："如果不把党的历史搞清楚，不把党在历史上所走的路搞清楚，便不能把事情办得更好。"改革开放40年的历史，蕴含着丰富的管党治党和治国理政的经验和智慧，是一笔宝贵的政治财富，在丛书的编写过程中需要我们予以深入挖掘和总结。比如，我们统筹推进"五位一体"总体布局和协调推进"四个全面"战略布局，就需要总结党领导经济建设、政治建设、文化建设、社会建设、生态文明建设的经验，需要总结全面建成小康社会、全面深化改革、全面依法治国、全面从严治党的经验，从中寻找历史借鉴和启示。

三是用改革开放历史激励人民、教育人民、启迪人民，增进改革共识。编写《中国改革开放全景录》丛书，就是要用人民群众喜闻乐见的形式和方法，把改革开放的伟大成就、基本经验和重大事件、典型人物具体生动地表现出来，引导广大群众充分认识改革开放是当代中国发展进步的必由之路，是实现中国梦的必由之路，激励广大群众以逢山开路、遇水架桥的韧劲，将改革进行到底。

第二，把握好《中国改革开放全景录》的特点和亮点

丛书编写成功与否，原因是多方面的，其中一个重要因素是看它有没有特点，有没有使读者眼前一亮的独特气质。与社会上出版的其他书籍相比，《中国改革开放全景录》应呈现以下几个鲜明的特点和亮点。

一是系统性。编写这套丛书，要力争系统地反映改革开放40年来的全部历史，系统地反映我国改革发展稳定、内政外交国防、治党治国治军各方面取得的成就，系统地反映改革开放对生产力和生产关系、经济基础和上层建筑的促进与完善。

二是完整性。这套丛书从时间跨度上看，涵盖了从1978年党的十一届三中全会至今40年的历史，是一部完整地记录改革开放全过程的历史丛书；从地域分布上看，既有反映全国改革开放历程的中央卷，又有31个省、自治区、直辖市各自的地方卷，可以全方位反映出改革开放给中国带来的发展变化。

三是准确性。参与丛书编写的大都是各省区市党史研究室和社会科学院的领导同志与专家学者，很多同志长期从事本地区改革开放历史研究，学养深厚，对其中的重点难点问题比较了解熟悉，在资料利用方面又有得天独厚的优势。

四是生动性。这套丛书主要面向普通读者，以写事为主，夹叙夹议，要求在文字上力求生动鲜明简洁，并辅之以记录改革开放重大事件和重要人物的图片。应做到可读可信可取，既引人入胜，又给人启发。

总之，我们必须牢牢把握这套丛书既是记录改革开放全过程和各方面的资料书，又是能够阐明改革开放所以然的理论著作的这样一个定位，以生动再现和总结党的十一届三中全会以来40年波澜壮阔的历史。

三、我们应该怎样把《中国改革开放全景录》编写成一部精品力作

《中国改革开放全景录》丛书已列入中宣部、国家新闻出版广电总局重点图书，所以，我们要认认真真、扎扎实实、群策群力、按时保质推进编写工作，注意史学规范，做到言之有物、言之有据，史论结合、论从史出，确保丛书成为一部明白晓畅而又严谨切实的历史著作。

一是要坚持正确政治导向。丛书编写工作，要高举中国特色社会主义伟大旗帜，以习近平新时代中国特色社会主义思想为指导，以习近平总书记关于改革开放重要论述为根本遵循，牢牢把握改革开放40年历史的主题和主线、主流和本质，深刻阐释历史和人民在艰苦探索中选择了改革开放，正确对待改革开放中的一些失误和曲折，旗帜鲜明地反对各种歪曲、丑

化、否定改革开放历史的言行。

二是要通力合作、集体攻关。要编写这样一套丛书，是很不容易的，无论哪一个人哪一方面单打独斗都很难完成，必须依靠全党、全社会各方面的力量，齐心协力、集体攻关。中国历史上的大型丛书如《四库全书》等，都是当时举全国之力完成的。1983年开始启动的《当代中国》丛书，也是全党、全军、全国各条战线10多万工作人员前后用时15年时间集体合作完成的。《中国改革开放全景录》这套丛书虽然规模体量没有那么大，但没有通力合作、集体攻关的精神是完成不了的。做好丛书编写出版工作，不是少数人、个别人的任务，必须整合包括党政机关、党校、行政学院、社会科学院、高等院校、出版社在内的各方面力量。

三是要建立责任共同体。既然丛书的编写出版需要通力合作、集体攻关，那么大家就是一个责任共同体，要相互理解、相互配合、相互支持，最后达到双赢、共赢的结果。所谓责任共同体，就是我离不开你、你离不开我，我中有你、你中有我。具体来说，中央党史研究室的同志要认真把好书稿总体的政治关、史实关、文字关；人民出版社的同志要做好丛书的总体组织协调和出版工作。相信我们双方一定能尽心尽力把丛书编写好，一起承担责任，一起应对挑战，一起分享成绩。

四是要抓紧时间。抓而不紧，等于没抓。为了丛书的顺利出版，人民出版社和各地人民出版社提前谋划，做了大量工作，各项工作正在如期进行。希望大家发扬时不我待、只争朝夕的精神，把各项工作往前赶，打出提前量，力争丛书按时出版。

  我们处在历史的一个重要节点上，一代人有一代人的历史任务。我们这一代人是乘着改革开放的东风成长起来的，我们都是改革开放的受益者，也是改革开放的参与者、见证者。身处这个伟大时代，是我们的光荣和幸运。把改革开放的历史记录好、研究好、出版好、宣传好，更是我们这一代党史工作者和出版工作者义不容辞的职责。让我们共同努力，携手完成《中国改革开放全景录》的编写出版工作，向庆祝改革开放 40 周年献礼，向党和人民献礼！

2018 年 1 月 10 日

前　言

　　1978年底，中国共产党召开十一届三中全会，作出把工作重点转移到以经济建设为中心和实行改革开放的重大战略决策，引领中国社会主义建设进入改革开放新时期。这期间，中国开辟了中国特色社会主义道路，形成了中国特色社会主义理论体系，确立了中国特色社会主义制度，发展了中国特色社会主义文化。党的十八大以来，以习近平同志为主要代表的中国共产党人，立足时代之基，回答时代之问，创立了习近平新时代中国特色社会主义思想。在习近平新时代中国特色社会主义思想指导下，中国共产党领导全国各族人民，统揽伟大斗争、伟大工程、伟大事业、伟大梦想，推动中国特色社会主义进入了新时代。

　　改革开放是决定当代中国命运的关键一招，为重庆经济社会全面发展和人民生活水平持续提高提供了强大动力。在党中央的坚强领导下，重庆人民艰苦奋斗、锐意进取，不断深化改革，扩大开放，重庆经济社会发展取得长足进步。2016年1月，习近平总书记视察重庆时指出，重庆是西部大开发的重要战略支点，处在"一带一路"和长江经济带的联结点上；要求重庆建设内陆开放高地，成为山清水秀美丽之地；强调扎实贯彻新发展理念、扎实做好保障和改善民生工作、扎实做好深化改革工作、扎实落实"三严三实"

要求。2018年全国两会期间，习近平总书记在参加重庆代表团审议时又要求重庆在加快建设"两地"的基础上，努力推动高质量发展、创造高品质生活。习近平总书记对重庆提出的"两点"定位、"两地""两高"目标和"四个扎实"要求，着眼全国大局，符合重庆实际，顺应人民期盼，为重庆发展指明了方向路径、提供了根本遵循，充分体现了总书记对重庆的深切关怀、殷切期望。

"行千里，致广大。"当前，重庆广大干部群众正紧密团结在以习近平同志为核心的党中央周围，深学笃用习近平新时代中国特色社会主义思想，全面贯彻落实习近平总书记视察重庆重要讲话和全国两会期间参加重庆代表团审议时的重要讲话精神，牢固树立"四个意识"，做到"两个坚决维护"，落实市委提出的"三个确保"政治承诺，团结一致、沉心静气，全面贯彻新发展理念，统筹推进"五位一体"总体布局，协调推进"四个全面"战略布局，以供给侧结构性改革为主线，扎实做好稳增长、促改革、调结构、惠民生、防风险各项工作，坚决打好"三大攻坚战"，大力实施"八项行动计划"，努力打造"山水之城，美丽之地"，不断提升人民群众的获得感、幸福感、安全感，奋力把党的十九大精神和习近平总书记的殷殷嘱托全面落实在重庆大地上。

编　者

2018年9月20日

目　录

前　言 ………………………………………………………………… 1

第一章　重庆改革开放40年发展历程 …………………………… 1
一、全面拨乱反正实现工作重点转移 ………………………… 2
二、围绕城市经济体制综合改革试点全面推进改革开放 … 14
三、抓住直辖机遇构建和谐重庆 …………………………… 34
四、推进城乡一体化 ………………………………………… 53

第二章　老工业基地旧貌换新颜 ………………………………… 71
一、工业经济实力不断增强 ………………………………… 71
二、科技创新能力不断提升 ………………………………… 89
三、供给侧结构性改革顺利推进 …………………………… 99

第三章　加快推动城乡发展一体化 …………………………… 108
一、农村改革不断深入 ……………………………………… 108
二、率先探索户籍制度改革 ………………………………… 115

三、统筹城乡土地制度改革 …………………………… 122
四、统筹重庆区域协调发展 …………………………… 131
五、加大农村扶贫开发力度 …………………………… 138

第四章　建设内陆开放高地 …………………………… 147
一、对外开放不断深入 ………………………………… 147
二、推进基础设施建设 ………………………………… 155
三、完善开放平台体系 ………………………………… 164
四、深化跨区域合作 …………………………………… 172

第五章　推进民主政治建设 …………………………… 177
一、全面加强人民民主制度建设 ……………………… 177
二、深入推进行政体制改革 …………………………… 191
三、努力营造良好法治环境 …………………………… 201

第六章　推动文化大发展大繁荣 ……………………… 216
一、深入推进文化体制改革 …………………………… 216
二、加大文化基础设施建设 …………………………… 227
三、建立完善公共文化服务体系 ……………………… 229
四、建设社会主义核心价值体系 ……………………… 246

第七章　全面发展社会事业 …………………………… 250
一、教育事业蓬勃发展 ………………………………… 250
二、医疗卫生服务显著改善 …………………………… 262
三、体育事业长足进步 ………………………………… 271

四、城市管理水平提高 …………………………………… 277
　　五、住房改革在探索中前行 ……………………………… 280
　　六、社会保险体系不断健全 ……………………………… 287

■ **第八章　建设山清水秀美丽之地** ……………………………… 298
　　一、环境综合治理成效明显 ……………………………… 298
　　二、生态文明体制机制改革稳步推进 …………………… 305
　　三、生态环境质量持续改善 ……………………………… 313
　　四、环保管理水平显著提升 ……………………………… 317

■ **第九章　提高党建工作水平** …………………………………… 325
　　一、把党的政治建设放在首位 …………………………… 325
　　二、领导班子和干部队伍建设全面加强 ………………… 331
　　三、基层党建基础不断夯实 ……………………………… 340
　　四、狠抓反腐倡廉建设 …………………………………… 352

　　后　　记 …………………………………………………………… 364

第一章

重庆改革开放40年发展历程

重庆是中国重要的国家中心城市，国家历史文化名城，长江上游地区的经济中心，西部重要的增长极和城乡统筹的直辖市。重庆在中国区域经济中的定位是由重庆的发展历程和中国经济社会发展的全局需要与趋势所决定的。

重庆发展已有三千年历史。自1891年重庆出现第一家现代工厂以来，其经济发展经历三个发展阶段：第一阶段是从1891年至1949年。在这一阶段，重庆的近代工业虽然比东部沿海城市的发展晚20多年，但却是中国西部近代工业产生和对外开放最早的城市。抗日战争时期，重庆成为战时首都，大批工业企业内迁重庆，使重庆成为大后方的经济中心。第二阶段是从1949年至1978年。在"均衡布局"方针指导下，重庆建立门类齐全的工业体系，成为中国八大老工业基地之一，特别是"三线"建设，使重庆成为中国最重要的国防工业城市。第三阶段是从1978年起，重庆进入改革开放的新发展阶段，至今已经40年。这40年可分为四个时期：第一个时期，全面拨乱反正，实现工作重点转移（1978—1982年）；第二个时期，围绕城市经济体制综合改革试点，全面推进改革开放（1983—1996年）；第三个时期，抓住直辖机遇，富民兴渝，构建和谐社会（1997—2006年）；第四个时期，统筹城乡协调发展，建设国家中心城市（2007年至今）。

一、全面拨乱反正实现工作重点转移

从1976年10月"文化大革命"结束至1982年党的第十二次全国代表大会召开期间，中共重庆市委领导各级党组织开展具有历史转折意义的拨乱反正工作：积极参加真理标准问题讨论，促进思想解放；贯彻落实党的十一届三中全会精神，进一步摆脱"左"的思想束缚，党的工作重点转移到以经济建设为中心上来；平反冤假错案，加强民主法制建设，形成安定团结的政治局面；整顿党风，调整充实各级领导班子，加强和改善党的领导，增强党和人民的团结，调动各方面的积极性；调整国民经济，转变经济发展思路，使各项工作逐步走上健康发展的轨道。思想、政治、组织等领域拨乱反正任务的完成，为全市进行改革开放和现代化建设奠定了重要基础。

（一）在徘徊中前进

"文化大革命"结束后，如何迅速扭转十年内乱带来的深重灾难和严重困难局面，实现安定团结，恢复和发展国民经济，是市委和全市人民面临的重大而紧迫的任务。

"文化大革命"刚结束，在市委的领导下，1976年10月，根据中央统一部署，市委成立揭、批、查领导小组，全市大规模地揭发和批判林彪、"四人帮"的罪行，清查与"四人帮"篡党夺权阴谋活动有牵连的人和事。1978年4月，市委贯彻中央和四川省委指示，发出《关于深入开展"一批两整顿"运动的意见》，决定全市用一年半时间，分期、分批揭批"四人帮"，开展整党整风，搞好各条战线、各个单位，特别是企业和农村社队整顿的"一批两整顿"工作。市委采取有力措施，在统一广大干部、群众思想的基础上，经过深入细致的工作，基本查清与"四人帮"反革命集团篡党夺权阴谋活动有牵连的人和事。全市确定为清查对象的400人，除交四川省处理的18人外，定性处理382人。同时，对"文化大革命"中给各级党组织和大批领导干部强加的"走资派""反革命修正主义分子""黑市委""黑党委""黑班底"等政治帽子和不实之词一律推倒，并对十年内乱中立案审查的干部进行复查、平反。揭、批、查运动揭露"四人帮"及其帮派骨干分子在重庆的种种反革命阴谋活动，有力地打击了"四人帮"在重庆的反革命社会影响，稳定了社会基础。

揭批"四人帮"的斗争极大调动了广大干部、群众的生产积极性。市委、市政府因势利导，提出1977年的经济工作方针，恢复在"文化大革命"中被破坏的对工业企业考核八项经济指标的制度，对全市农业生产也采取相应措施，同时对全市市场供应作出妥善安排。1977年，全市生产总值比1976年增长19.7%，财政收入扭转了从1972年以来连续5年未完成计划的局面。由于党和政府各项政策的贯彻执行，全市经济迅速恢复、发展。

1977年2月7日，《人民日报》《解放军报》和《红旗》杂志同时发出社论指出："凡是毛主席作出的决策，我们都坚决维护；凡是毛主席的指示，我们都始终不渝地遵循。"这表明，长期以来"左"的指导思想还未从根本上改变，既影响中央的大政方针，也不同程度地对地方的各项工作造成新的思想阻碍。1977年4月，市委工作会指出："凡是毛主席作出的指示，都要坚决照办；凡是毛主席制定的决策，都要坚决维护；对一切有损毛主席光辉形象的言行，要坚决斗争。"

"两个凡是"不仅限制思想的解放和全面平反冤假错案，也使国民经济在向前发展中出现急于求成的冒进失误。1978年，重庆市提出"实现国民经济新跃进"的方针，并且按照中央1978年2月5日批转的国家计委《关于经济计划三汇报要点》的高指标、大计划的基调，提出1978年至1980年，全市工业平均增长速度22%、农业平均增长11%的高指标，编制《重庆市1978—1985年国民经济发展规划纲要》，不切实际地提出要在几年内大踏步地向农业、工业、科学技术和国防四个现代化迈进，在1985年达到钢150万吨、铁150万吨、煤1500万吨、电力150万千瓦，总产值达到140亿元的规划。

1978年5月11日，《光明日报》以特约评论员的名义发表题为《实践是检验真理的唯一标准》的文章，从思想理论上否定了"两个凡是"的错误方针，引起社会的广泛重视。由此，一场关系到党和国家前途命运的大讨论在全国展开。5月13日，《重庆日报》全文转载《实践是检验真理的唯一标准》一文，重庆开始加入真理标准问题讨论，但仅局限于很小的范围，随着真理标准问题讨论在全国的进一步深入，8月底，市委宣传部召开真理标准讨论会，推动全市真理标准问题的讨论。9月，市委中心学习组就实践是检验真理的唯一标准问题进行专题学习讨论。但是，这段时间的讨论仍停留在对林彪、"四人帮"的批判上，对"两个凡是"和"文化大革命"指导思想的错误及其在重庆的影响涉及较少。

"文化大革命"结束后的两年，由于重庆工作的指导思想仍然没有根本改变，重庆的拨乱反正工作进展缓慢，加之不合适的基建规模和工业发展速度，总体上经济社会仍处于徘徊中前进的局面。

（二）学习贯彻党的十一届三中全会精神

1978年12月，具有深远历史意义的党的十一届三中全会在北京召开，全会作出把全党工作重点转移到社会主义现代化建设上来的战略决策，实现了新中国成立以来党的历史的伟大转折。市委认真学习贯彻党的十一届三中全会精神，采取各种措施统一广大党员特别是领导干部的思想。

1979年1月，市委发出《关于组织传达、学习党的十一届三中全会文件的通知》，要求各级党组织抓好在群众中广泛宣传党的十一届三中全会精神的工作，县以上党员干部要深刻领会文件的内容和精神，提高认识、跟上形势，把主要注意力转移到社会主义现代化建设上来。2月3日至9日召开的市委四届四次全会（扩大）会议联系重庆市的工作，对解放思想问题进行热烈讨论。会议决定，要在全市迅速掀起学习、宣传、贯彻党的十一届三中全会精神的热潮，尽快把重庆市的工作重点转移到社会主义现代化建设上来。2月21日至25日，市委又召开宣传工作会议，讨论工作重点转移后如何加强宣传工作的问题。在5月18日至23日召开的市委四届五次全委（扩大）会议上，针对党内少数同志思想仍然不够解放，甚至错误地认为党的十一届三中全会以来实行的方针政策不符合马列主义、毛泽东思想，不利于党的领导和无产阶级专政，偏离社会主义道路等错误认识提出批评，指出这实际上是"两个凡是"的观点仍然没有克服，是对党的十一届三中全会制定的方针政策不够理解，甚至怀疑、抵触的表现。市委组织部、市委宣传部与市委党校举办培训班，加大干部培训力度；《重庆日报》等新闻媒体加强宣传，引导社会各个方面学习讨论，全市城乡掀起学习、宣传十一届三中全会精神的热潮。

1979年3月，市委在批转市委宣传部《关于在职干部理论学习的安排意见》中指出，党的十一届三中全会决定伟大战略转移，向全党提出重新学习的任务，需要组织一次新的大规模的马克思主义思想教育运动。同时规定，县以上党政干部多读马克思、列宁和毛泽东著作，掌握马克思列宁主义基本原理；其他干部进行专题学习，带着问题选读马列和毛泽东著作。针对学习讨论发展很不平衡的状况，1979年8月，市委发出在全市《继续深入开展真理标准问题学习讨论的通知》，并召开动员大会，部署真理标准讨论问题。市委党校举办多期培训班，把真理标准的学习讨论作为培训的主要内容。在市委的领导下，各级党组织积极投入真理标准问题讨论的补课，进行纠"左"的思想教育，批判"两个凡是"的错误观点。真理标准问题讨论一直持续到1979年底，此后，仍作为一项重要的学习内容继续深入开展学习。关于真理标准问题的讨论，为重庆进行拨乱反正奠定了重要的思想基础，有力地推动了全市各项工作的发展。

1981年6月，党的十一届六中全会通过《关于建国以来党的若干历史问题的决议》。8月14日，市委四届九次全会（扩大）会议通过《关于认真学习党的十一届六中全会精神的决定》，要求县以上党委采取以会代训、党校轮训、办学习班等形式，分批轮训领导干部，在学习中自觉联系思想和工作实际，总结经验教训，进一步清理"左"的影响和防止右的倾向，提高马列主义、毛泽东思想的水平，更加坚定地贯彻执行党的十一届三中全会以来的路线、方针、政策，不断研究解决发展过程中出现的新情况、新问题。市委以《决议》的公布为契机，着力解决各级党组织和党员思想上根深蒂固的"左"的"框框""套套"，把思想统一到《决议》的精神上来，确保党的十一届三中全会的路线、方针、政策的贯彻落实，以完成拨乱反正的各项任务。

（三）平反冤假错案

"文化大革命"中，林彪、江青反革命集团践踏民主、法制，推行"打倒一切""全面专政"，制造大批冤假错案。"文化大革命"结束后，在揭、批、查运动中，全市纠正冤假错案、落实党的干部政策的工作取得一定成绩。但是，大规模平反冤假错案，则是在党的十一届三中全会后。为此，市委成立落实政策领导小组，建立常委接待日制度，并连续发出一系列有关文件，坚持实事求是、有错必纠的原则，为在十年内乱中遭受迫害的干部、群众和各界人士恢复名誉，纠正一批"文化大革命"中集团性的冤假错案，对历史遗留问题，包括地下党历史遗留问题，以及历次政治运动中受到错误处理的人和事也进行复查、改正、平反。全市平反纠正各类冤假错案共145535件，为15万人落实了政策，特别是对1962年所谓的"萧（泽宽）、李（止舟）、廖（伯康）反党集团"等几起冤假错案平反昭雪，落实政策。同时，调整社会关系，宣布原工商业者已改造成为劳动者；把原为劳动者的小商小贩、手工业者从资产阶级工商业者中区别出来，恢复其劳动者身份；给地主、富农分子摘帽，等等。

拨乱反正，平反冤假错案，重庆陆续为15万人落实政策。调整社会关系，为小商小贩、手工业者恢复劳动者身份，给地主、富农分子摘帽

在纠正平反冤假错案的同时，还抓了普查科技队伍、科技人员归队和解决科技人员的历史遗留问题。落实党的知识分子政策的步伐也大大加快，对科技干部平反落实政策情况进行4次检查，仅1982年4月，全市就组织有1354人参加的242个检查组，历时4个月，边检查、边纠正、边落实，较好地解决了许多悬而未决的突出问题，为一大批专家、教授和科技人员彻底平反。大规模平反冤假错案、落实党的政策、调整各方面社会关系，对安定团结，调动全市人民建设社会主义的积极性，推动现代化事业的发展起到重要作用。

党的十一届三中全会后，人们痛定思痛，呼唤健全民主法制，以巩固安定团结的政治局面。1979年8月，中央宣传部印发《加强社会主义民主和法制，为把我国建设成为一个社会主义现代化强国而奋斗》的宣传提纲。10月，市委批转市委宣传部、市革委政法党组《关于在全市深入进行民主与法制宣传教育的安排意见》，决定对全市广大干部群众普遍进行民主法制宣传教育。市委要求在学习中要彻底肃清林彪、"四人帮"煽动的资产阶级派性、无政府主义和极端个人主义的流毒，认真维护社会秩序、生产秩序、教学科研秩序和人民群众的生活秩序，巩固和发展安定团结的政治局面，保证工作重点的转移，保证社会主义现代化建设的顺利进行。

根据市委的统一部署和安排，1979年11月13日，市委宣传部和市革委政法委党组举行首场报告会。此后，还分别围绕刑法、刑事诉讼法、选举法的实施举行4次报告会。市公、检、法系统对干部进行轮训，各区县党委加强对法制宣传活动的领导，各工矿企业、街道社区等都积极行动起来，开展各种形式的法制宣传教育活动。

1979年7月1日，五届人大二次会议通过《中华人民共和国全国人民代表大会和地方各级人民代表大会选举法》。这是我国选举制度和地方政权建设的一项重大改革，是改进和完善我国人民代表大会这个根本政治制度的重大措施。1980年4月，市委批转市民政局党组《关于开展重庆市1980年区、县直接选举试点工作的意见》。为加强对选举工作的领导，成立市选举委员会，各区县也按选举法规定，成立选举委员会和办公室。此后，在沙坪坝区进行历时两个半月的区社直接选举试点工作。选举充分发扬民主，自上而下，几上几下，民主协商，根据多数选民的意见，确定正式代表候选人名单。9月，在沙坪坝区民主选举试点工作取得经验的基础上，全市选举工作全面展开。经过法定的各项选举程序后，至年底，全市共选出区县人民代表3769名、社镇人民代表24358名。通过选举，扩大和发扬社会主义民主，选举大家比较满意的代表，加强政权建设，干部群众受到一次社会主义民主与法制的教育，进一步密切了干群关系，调动了各方面建设四个现代化的积极性。

根据全国人大二次会议通过的《宪法修正案》和《地方组织法》"在县以上地方各级人民代表大会设立常委会"的规定，1980年3月，重庆市第八届人大二次会议召开，选举产生市人大常委会，各区县也相继建立人大常委会，在进一步加强对地方立法和对政府、法院、检察院的法律监督、工作监督中发挥重要作用。同时，恢复和活跃人民政协的工作，巩固和扩大爱国统一战线；工矿企业开始实行党委领导下的职工代表大会制度，加强工会、共青团、妇联、科协、文联、社联、侨联、工商联等群众组织的工作，扩大党内外民主。1978年5月，市委为加强对政法工作的领导，对政法委的机构设置和领导班子进行了调整。各级政法机关普遍得到恢复和加强，开展打击经济领域和政治、文化领域中严重犯罪活动的斗争，社会治安明显好转。

（四）经济的调整与改革的起步

1979年4月，中央工作会议坚决纠正1977年至1978年经济工作中急于求成的做法，清理经济工作中长期存在的"左"的思想影响，提出对整个国民经济实行"调整、改革、整顿、提高"新的"八字"方针。重庆市认真贯彻这一方针，于1979年9月制定《1979—1981年国民经济三年调整规划纲要》。《纲要》明确，调整的指导思想是退够、站稳、继续稳步前进；调整的主要任务是压缩基建、增收节支、保农业、上轻纺，集中力量把农业、轻纺工业、动力燃料和原材料工业抓上去；调整的主要内容是突出产业结构和产品结构的调整，有计划、有步骤地对现有企业进行整顿和技术改造，使工业经济效益有比较明显的提高。通过调整达到两个目标：实现财政收支平衡，略有节余；保持市场物价稳定，巩固安定团结的政治局面。

重庆市在调整中把改革发展结合起来，通过改革实现调整，促进发展，重点围绕加快农村商品经济的发展、加快轻纺工业的发展、压缩基本建设战线、提高投资效益、缓解能源供应紧张状况、加快城市建设、积极改善市民生活等一系列问题制定措施，抓好落实。到1982年，经济调整达到预期目标，收到明显成效：工农业生产在调整中稳步增长，工农业产业结构和产品结构有一定改善；压缩基本建设，调整投资使用方向，扭转市财政收入下降的趋势；人民生活有较大改善，城乡居民收入增加，居民购买力逐步提高。

全市经过调整，经济开始走上健康发展的轨道，各项社会事业得到发展，科技、教育、文化和城市建设等也出现可喜局面。教育系统调整教育管理体制和教育结构，恢复高考招生制度，学校工作以学习、教学、科研为中心，教育事业出现新的气象。1977年，市和区县恢复重建科学技术委员会，科技管理体系逐步建立健全。1978年5月，重庆市科学技术大会召开，讨论通过《重庆市1978—1985年科学技术八年规划发展纲要》。次年，全国科技大会召开，广大科技人员真正迎来了科学的春天，科教兴渝成为全市人民的共识。随着经济的恢复和发展，长江大桥、嘉陵江客运索道等一批重点城市基础设施先后建成并投入使用。

全国的改革从农村开始并率先取得突破，重庆的改革也从农村起步。"文化大革命"结束后，随着农业生产的恢复和发展，1977年至1978年秋，重庆市部分农村即推行小段包工、定额计酬责任制，恢复定额管理、评工记分的制度。1978年秋至1979年底，推行分组作业、定产定工、超产奖励的家庭联产承包责任制及在联产计酬责任制上实行多种经营责任制。到1980年秋，联产计酬责任制成为农村责任制的主要形式，并逐渐从包产到组向包产到户、包干到户过渡。但是，重庆农村的改革并不一帆风顺，存在中央放开、群众拥护、地方各级有思想顾虑的情况。1981年春，曾一度出现硬性纠正包产到户的错误做法，引起干部群众的思想波动。对此，市委及时采取措施，完善落实各种形式的生产责任制。到1982年，已建立起以"大包干"为主的家庭联产承包责任制。当年，全市实行机构改革和农村经济体制改革。市委组建农村经济改革调查组到巴县（今巴南区）进行试点，主要稳定和完善家庭联产承包责任制，积极扶持专业户、重点户，大力发展多种经营。家庭联产承包责任制充分调动了广大农民的积极性，其在发展农村经济中的优越性日益显现。

农村改革起步后，城市也开始扩大企业自主权的试点。

粉碎"四人帮"后，重庆的工业生产虽然得到较快发展，但长期实行的高度集中和吃"大锅饭"的工业管理体制严重束缚企业职工的积极性。因此，对原有工业管理体制的改革势在必行。1978年10月，中共四川省委决定对包括重庆钢铁公司在内的6家企业进行扩大企业自主权的改革试点。改革的办法很简单，仅给企业定一个增产增收目标，允许企业在年终实现目标后提留少量利润，职工个人可得一定奖金。改革仅3个月就收到较好效果。当年，重庆市又在重庆钢铁公司、重庆印制三厂等5家企业进行扩权让利试点，拉开城市经济改革的序幕。1979年2月，根据中共四川省委《关于地方工业企业扩大企业权力，加快生产建设的试点意见》，重庆有

20家工交企业开展扩权试点。当年12月，根据中共四川省委、省革委《关于进一步搞好地方工业企业扩大自主权试点工作的通知》精神，重庆市确定16个企业在上年试点基础上进一步开展扩权试点。改革初步把企业的责、权、利，把国家、企业、职工三者利益结合起来，充分调动了企业和职工的积极性。为探索新的企业管理体制，1980年，重庆钟表工业公司、重庆印制三厂等企业开始进行以"利改税"和自负盈亏为主要内容的试点改革，职工的物质利益与企业的经营成果紧密结合起来。由此逐渐扩大试点范围，在国有企业中普遍推行利润包干的经济责任制，全市参加扩权试点的企业达128家，扩权的分配形式由1种扩大到3种。1981年，市一轻局和电子仪表局所属的58个企业推行"独立核算、以税代利、自负盈亏"的试点。扩权试点企业不同程度地触动原有的管理体制，从生产、流通、交换、分配等方面扩大企业自主权，调动企业自主经营积极性，促进企业生产的发展和经济效益的提高。商业企业则实行全行业利润留成制。同时，对物价、财税、金融等体制的改革也进行初步的探索和尝试。

随着企业改革的逐步推进，1980年，重庆出现企业联合体，以后又在此基础上发展"区域联合""流域联合""一三线结合"和对外经济技术协作，初步形成开放式的经济网络。重庆开始冲破条块分割的局面，逐步向着适应商品经济要求的方向发展。

重庆是老工业城市，1950年至1978年，国家虽然投入大量的财力、物力，但投资方向和重点基本上是新建企业，忽视对老企业的技术改造。1980年，重庆市明确提出重点改造老企业，把挖潜、革新、改造作为扩大再生产的主要途径。当时，工业技术改造的目标重点是纺织、化工和二轻工业，并确立重点建设和企业更新改革并重、固定资产投资更新和大力采用国内外先进技术相结合的原则。通过技术改造，许多老企业的设备和素质有了很大提高。

重庆是全国老工业基地和国防工业的重要战略基地，拥有一批研制和生产常规兵器的大中型骨干企业，科研院所和大专院校较多，这是重庆经济发展的一大优势。从1978年开始，重庆市在改革中努力探索军民结合的道路，军工企业由生产型向生产经营型、开拓型转变；产品结构由单一型军品、指令性任务型向产品多样化、军民结合生产转变；军工技术由单向为国防系统服务向为军工和民用双向服务转变。军工企业开发生产民品的速度不断加快，在军民结合中取得明显成效。重庆市还积极探索军工企业同民用企业联合发展的新路子，以组织建设经济联合体的形式，引进国外先进技术和关键设备，共同开发摩托车、汽车等大规模专业化"拳头"产品，充分发挥军工优势，对振兴重庆工业起到非常重要的作用。

二、围绕城市经济体制综合改革试点全面推进改革开放

1983年2月，党中央、国务院批准中共四川省委、省人民政府《关于在重庆市进行经济体制综合改革试点意见的报告》，重庆成为全国第一个经济体制综合改革试点的大城市。7月，中共重庆市第五次代表大会发出"坚决而有秩序地进行经济体制综合改革"的号召，对重庆的改革开放作出总体部署。从此，从农村到城市，从生产领域到流通领域、分配领域，从微观经济到宏观经济，从内到外，重庆的改革开放全面展开并逐步深化，社会主义现代化建设全

面展开。

（一）城市经济体制综合改革试点

党的十二大以后，经济体制改革全面展开，农村家庭联产承包责任制迅速推向全国，在农村改革的推动下，城市经济体制改革提上党和国家的议事日程，改革的重点逐步转向城市。鉴于城市改革的复杂性，1981年起，国家先后在沙市、常州两个城市进行试点，但改革中需要解决的一些重大问题，在规模较小、经济关系比较简单的城市无法进行试验。因此，选择个别经济关系复杂的大城市进行试点势在必行。重庆历史上就是长江上游的经济中心，工业门类比较齐全，具有相当的经济实力，又是一个条条块块关系很复杂的大城市和国家生产常规兵器的重要基地。由于长期按行政系统、行政区划管理经济的体制，重庆工业经济的潜力没有得到发挥，经济中心的作用被大大削弱。党的十一届三中全会以后，重庆在较为广泛的领域进行改革并取得明显成效，但由于这一时期的改革是在不触动原有体制的情况下展开的，改革、发展与原有体制的矛盾更加尖锐，全市上下要求进一步改革的呼声越来越强烈。1982年4月，蒋一苇、林凌两位经济学家经过深入的调查研究，向国务院主要领导提出在重庆进行经济体制综合改革试点的建议。他们认为，探索解决例如中央企业与地方企业如何纳入统一的经济体系，如何建立经济中心等复杂问题的途径，都只能在重庆这样的城市试点。他们的建议得到国务院主要领导的原则同意。

1983年1月10日，市委、市政府将《关于在重庆进行经济体制综合改革试点的意见》上报中共四川省委、省人民政府并转报党中央、国务院,并于2月8日得到党中央、国务院的批准。中央批转的改革试点方案,明确在重庆进行改革试点的基本方向是:实行以大城市为中心的城乡结合、条块结合的经济管理体制;给重庆以相当于省的经济管理权力;国家对重庆实行计划单列;发展多种经济形式和多种经营方式;发展多种形式的经济联合;按经济合理流向组织商品流通;全面实行"利改税"的体制,改革工资奖励制度;改革行政管理机构。

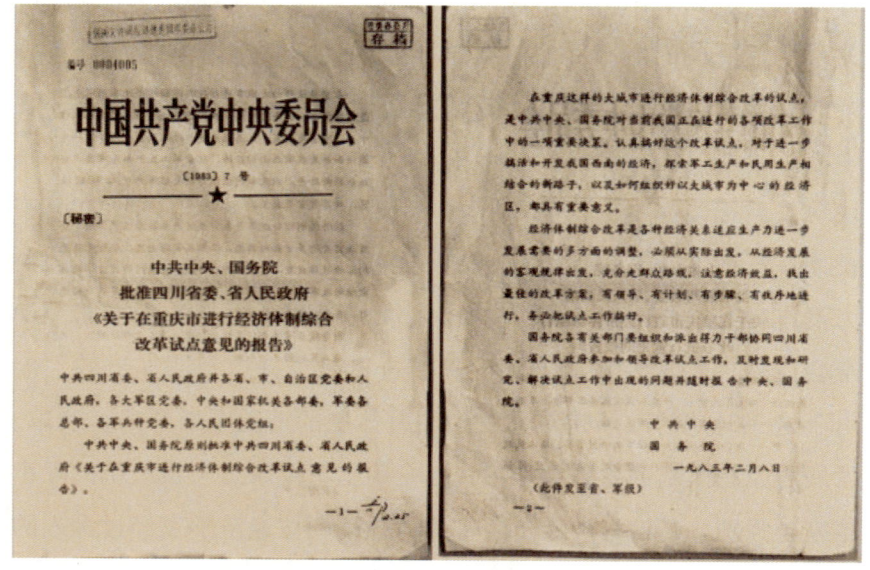

1983年2月8日,中共中央发出7号文件,
中共中央、国务院批准重庆市进行城市经济体制综合改革试点

在城市经济体制综合改革试点即将全面启动的重要时刻,1983年7月28日至8月3日,中共重庆市第五次代表大会召开。这次大会的一个重要内容,是在提出经济建设目标的同时,全面部署重庆的改革试点工作,要求全面而有系统地改、坚决而有秩序地改、有

领导有步骤地改，把改革推向前进、引向深入。

大会以后，在党中央、国务院的直接领导和大力支持下，重庆在实行计划单列和地市合并的基础上，以增强企业活力为中心，以搞活流通为纽带，以发展经济中心城市的多种功能为目标，从多方面着手，展开经济体制综合改革试点，很快取得实质性进展并不断向纵深发展。

1983年4月1日，经中共四川省委、省人民政府决定并报党中央、国务院批准，永川地区与重庆市合并，正式实行市领导县的管理体制。为适应这一重大变革，市委、市政府于7月1日出台《关于搞好市领导县若干问题的决定》，确定全市工作的指导思想要从过去孤立地抓工业、孤立地抓农业转变到工业和农业统一规划、共同发展上来；从单纯地进行物质上的相互支援转变到城乡紧密结合，互为基地、互为市场，大力发展商品交换上来；从城乡互不协调、互相对立转变到建立新型的社会主义城乡关系上来。

首先，有计划地向区县下放权力。1984年6月，市委、市政府出台《关于扩大县的经济管理权限的规定》，扩大区县在计划管理、固定资产投资、物资分配、经济技术协作、对外贸易、劳动管理、税收、物价、管理机构设置等10个方面的管理权限。以后，市委、市政府又多次向区县放权，使区县总揽经济全局的权力和能力不断得到增强。其次，努力发挥城市的优势，建立沟通城乡的工业、交通、科技、流通、信息、文教等网络系统。

1984年起，国家对重庆全面实行计划单列。主要内容是：把重庆作为一个相当于省一级的计划单位，在国家计划中单列户头；在国家计划中，所有计划指标，包括经济、科技、社会发展计划指标，都对重庆实行单列；在制定和执行计划、管理经济上赋予重庆相当于省的权力。同时，提高中央在渝部分经济管理机构的级别，扩大权力，建立享有省级机构权限的海关、商检、检疫等机构，并将省属部分在渝企事业单位下放到重庆市管理。计划单列赋予了重庆相当于省的经济管理权力，为发挥重庆中心城市的作用创造必要的条件。重庆企业数量多、规模大，但原有体制对企业统得过死，企业严重缺乏活力和动力，制约全市经济社会的发展。针对重庆的实际情况，市委把搞活企业作为改革试点的根本出发点和立脚点，由前一段的单项试点转向综合配套改革。1983年5月和1984年10月，重庆先后在全市范围内对企业实行第一步"利改税"和第二步"利改税"。在调整国家与企业之间分配关系的前提下，重庆又推行厂长负责制、工资总额与经济效益挂钩、干部人事制度改革、内部经济责任制等"小配套"改革，重点解决企业无人负责、无权负责，平均主义严重等问题。1983年，重庆在建筑、二轻和饮食服务行业的100多家企业中试行税后承包经营责任制；1984年，在全面推行企业内部经济责任制和奖金"不封顶"的同时，在重庆钢铁公司等34家大中型企业试行工资总额同上交税利挂钩浮动的办法。1984年，重庆开始试行厂长负责制。到1985年，全市390多家企业实行厂长负责制，其他企业也都按厂长负责制的要求开展工作。

同时，劳动制度改革迈出步伐。1986年起，企业开始面向社会公开招收劳动合同制工人，在内部则普遍采取择优上岗和合同化管理等办法实行劳动优化组合，调动职工积极性，企业的劳动生产率也有所提高。为解决行政性公司同企业争权争利的问题，1985年1月，重庆按照"放权于厂、还政于局、归位于企"的原则，取消54家市属行政性公司的行政职能，全市工业由四级管理改为三级管理。通过这一阶段的改革，初步打破两个"大锅饭"（企业吃国家"大锅饭"和职工吃企业"大锅饭"），国家财政收入稳步增长，企业生产经营自主权进一步落实，职工生活得到改善，企业逐步由行政机关的附属物向自主的商品生产经营者转变。

1986年起，改革重点转向全面推行各种形式的承包经营责任制，先后在红岩机器厂等20家企业试行资产经营责任制，在通用机器厂等17家企业实行企业经营责任制，在12家小型企业进行租赁经营试点，市属国有工交企业则全面推行"包死基数、确保上交、超收多留、歉收自补"为基本内容的承包经营责任制。以后，又在全市大多数国有大中型企业推行"税利分流、税后承包"经营责任制。承包经营责任制的实施，使企业改革从单纯的扩权让利深入到经营方式的改革，企业商品生产者的地位进一步确立，同时也促进政府宏观调控的加强和职能的转变。

在改革批发商体制方面，1983年，重庆把四川省下放的14个二级站与对口的市级公司合并，按经济的合理流向设置商业批发机构，逐步建立国营、集体、个人的多元化批发体系。1984年1月，重庆首创全国第一家工业品贸易中心，实行"地不分南北，人不分公私，谁都可以来买，谁都可以来卖"的开放式批发，从根本上打破按固定的行政区划、固定价格、固定对象调拨商品的老框框。重庆工业品贸易中心建立后的短短3年内，即与全国各省市6000余家国营、集体企业和4000余户个体经营者建立贸易往来关系，有1200多家工商企业进场销售产品，在全国影响很大。

1984年，重庆在全国首创工业品贸易中心

在改革物资流通体制方面，1984年起，重庆开始实行以城市为中心，按合理流向就地组织物资供应体制，改变过去长期实行的物资流通随分配指标逐级下达的多层次、多环节供应办法，以及按行政系统、行政区划调运物资的部门分割、条块分割的状况，提高了企业经济效益。同时，逐年缩小指令性物资分配计划，对主要物资实行计划分配和市场调节相结合的"双轨制"，市场购销比重不断提高，物资供应市场越来越活跃。

从1985年起，国家开始调整"三线"企业布局，原散布在偏远山区的28家国防工业企业和研究所先后迁入重庆市区和近郊区县，其中，电子工业部所属的5家企业、兵器总公司的8家企业和船舶工业总公司的6家下属单位，分别集中迁建南岸区南坪、巴南区鱼洞和江北区大石坝，形成微电子产品研究和生产基地、特种车辆和微型轿车生产基地、电子仪表生产基地。国防工业企业的调整迁建，不但促进一批工业小区和企业群体的兴起，更为重要的是为20世纪90年代重庆经济技术开发区、重庆高新技术开发区两个国家级开发区，以及21世纪初重庆北部新区的建设和发展奠定了坚实的物质技术基础。

配合微观经济领域改革不断向纵深发展的形势，重庆在财税、金融、价格等宏观经济领域的改革步伐也不断加快，促进城市的服务功能、综合调节功能和自我改造功能逐步增强，为搞活企业，促进经济的稳定发展、产业结构的优化和资源的合理配置提供了更好的服务。

这一时期，进展很快的企业改革促进了劳动力市场的较快发展，初步形成以职业介绍、就业训练、失业保险和生产自救为支柱的就业服务体系；以养老保险为重点的社会保障制度改革也开始起步，为维护社会稳定、深化企业改革创造了一个好的外部环境。

这些相互配套的改革，使重庆的中心城市经济功能与经济体制极不相称的状况有所改善。但由于这些措施是在改革的初始阶段实行的，在全国新旧体制并存的情况下，重庆行使省一级经济管理权限存在一定困难，四川省和重庆市在经济利益，以及相关的生产力布局、物资分配、交通运输、能源供应等方面也难免发生冲突，从而影响经济的发展，这种状况到1997年设立重庆直辖市后始得以彻底改变。

（二）对外开放的起步和发展

党的十一届三中全会以后，重庆开始对外开放的实践和探索。

当时，对外的窗口重庆外贸公司只是沿海口岸的收购、调拨、转运站，没有自营进出口权，对外开放进展缓慢。到1982年底，重庆出口收入仅人民币25500万元，且多为农副土特产品和工业初级产品，出口国家和地区也十分狭小、单一；利用外资工作基本没有开展，到1983年，全市直接利用外资仅3个项目、155万美元。1983年计划单列后，重庆被辟为有直接对外进出口权的内陆口岸，享有直接对外洽谈、报价、成交、签约、发运、结汇、邀请外商、签发护照，以及利用外资、引进技术和设备等方面的权力，为重庆扩大对外开放创造了良好条件，重庆对外开放进入全面起步时期。

为加快对外开放的步伐，重庆进一步加强和完善海关、商检、动植物检疫、卫生检疫、外轮代理、口岸外汇管理银行等机构，成立重庆对外经济贸易局，建立健全一批市级进出口公司和县级对外贸易公司，全市对外经济技术合作和对外贸易工作的统一管理和协调得到加强。外贸体制的重大改革，极大地增强了重庆对外经贸的活力。1983年，重庆开始自营出口，首次组团参加广州交易会即取得可喜成果，当年全市自营出口实绩占四川省出口总额的比重达到31%，出口收购额比1982年增加18.43%，并同亚洲、欧洲、非洲、北美洲的38个国家和地区建立起贸易往来。为适应国际市场的需要，重庆把引进技术装备、推进技术改造与开发适销对路的新产品特别是技术含量高的机电产品结合起来，促进出口商品结构的调整和优化；实施市场多元化战略，积极开拓美国、日本、欧洲等发达国家和地区，以及发展中国家和地区的市场，促进出口地区结构趋于合理；大力发展外向型经济，在轻纺、机电、化工、医药等行业确定一批出口专厂，努力发展品种完备的出口生产体系和与之相适应的对外贸易经营体系。到1987年，重庆已同近100个国家和地区建立经贸往来关系，出口创汇自1983年以来的5年间增长7.3倍。

在努力扩大对外开放的同时，重庆认真贯彻中央"对外开放，对内搞活经济"的方针，抓住综合体制改革试点的机遇，立足重庆，依托西南，联合沿海，面向全国，积极探索对内开放的路子。1984年，市委、市政府确立打破地区界限、组织协作与联合的思路，鼓励企业发展与外省的联合供销、联合开发原料基地、联合技术攻关、联合开发新产品，制定鼓励、欢迎外省市来渝投资和进行技术支援的11项优惠政策。到1987年，企业之间横向联合的范围从生产领域扩大到流通领域，从简单的生产协作扩大到资金、技术、物资、人才等多种生产要素的联合，从短期、松散的联合转向稳定的紧密联合，从双边对口企业的联合发展到多个企业的联合，组建了一批企业集团。被称为"一代名饮"的天府可乐饮料公司，不但继续扩大在全国各地的75家分厂的生产，还同8家外国公司签订联合生产协议，与两家日本厂商建立跨国公司，生产销售量和经济效益得到较大增长。

在党中央、国务院主要领导的倡导和支持下，1984年，由四川、云南、贵州、广西四省区和重庆市组成的全国第一个跨省区市的区域合作组织——四省区五方经济协调会（以下简称"协调会"）正式成立。以后，西藏和成都等省区市相继加入，协调会不断发展壮大。从此，西南地区各省区市以协调会为主要组织形式和重要依托，以交通、流通和能源建设为合作重点，对西南地区经济发展和生产要素区域配置进行高层次协调，促进区域内优势互补。到1987年，重庆与5省区已建立60多个行业和企业群体、联合体，为发展区域经济以及发展同沿海地区和其他经济区的经济联系发挥了重大作用。

为更好地发挥中心城市作用，1986年，重庆、成都、昆明、贵阳、南宁等西南地区5个中心城市和协调会各方的62个县以上城市联合组成城市群体网络组织——西南经济区市长联席会，在西南地区各城市之间建立起多层次、多形式的全方位的经济联系，促进城市之间的全方位开放。

其间，重庆与国内其他地区的联合协作也有很大的发展。1985年12月，由重庆、武汉、南京、上海等长江沿岸中心城市发起的长江沿岸中心城市经济协调会在重庆成立。此后，长江沿岸和长江三角洲地区的涪陵、万县（今万州区）、合肥、宁波等22个城市先后加入，首开联合开发长江经济带的先河。

几年来，重庆重点发展与周围一圈、西南一片、长江一线的联合协作，形成以专题项目为纽带，行业协作为网络的多层次、多内容的联合协作格局，极大地促进了重庆经济社会的发展和中心城市作用的发挥。

（三）治理整顿、深化改革、扩大开放

党的十三大以后，党领导全国人民沿着建设有中国特色社会主义道路继续前进，改革开放和经济建设的步伐不断加快。在这个过程中，也出现物价波动较大、通货膨胀加剧、重复建设严重、经济发展过热等问题。反映在重庆，主要是工业生产和投入的增长速度过快，资金、电力、原材料及运输十分紧张；固定资产投资规模过大，投资结构不合理，投资效益下降；市场波动较大，很不稳定，等等。1988年，重庆商品供应紧缺面进一步扩大，全市零售物价指数月月上升，流通领域秩序混乱，从年初到5月先后出现3次商

品抢购风。市委从安定民心、稳定经济全局出发，全力加强市场工作，控制物价，稳定市场。8月18日，市委常委会召开紧急会议，提出加强价格政策宣传、确保群众取款、开展住房的租赁与出售、进行高档商品期货交易等4项措施；8月20日至9月19日，市政府连续4次制定出台控制物价、稳定市场、控制社会集团购买力、加强市场管理、整顿市场秩序等方面的措施。其间，重庆全力保证紧缺商品、重点产品的生产，努力增加有效供应；及时组织货源、千方百计稳定粮、肉、油、菜的供应；加强生产资料市场的管理；组织开展物价大检查，加强群众对物价的监督。这些规定和措施，对平息抢购风、控制物价、稳定市场都发挥了积极作用。

1988年9月，党的十三届三中全会作出用一段时间治理经济环境，整顿经济秩序，扭转物价上涨幅度过大的态势，创造理顺价格的条件，更好地推进改革和建设的决定。市委坚决贯彻落实中央关于治理整顿、全面深化改革的指导方针和各项政策措施。9月27日，市委成立治理经济环境、整顿经济秩序领导小组，在市委统一领导下，组织、协调、督促、检查全市压缩社会集团购买力、压缩基本建设项目和物价财政税收大检查工作。10月5日，市委召开六届二次全委（扩大）会议，研究部署当前和今后一个时期的工作，决定采取强有力、切实可行的措施，治理经济环境，整顿经济秩序，有领导、有秩序地推进相互配套的全面改革。针对重庆计划外项目管理失控、货币投入过多、需求与供给失衡及部分公司非法经营等突出问题，市委坚决压缩固定资产投资规模，全面清理各区县、各部门所有的固定资产投资项目，加强建设资金管理，严格项目审批权限，坚决停建楼堂馆所项目；稳定和增加储蓄存款，努力从市外拆入资金，严格控制流动资金贷款，努力挖掘企业资金潜力，控制信贷、货币，千方百计稳定金融；严格控制消费基金，压缩社会集团购买力，狠刹奢侈浪费之风，积极引导消费，大力调整消费结构；加大清理、整顿公司的力度，对党政机关经商办企业予以严格禁止，通过1年左右的治理整顿，重庆一度过旺的社会需求开始得到控制，经济秩序有所好转。

1989年11月，党的十三届五中全会作出《关于进一步治理整顿和深化改革的决定》。11月30日，市委召开六届五次全委（扩大）会议，作出《关于认真贯彻执行党的十三届五中全会精神的决议》，确定以压缩社会需求、调整产业结构、整顿经济秩序、提高经济效益、增强发展后劲为重点，用3年或更长一点时间，基本完成重庆治理整顿的各项任务。在前一段工作的基础上，重庆继续严格控制物价，大力稳定生活必需品和农业生产资料价格，积极慎重地进行不合理比价的疏导性调整，重新审定并下放一批商品的定价权，松动对一般商品的价格控制；继续清理整顿公司，查处公司违法违纪案件，按照管理规范化、制度化要求，推进公司的制度建设；集中治理"乱收费、乱摊派、乱罚款"，制定重新申报登记、重新核定收费标准和制止乱收费的一系列整顿措施；继续强化财政、税收、货币、信贷投放、固定资产投资等方面的控制和管理。

在治理整顿过程中，市委始终注意处理好治理整顿与深化改革、扩大开放、加快发展的关系，推动改革开放和经济建设取得新的进展。

这一时期，转换企业经营机制成为企业改革的重点。1991年1月，重庆在全市国合商业实行经营、价格、分配、用工"四放开"改革。在短短的一年时间里，即取得供销扩大、市场活跃、企业活力增强、经济效益大幅度提高的明显效果，不但开创了重庆流通领域改革的新局面，在全国也引起了很大反响。国务院充分肯定重庆"四放开"改革的经验和做法，原国内贸易部在重庆召开全国流通体制改革现场会，进一步促进全国流通体制改革的深化和发展。同年四季度，市委、市政府在33家国营大中型工交企业和8家比照"三资"企业办法实行转换经营机制试点的企业开展经营、价格、用工、分配、技术改造"五自主"改革试点，以后逐步扩大，国营企业，特别是国营大中型企业的生产经营自主权不断落实，企业作为独立商品生产者的地位进一步巩固。

20世纪80年代中后期，沿海地区的经济技术开发区建设迅猛发展，对外开放水平不断提高。在国家实施沿海地区发展外向型经济战略的大背景下，开发区建设作为重庆对外开放的重大举措提上市委的议事日程。1988年，沙坪坝科技试验区成立。1990年，更名为重庆高新技术产业开发区，改由市政府直接管理并迁至石桥铺地区。1991年3月，经国务院批准，该高新区成为全国首批国家级高新技术开发区之一；11月，又被国家科委、国家体改委确定为全国5个综合改革试点区之一。1990年，重庆自筹资金创办经济技术开发区；1993年4月，经国务院批准正式成立，成为当时我国西部地区唯一的国家级经济技术开发区。两个国家级开发区的成立，标志着重庆的对外开放提高到一个新的水平。

针对重庆经济结构不合理、管理水平低、产品质量差、经济效益低的突出矛盾，市委加大结构调整的力度。市委把实现农业的稳定发展作为经济稳定、政治稳定、社会稳定的基础和调整经济结构的关键，按照"绝不放松粮食生产、积极发展多种经营、大力发展乡镇企业"的全面发展农村经济的方针，多渠道地增加对农业的投入，重点投入以水利为中心的农田基本建设和发展农业科技，改善农业生产条件；坚持科技兴农，大力推广、普及先进实用技术，试验成功并推广半旱式栽培、蓄留再生稻和稻田养鱼等三大农业技术绝招（即农业"三绝"），农业生产技术水平和综合生产能力日益提高；进一步放宽扶持乡镇企业发展的各项政策，城市大工业与乡镇企业的联合协作有新的发展。

调整产业结构的另一重大举措，是加强基础产业和城市基础设施建设，为重庆经济的长期持续、稳定、协调发展打好基础。在治理整顿中，重庆努力改善投资结构，一方面，严格投资计划管理，全力扭转多年来固定资产投资规模持续增长，居高不下的势头；另一方面，大幅度提高关系长远发展的重大建设项目的投资比重，确保能源、交通运输、邮电通讯等建设的资金需求。其间，江北国际机场，重庆电厂（2×20万千瓦），珞璜电厂（2×20万千瓦），成渝铁路、川黔铁路电气化及重庆火车站改造工程等一批重大项目建成投入使用或基本建成，成渝高速公路重庆段、重庆港朝天门客运设施码头等重大工程开工建设。同时，以缓解"吃水难""住房难"和"交通难"为重点，加强市政公用设施的配套建设和改造，城市建设有了新的改观。

这一时期，重庆第三产业也得到长足发展，交通运输、邮电通信能力显著提高，商品、物资流通不断扩大，第三产业的发展速度超过一、二产业，占全市国民生产总值的比重大幅上升。

在市委的领导下，重庆认真贯彻执行中央制定的治理整顿、深化改革的方针，经过3年多坚持不懈的努力，到1991年，重庆的通货膨胀得到控制，经济秩序得到治理，市场由疲转旺；农村经济在遭受多种自然灾害的情况下稳定发展，粮食生产连续3年创历史最高水平，农村工业、建筑业、运输业和商业饮食业总产值占全市农村总产值的比重达到48.7%，乡镇企业总产值由1988年的71.03亿元增长为121.4亿元；工业发展速度恢复到正常水平，生产稳定增长，汽车、摩托车工业已发展成为重庆的支柱产业，企业严重亏损得到遏制，经济效益逐步回升。从总体上看，全市国民经济恢复正常发展，基本完成治理整顿任务。

（四）解放思想加快发展

1992年初，邓小平视察南方并发表重要谈话，科学地总结党的十一届三中全会以来的实践和基本经验，从理论上深刻回答长期困扰和束缚人们思想的许多重大认识问题。"南方谈话"是把改革开放和现代化建设推向新阶段的又一个解放思想、实事求是的宣言书。重庆很快掀起学习、宣传邓小平"南方谈话"的热潮。市委先后召开常委扩大会议、中心组学习会议等一系列重要会议，联系实际找差距，研究进一步加快改革开放的措施。3月6日，市委下发《关于认真学习、宣传邓小平同志重要谈话的通知》，决定集中一段时间，组织全市党员、干部认真学习、宣传、贯彻邓小平的重要谈话。各级党组织根据市委的部署，采取多种形式、多渠道培训党员、干部，区别不同对象分层次组织学习。针对学习、贯彻邓小平重要谈话中反映出来的思想不够解放、胆子不够大等问题，4月2日，市委发出《关于在全市开展以"加快改革开放步伐，关键是进一步解放思想"为主题的大讨论的通知》，决定从4月到6月，在全市范围内开展一次解放思想大讨论。按照市委安排，全市党内外干部、群众围绕解放思想的重大意义、思想不够解放的表现及原因、解放思想的努力方向和具体措施等问题，展开热烈、深入讨论。在大讨论中，市委和各级党组织认真分析思想不够解放的种种表现，将问题一一梳理，有针对性地引导干部群众破除旧观念，树立新观念。全市各种宣传舆论工具大力宣传解放思想、深化改革的重大意义，宣传敢试敢想、求实创新的先进典型，发挥积极的引导作用。这场解放思想大讨论，像1978年开展真理标准大讨论那样深入人心，进一步破除各种阻碍改革开放和发展社会主义商品经济的旧思想、旧观念，"思想再解放一点、胆子再大一点、步子再快一点"成为全市党员、干部和群众的共识，解放思想大讨论的成果很快体现在改革开放的实践中，落实到加快经济发展的工作上。

1994年，按照党的十四届三中全会通过的《关于建立社会主义市场经济体制若干问题的决定》精神，市委、市政府批转建立社会主义市场经济体制综合配套改革试点总体方案，确定用5年左右时间（1994—1998年），在企业改革、市场发育、政府职能和社会保障等方面，初步完成从旧体制向新体制转轨，基本做到企业制度现代化、资源配置市场化、经济调节间接化、经济关系法制化，构筑起社会主义市场经济体制的基本框架。改革的总目标、方向、任务和措施进一步明晰，创建新体制框架的步伐也大大加快。

这一时期，重庆国有企业改革进入转换机制、制度创新阶段。重庆牢牢把握住建立现代企业制度这个国有企业改革方向，1994年4月，市委、市政府选择60家国有企业进行现代企业制度试点（后增加为66家）。试点工作从理顺产权关系入手，以有限责任公司、股份有限公司和股份合作制作为改制的主要形式，建立并逐步完善企业法人制度、现代企业组织制度和管理制度。到1996年底，有20家试点企业完成改制并挂牌运作。其间，市委、市政府提出企业改革"抓大放小"的思路。1994年，市委、市政府先后出台一系列"放小"的政策措施，实行全民转集体、融资性租赁、公开出售、债转股改造、兼并合并、破产等多种形式的产权制度改革。1995年9月，市委、市政府又颁布《关于进一步放活国有小企业的决定》，出台13条配套政策，推动全市"放小"工作由生产型企业发展到流通型企业和其他类型企业。到1996年底，全市（不包括原万县市、涪陵市和黔江地区）区县67%的国有小企业以及50%的城镇和乡镇企业都进行了不同形式的改革，众多的国有小企业开始进入市场，逐步发展成为市场的主体。

在"放小"的同时，重庆集中精力抓好国有大中型企业的改革和发展。1995年10月，市委、市政府颁布《关于抓好100户重点骨干企业的决定》，出台22条扶持重点企业加快发展的政策措施，围绕优化产业结构，引导企业采取收购、兼并、控股、参股等多种手段，加快市场扩张、产品扩张和资本扩张，着力培育一批资本实力雄厚、产品经营和市场经营能力强、在国际国内有一定影响的大公司、大集团。到1996年底，重庆已形成长安、庆铃等9大工业集团，以优势产业为"龙头"的机床工具、输变电、化工、医药等大型企业集团的组建工作开始启动，大公司、大集团稳步发展。

在邓小平"南方谈话"和党的十四大精神指引下，重庆农村改革也进入确立农村市场经济体制的新阶段。在前一时期稳定、完善农村双层经营体制的基础上，在15年土地承包期大体到期之时，重庆把农民的土地承包期再延长30年以上，并普遍向农民颁发相应的土地使用证；在坚持集体所有权和农民承包权不变的前提下，放活土地经营权，鼓励以有偿转包、入股经营、集体倒包等形式，推进土地的适度规模经营。这次改革措施，进一步调动了农民的生产经营积极性。重庆把推进农业产业化作为加快农村经济发展、实现农民致富奔小康的基本途径，制定土地、收费、税收、流通、科技等扶持政策，加强产业化基地建设，培育、扶持"龙头"企业，强化农技服务体系，并以蔬菜产业化为突破口，加快农业产业化进程。

1992年7月，党中央、国务院决定将重庆列为长江沿岸开放城市，享受沿海开放城市政策，把重庆的对外开放推向一个新的起点。7月16日，市委、市政府召开全市进一步扩大对外开放万人动员大会，同时出台《关于进一步扩大对外开放的若干实施意见》，确立实行全方位、高起点的整体开放，以开放促开发、促改造、促发展的基本指导方针，规划扩大对外开放的总体布局和主要目标，在开发区建设、引进资金和技术、发展农村外向型经济、扩宽外商投资领域、发展对外经贸、改善投资环境等方面制定一系列政策措施。当年，重庆对外开放即取得突破性进展，全市外贸进出口总额、新签利用外资项目、新批"三资"企业分别比1991年增长37%、360%、450%。

党的十四届三中全会以后，沿海地区和经济发达地区对外开放步伐不断加快，市委、市政府深刻分析重庆对外开放存在的差距和面临的机遇，于1994年5月出台《关于进一步扩大对外开放的意见》，适当调整1992年制定的对外开放目标，提出在20世纪的最后7年时间里，全市外贸进出口总额要上一个新台阶，利用外资规模进一步扩大，两个国家级开发区的出口窗口和创汇基地作用进一步发挥，形成沿两江、沿公（铁）路线展开并连接三峡库区的全方位对外开放新格局，初步建立起符合国际惯例的经济体制和运行机制。

重庆以改革开放为动力，社会主义现代化建设的步伐也大大加快。5年间，重庆把调整结构作为提高经济效益、促进全市经济既快又好地持续发展的基本手段，坚持强化农业基础地位，稳定粮食生产、增加农副产品的有效供给、大幅度增加农民收入的方针，稳定、优化第一产业；把技术开发与老工业基地改造结合起来，大力发展支柱产业、"拳头"产品，培育新的经济增长点，切实加强企业管理，改造、提高第二产业；以商贸流通、邮电通讯、房地产和旅游业为重点，加快发展第三产业，推动重庆产业结构向合理化、高级化方向实行战略性调整。1992年至1996年的5年间，第一产业在全市国民经济中的比重年均下降1.56个百分点，而第三产业则以每年1.11个百分点的速度上升。

这一时期，市委、市政府把大力发展非公有制经济作为繁荣重庆经济的一项战略措施，于1993年10月制定出台《关于进一步发展个体私营经济的若干规定》，把发展个体私营经济纳入全市国民经济和社会发展总体规划，以后又相继在放宽申办资格、申办条件、经济范围、经营期限等方面出台一系列鼓励和扶持政策措施，在沙坪坝等区县建立个体私营经济试验区，重点抓好试验区、主导产业、专业村（镇）和私营企业大户的发展，引导和支持个体私营经济上规模、上档次。在全市经济发展中，非公有经济的比重逐年提高，为重庆经济发展注入新的活力。重庆经济结构和所有制结构的调整与优化，极大地促进了经济的快速发展。1995年，重庆实现国内生产总值提前5年比1980年翻两番的目标，综合经济实力明显增强。

重庆作为全国第一个经济体制改革试点大城市，在1983年至1996年的14年中，始终坚持以经济建设为中心，以改革开放为动力，沿着建设有中国特色社会主义道路开拓前进，全市经济建设各项事业出现前所未有的蓬勃生机，为重庆进一步快速发展打下坚实的基础。

三、抓住直辖机遇构建和谐重庆

历史赋予重庆新的使命。1997年3月14日,八届全国人大五次会议审议通过设立重庆直辖市的决议。中共重庆市委抓住重庆直辖、三峡工程建设和西部大开发的历史机遇,以建成长江上游经济中心为目标,以办好"四件大事"为重点,以探索建立符合重庆特殊市情的行政管理体制为基础,以加强党的建设和干部队伍建设为保障,带领全市人民实现重庆直辖后各项工作的良好开局,经济社会发展速度明显加快,富民兴渝、构建和谐重庆迈出坚实的步伐。

(一)重庆直辖市成立

我国改革开放进入新的历史阶段后,为逐步改变地区发展不平衡状况,缩小沿海与内地的差距,实现共同富裕的目标,中央更加重视中西部地区的发展。1995年9月,党的十四届五中全会召开,审议并通过《中共中央关于制定国民经济和社会发展"九五"计划和2020年远景目标的建议》,决定把"坚持区域经济协调发展,逐步缩小地区发展差距"作为必须认真贯彻的一条重要方针。会上,江泽民总书记全面阐述在社会主义现代化建设过程中必须正确处理好的12个重大关系,其中,包括正确处理东部地区和中西部地区的关系。中央关注中西部地区的发展,对重庆寄予厚望。

为充分发挥重庆作为特大经济中心城市的作用,进一步加快中西部地区经济和社会发展,组织和管理好三峡库区移民工作,党中央、国务院经过认真研究、反复论证，决定设立重庆直辖市，在提请全国人民代表大会审议通过前，由重庆市代管四川省万县市、涪陵市和黔江地区（以下简称"两市一地"）。1996年6月26日，中央政治局常委、国务院总理李鹏和中央政治局常委、中央书记处书记胡锦涛召集四川省和重庆市党政主要领导，宣布党中央、国务院的决定，要求重庆市立即成立代管领导小组，坚持思想领先、平稳过渡的方针，一手抓代管，一手抓好当前的经济工作和社会稳定，确保设立重庆直辖市这一重大决策的顺利实施。

1996年9月5日，中共中央、国务院正式批复中共四川省委、四川省人民政府，同意四川省委托重庆市从1996年9月15日起代管万县市、涪陵市和黔江地区，明确"自代管之日起，两市一地的党政工作和政治、经济与社会发展及三峡库区移民工作等，均由重庆市代四川省行使管理职能"。

1996年10月3日至4日，市委召开全市工作会议，会议深入分析新的市情，全面部署代管工作。会议认为，重庆迎来国家实施中西部地区经济发展战略、长江经济带开发战略、三峡工程建设和库区经济开发三大历史机遇，面临搞好开发性移民，发展库区经济；增强中心城市的综合实力，完善城市功能，充分发挥长江上游经济中心的作用；探索城市带农村的新路子，加快农村经济发展，实现城乡共发展、共繁荣的三大任务。要完成三大任务，必须解决好百万移民、360万贫困人口脱贫、振兴工业经济、保持生态平衡和治理环境污染四大难题。这次会议是代管期间市委召开的一次重要会议，为全市上下统一思想认识、明确工作思路、扎实做好代管期间的各项工作打下基础。

代管"两市一地"，需要理顺中央、四川省和重庆市各方面管理体制的关系。市委、市政府认真贯彻党中央和国务院的方针政策，积极做好经济社会发展计划、财政、建设项目等方面同中央和四川省的衔接工作，及时研究解决衔接工作中的重大问题。市委有关部门按照职能分工制定代管实施方案，及时处理与各方面衔接中出现的具体问题。为解决农村人口多、面积大、移民任务重的问题，经国务院批准，市和有关区县增设移民、扶贫、农业和农村工作机构。市委着眼于直辖后全市经济社会发展战略，组织力量深入研究、广泛征集意见，形成《关于制定重庆市国民经济和社会发展"九五"计划和2010年远景目标纲要的建议》。

代管期间，按照中央的部署，市委坚决贯彻"思想领先、平稳过渡"的方针，紧紧围绕"抓住机遇、深化改革、扩大开放、促进发展、保持稳定"的全党全国工作大局，从新的市情出发，着力开创工作新局面。市委高度重视思想政治工作，认真组织全市党员、干部学习中央关于做好代管工作的指示，组织"历史的责任"报告团到各区县宣讲，使干部群众充分认识设立重庆直辖市的重大意义，把思想统一到中央的决策上来，真正做到团结一心向前看，集中精力抓发展。同时，进一步加强各级领导班子建设，切实转变干部作风，通过开展"弘扬红岩精神，塑造当代重庆人"等活动，努力培育加快发展的精神动力，为做好代管工作提供思想和组织保障。

经过广大党员、干部和全市人民的共同努力，实现代管后，各项事业都取得较大发展。1996年是"九五"计划的第一年，全市国民经济总体上保持"八五"计划期间的发展势头，全年地区生产总值1183.12亿元，比上年增长11.2%。"两市一地"各级党委、政府作了大量艰苦细致的工作，保持经济的快速发展和社会的稳定，经济增长速度超过全市平均水平。代管期间取得的成绩，为设立重庆直辖市打下坚实的基础，实现了行政体制重大变革的平稳过渡。

1997年2月27日，李鹏总理代表国务院向全国人民代表大会提出《国务院关于提请审议设立重庆直辖市的议案》。《议案》提出："为了充分发挥重庆市作为特大经济中心城市的作用，进一步推动川东地区以至西南地区和长江上游地区的经济和社会发展，并且有利于三峡工程建设和库区移民的统一规划、安排、管理，同时解决四川省由于人口过多和所辖行政区域过大、不便管理的问题，国务院经过认真研究、反复论证，拟将四川省的万县市、涪陵市和黔江地区所辖行政区划入重庆市，设立重庆直辖市，总面积8.2万平方公里，总人口3002万人。"《议案》特别强调："设立重庆直辖市是为加快中西部地区经济和社会发展所采取的一项重要举措。"1997年3月6日，国务委员李贵鲜在八届全国人大五次会议上所作的《关于提请审议设立重庆直辖市的议案的说明》中进一步指出，设立重庆直辖市，有利于发挥它的区位优势、"龙头"作用、"窗口"作用和辐射作用；有利于四川省集中精力抓好其他地区，特别是西部少数民族地区的经济社会发展工作；将移民工作统一管理起来，有利于国家对三峡库区开发性移民政策的落实、资金的统筹安排和管理，有利于把移民工作做得更好，促进三峡工程建设。

1997年3月14日，八届全国人大五次会议经过审议，作出关于批准设立重庆直辖市的决定。直辖后的重庆，由过去辖24个区县（市）、5.8万平方公里、1520万人，增加到辖43个区县、8.2万平方公里、3002万人。

1997年3月14日，八届全国人大五次会议审议通过设立重庆直辖市的议案

　　1997年6月18日，重庆直辖挂牌揭幕仪式在人民大礼堂隆重举行。李鹏总理出席揭幕仪式并发表重要讲话。直辖挂牌揭幕仪式的举行，标志着重庆直辖市的正式成立，揭开了重庆历史发展的新篇章。从此，在党中央、国务院的正确领导下，在国务院各部委和各省市的大力支持下，在社会各方面的广泛关注下，重庆这个年轻的直辖市开始启航，朝着建设长江上游经济中心的宏伟目标努力奋进。

（二）努力办好"四件大事"

　　直辖以后，市委按照中央设立重庆直辖市的战略意图，迅速开展各项工作。1998年3月，江泽民总书记指示重庆要集中精力办好按期完成三峡库区移民任务、振兴重庆老工业基地、加快农村经济发展、加强生态环境保护和建设"四件大事"。市委把办好"四件大事"作为关系重庆经济社会发展的全局性、战略性问题，作为全市工作的重中之重，采取切实有力的措施，带领广大党员和人民群众，围绕办好"四件大事"展开一场又一场攻坚战。

一是三峡大移民。1994年12月，对我国未来经济社会发展具有重要意义的三峡工程正式动工。经测算，到2009年三峡工程建成时，三峡库区动迁移民总数将达到130万人。这被称为世界级难题。而重庆市移民人口为113.8万人，占三峡工程移民总数的87.5%。三峡工程成败的关键在移民，移民的重点在重庆。对于重庆来讲，完成百万移民的历史任务，不仅是一项经济社会工作，更是一项政治任务；不仅是一场严峻挑战，更是一次难得的发展机遇。

1993年迁建安置工作开始以后，市委始终把移民工作作为头等大事来抓，实行党委统一领导、政府全面负责、移民部门综合管理、相关部门各负其责的移民工作体制，实行各级党政一把手为移民工作第一责任人的领导责任制，坚持开发性移民的方针，以搬得出、安得稳、逐步能致富为目标。到1997年11月，90米水位线的一期移民任务圆满完成，确保大江顺利截流。1999年，市委成立移民工作委员会，进一步加强对移民工作的领导，开始以调整完善库区移民政策和调整完善企业搬迁政策为重点，采取本地安置与异地安置、集中安置与分散安置、政府安置与移民自找门路安置"三结合"的办法，鼓励和引导更多的库区移民外迁，移民工作进入新的阶段。2003年，按期完成二期移民任务，保证三峡工程从当年6月开始蓄水至135米水位。至2005年末，累计动迁人口94.1万人，迁建调整工矿企业1371家，复建房屋2853万平方米，完成阶段性移民工作任务，满足实现2006年156米水位蓄水目标的需要，为最终破解百万移民世界级难题奠定坚实基础。随着移民数量的增加，移民工作也出现部分安置土地数量不足、质量不高，库区关闭与破产企业下岗职工基本生活保障和再就业压力大等新情况，妥善解决这些问题，成为巩固移民工作成果、全面完成移民任务的重要环节。

三峡大移民

　　党中央、国务院高度重视重庆的移民问题，党和国家领导人经常深入库区检查指导工作。全国20多个省市和国家29个部委对重庆开展对口支援，从1993年至2005年，共实施对口支援项目1400多个，对重庆完成移民任务和调整库区产业结构发挥重要作用。库区各级党组织和广大干部以党和人民的利益为重，在移民工作的第一线尽职尽责，忍辱负重，踏实苦干，经受考验和锻炼，涌现出一大批优秀共产党员和先进模范人物。库区广大干部群众顾全大局，无私奉献，为三峡工程建设作出重要贡献。在各级党组织的领导下，库区人民在移民工作实践中，与全国人民一道，共同培育形成以顾全大局的爱国精神、舍己为公的奉献精神、万众一心的协作精神和艰苦奋斗的拼搏精神为基本内涵的"三峡移民精神"。

二是振兴老工业基地。重庆是全国著名的老工业基地之一，改革开放以后，虽然不少行业、企业在市场经济环境下有了很大发展，但由于国有经济比重过大，结构性、体制性和机制性矛盾十分突出，导致国有企业大面积亏损，总体上市场竞争力不强，1997年全市规模以上工业企业仍亏损15.8亿元。要加快重庆的发展，必须搞活国有企业，振兴工业经济。

1997年3月，国务院要求3年内国有企业必须扭亏脱困。为贯彻国务院部署，市委、市政府加大工作力度，推进国有企业建立现代企业制度，坚持"抓大放小"，以培育"龙头"企业带动全市工业的发展。1999年10月，市委召开一届六次全委（扩大）会议，通过《关于〈中共重庆市委、市人民政府关于贯彻落实党的十五届四中全会精神，加快国有企业改革和发展的意见〉的决定》，要求举全市之力打好国有企业改革和发展攻坚战，决定实施兼并破产淘汰一批、债转股搞活一批、技术改造提高一批、企业改制脱困一批、加强内部管理转化一批、军民品分线调整一批、扶优扶强壮大一批等"七个一批"的改革措施。市委、市政府大力落实"七个一批"的各项措施，在放开搞活国有小企业的同时，把全市所有的大中型国有企业纳入"七个一批"改革范围，根据每个企业的具体情况，实行不同的改革措施。同时，对不同所有制的大中型企业着力构建合理经济结构、先进科学技术和灵活运营机制"三大基础",实施400个相关项目。这些措施的实施,加之国家搞活国有企业宏观调控政策的有力支持,促进了国有企业和全市工业经济状况的明显好转。2000年,基本实现了中央提出的3年扭亏脱困目标,全市工业企业和全市国有企业整体扭亏为盈,结束全市工业企业长达4年、国有企业长达6年高额亏损的局面。

2000年6月,市委成立企业工作委员会,以加强国有企业党的领导、领导班子建设和思想政治工作,进一步推进国有企业改革发展。2003年9月,成立市国有资产监管委员会。在国有企业改革中,坚持国有资产合理流动和重组的原则,实施强强联合、优势互补的发展型重组和资源重组、产业重组的兼并式整合,对部分陷入困境的进行破产重组,使国有企业重新焕发生机。在国有企业改革发展取得显著成绩的同时,非公有制经济也得到很大发展。2005年生产总值占全市总量的51%。不同所有制经济的共同发展,增强了汽车、摩托车、医药化工、食品、建材等支柱产业对全市工业的支撑作用,提高了工业经济的质量和对全市生产总值的贡献率,促进传统工业向新型工业化方向加快发展。

三是加快农村经济发展。重庆具有大城市与大农村并存的特殊市情,农业和农村经济处于战略地位。1998年10月,市委召开一届四次全委(扩大)会议,作出加强农业和农村工作的决定,强调把农业和农村工作摆在全市工作的重要地位,要求以调整优化农业、农村经济结构和增加农民收入为重点,大力实施科教兴农、综合开发、城镇带动和可持续发展四大战略。为促进农业战略调整,2001年初,全市以发展香料、中药材、笋竹、花卉苗木、蚕茧、甘蓝型黄籽油菜、柑橘、优质粮、草食牲畜等生产和加工为重点,启动10个农业产业化百万工程，加快种植业、养殖业和农副产品加工业的产业化进程，出现大量农业产业化的"龙头"企业，一批农业主导产业基本形成，加快了区县特色经济培育进程，推动农产品向布局区域化、生产规模化方向发展。

扶贫攻坚是全市的政治任务和贫困地区的中心工作。直辖之初，全市有国定贫困县12个，省定贫困县9个；贫困人口366万人，占全市总人口的12%，大大高于全国贫困人口占总人口6%的水平。要按中央要求在2000年底基本解决农村贫困人口的温饱问题，任务十分艰巨。为此，市委成立扶贫开发工作领导小组，建立市和区县两级扶贫工作机构，建立市级领导干部分别联系贫困县制度，在加大财政对贫困地区资金投入的同时，组织社会力量参与扶贫开发，创造了由234个单位组成21个集团对口帮扶21个贫困县的集团式对口扶贫经验。市委、市政府十分重视渝东南少数民族地区的扶贫工作，采取召开现场办公会、出台一系列优惠政策、加大资金投入力度等措施，推动少数民族地区经济社会发展。

各贫困县层层实行党政一把手目标责任制，根据《重庆市"五三六"扶贫攻坚计划》的要求，实行开发式扶贫方针，把扶贫攻坚的任务和措施具体落实到贫困村、贫困户，特别是以贫困乡镇、特困村、特困户为主战场，重点扶持贫困户发展有利于直接解决温饱问题的种植业和养殖业。贫困地区广大群众在困难面前自力更生，不等不靠，发扬"宁愿苦干、不愿苦熬"的"黔江精神"，逐步改变贫困状况。2000年底，全市21个贫困县实现成建制整体越温达标。2001年底，农村建卡贫困人口由直辖前的366万人减少到51万人，如期实现《重庆市"五三六"扶贫攻坚计划》确定的目标任务。这一阶段性目标实现以后，全市贫困人口数量仍然较大，部分脱贫人口又出现返贫现象，贫困地区群众的生产生活条件还没有得到根本改善。为进一步减轻农民负担，提高农民生活水平，从2005年起，全市免征农业税及其附加。经过不断采取扶贫措施，农村经济加快发展，农民收入增加，但要根本解决农村的贫困问题，仍是一项长期而艰巨的任务。

四是生态环境保护和建设。生态环境保护和建设是国家实施西部大开发战略的重点，市委、市政府把这项工作纳入重要议事日程，成立生态环境保护和建设领导小组，实行党政一把手亲自抓、负总责的环保工作领导责任制；坚持经济发展、城乡建设、移民迁建与环境保护同步规划、同步实施、同步发展的方针，坚持经济效益、社会效益、生态效益"三兼顾"的原则，实施以主城区为重点的"山水园林城市工程"和以三峡库区为重点的"青山绿水工程"。从1997年开始，对工业污染企业要求"一控双达标"，在城市实施"清洁能源工程"。2000年，全市启动"退耕还林还草工程"，5年累计完成退耕还林20835公顷，全市森林覆盖率达到30%。2001年，主城区开始实施"五管齐下"净空工程，提高空气质量。由于不断加强生态环境保护和建设的措施，全市生态恶化的趋势初步得到遏制，环境状况明显改善。

在市委、市政府的领导下，全市人民齐心协力，全力推进库区开发性移民，完成三期移民任务，保证三峡工程的顺利进行；加快振兴老工业基地，国有企业改革和发展取得突破性进展；大力发展农业和农村经济，扶贫和农业结构战略性调整效果明显；实施可持续发展战略，城乡生态环境呈现新的面貌。"四件大事"取得重要的阶段性成果，实现预期目标，促进经济社会的全面发展。

（三）在西部大开发中加快发展

重庆直辖后，给各项事业的发展注入新的活力，发展速度明显加快。1999年，在即将跨入21世纪之际，党中央根据邓小平关于我国现代化建设"两个大局"和江泽民总书记处理好12个关系的战略思想，高瞻远瞩，统揽全局，作出西部大开发的重大战略决策，使重庆又迎来新的发展机遇。

重庆地处我国西部大开发规划中的长江上游经济带、西陇海兰新线经济带和南贵昆特色经济区这三大经济区的接合部，作为中西部地区唯一的直辖市，无疑是国家实施西部大开发战略的支撑点之一。国家实施西部大开发战略的重点是加快基础设施建设，切实加强生态环境保护和建设，积极调整产业结构和发展科技教育，加快人才培养，这对于年轻的重庆直辖市完成中央交给的任务、解决好面临的难题，具有很强的针对性和重要的现实意义。

为抓住西部大开发的机遇加快发展，1999年12月，市委、市政府成立以市委书记为组长的西部开发工作领导小组，并组织动员各方面力量为抓住西部大开发的历史机遇献计献策，制定切实可行的规划，厘清发展思路。市人大、市政协、市级部门和一些大专院校、科研机构纷纷行动起来，发挥各自优势，广泛调查研究，深入思考问题。

在此基础上，2000年10月，市委召开一届八次全委会。会议通过《中共重庆市委关于制定国民经济和社会发展第十个五年计划的建议》和《重庆市国民经济和社会发展第十个五年计划实施西部大开发重点专题规划》，提出以实施西部大开发战略统揽经济社会发展全局，确定实施西部大开发的总体目标是把重庆建设成为长江上游的商贸中心、金融中心、科教文化信息中心、综合交通枢纽、通信枢纽和以高新技术为基础的现代化产业基地；确定建设都市发达经济圈、渝西经济走廊、三峡库区生态经济区"三大经济发展区"的框架。会议确定的西部大开发的目标任务、发展步骤、工作重点和政策原则，成为全市实施西部大开发战略的工作指南。

长期以来，交通、通讯、能源等基础设施落后，一直是制约发展的"瓶颈"因素；投资环境竞争力不强，对外开放度不高，成为影响发展的重要环节。在西部大开发中，市委、市政府从实际情况出发，把握机遇，明确提出"大开放促大开发、大开发促大发展"的口号，决定每年办好涉及全市经济社会发展的十件大事，把加强基础设施建设、改善投资环境放在事关全局的重要位置。

实施西部大开发以后，重庆采取每年"新开工一批、竣工一批、加快建设一批、前期策划一批"滚动推进的方式，抓紧基础设施重点项目的建设。在国家西部大开发政策的有力支持下，通过多渠道筹集资金，一大批多年想上而没有条件上的重大基础设施项目顺利开工建设。达万铁路、渝怀铁路、遂渝铁路、万宜铁路相继开工并陆续投运，迎来重庆铁路建设史上的高潮；江北国际机场进行大规模扩建，跑道延长，新建国内一流水平候机楼；随着三峡成库及长江航道大规模整治，扩建九龙坡港，新建寸滩港，集装箱运输和汽车滚装运输快速发展；加快高速公路和桥梁的修建，实施高速公路"二环八射"规划目标，基本完成"一环五射"（一环：上桥—童家院子—界石—上桥；五射：成渝、渝黔、渝长、渝武、渝合高速公路）的建设目标；"8小时重庆"交通工程（即边远县到达主城区车程缩短至8小时内）和"半小时主城"道路畅通工程（主城区任何一个组团到达市中心和环城高速公路车程不超过半小时）目标如期实现。过去要3小时至5个小时才能到达主城区的荣昌、大足、江津、长寿、涪陵、綦江、万盛等区县可以在1小时内到达重庆市区，城口、秀山等边远区县可以在8小时内到达主城区，主城区交通状况也明显改善；以光缆为主，微波通信、载波通信和卫星通信相结合的大容量、高速率的现代化通信网络初步形成；能源建设步伐加快，特别是发电和输变电能力大幅提高；水源工程、防洪工程、生态环境工程等水利建设取得新的成绩，提高了农业水利化程度。基础设施建设投入加大，成效明显，为经济社会发展提供更加有力的保障。基础设施建设发生的巨大变化，成为重庆直辖以后工作的亮点。

在西部大开发刚刚启动的2000年，市委、市政府即以实施"十个一批"措施为切入点，对投资环境进行综合整治。通过整治，废止一批已不再适用的地方性政策法规、规章，取消一批行政审批项目和收费项目，脱钩一批政府部门所办中介机构，查处一批行政性垄断和行业性垄断，实施综合行政执法和相对集中行政处罚试点工作等。同时，出台《重庆市实施西部大开发若干政策措施》《重庆市鼓励外商投资若干政策规定》《关于在新形势下做好利用外资工作的意见》等一批改善投资环境的政策措施，积极推进投融资体制改革，初步形成政府主导、市场运作、社会参与的多元化投资格局，推动开放和开发。

20世纪90年代以来，重庆经济技术开发区和高新技术开发区发挥对外开放窗口的重要作用，但进入21世纪后，已不能满足西部大开发新形势的需要。因此，2001年，市委、市政府决定启动北部新区建设，使之成为以高新技术为基础的现代化产业基地、对外开放的重要窗口和经济发展的重要增长极。经过几年建设，北部新区发展势头强劲，拓展城市范围，招商引资成效明显。与西部各省区、长江经济带及东部沿海省市的联合协作进一步加强，对外开放进一步扩大，初步形成多层次、全方位、宽领域的对外开放格局。

在西部大开发中，重庆坚持实施西部大开发战略与中央交办的"四件大事"相结合，自身努力与中央支持相结合，抓好近期工作与远期规划相结合，重点突破与全面发展相结合，政府行为与市场导向相结合。随着西部大开发工作的推进，全市经济社会加快发展，总体实力不断提高；投资持续增长，基础设施建设取得突破性进展，生态建设和环境保护明显加强；经济结构调整效果显现，特色优势产业发展步伐加快；科技教育加快发展，人才开发力度不断加大；发展环境逐步优化，改革开放取得新的突破；城乡居民生活水平得到提高，生活质量明显改善。

（四）21世纪前20年奋斗目标的确定

在各级党组织的带领下，经过全市人民的艰苦努力，实现直辖后各项工作的良好开局。与1996年比，2001年，全市生产总值由1183.12亿元增加到1763.25亿元，年均增长8.9%；地方预算内财政收入由54.9亿元增加到126.4亿元，年均增长18.2%；城市居民人均可支配收入和农民人均收入分别达到6572元和1971元。经过5年的积极探索，稳健起步，重庆已经站在一个新的发展起点上。

由于重庆在全国发展战略中处于重要地位，中央十分重视重庆的建设和发展。1994年10月，江泽民总书记题词，为重庆确立"努力把重庆建设成为长江上游的经济中心"的奋斗目标。重庆直辖后，江泽民、胡锦涛等党和国家领导人多次视察重庆，要求重庆充分利用自己的优势条件，抢占先机，有所作为，加快发展，更好地发挥特大城市对周边的辐射带动作用。中央对重庆的发展寄予厚望，赋予重庆光荣使命，重庆各级党组织肩负带领全市人民不断前进的繁重任务。

2002年5月26日至30日，中共重庆市第二次代表大会召开。大会确立新世纪前20年"三步走"的分阶段目标：第一步，到2005年，富民兴渝取得新进展，经济增长速度高于全国平均水平，西部大开发在一些重点领域取得突破性进展，办好"四件大事"取得重大成果，城乡人民过上基本的小康生活，奠定长江上游经济中心的重要基础；第二步，到2010年富民兴渝战略实现新的突破，经济总量比2000年翻一番以上，西部大开发见到明显成效，基本完成"四件大事"，城乡人民过上富裕的小康生活，建成长江上游经济中心的基本框架；第三步，到2020年富民兴渝迈上新台阶，经济总量比2000年翻两番，西部大开发全面见到成效，城乡人民过上富裕的小康生活，部分地区率先基本实现现代化，全市综合实力、整体竞争力和辐射带动力大大增强，建成长江上游经济中心。

2003年6月，市委二届三次全委会作出《关于加快实施城镇化战略的决定》，确定以基础设施建设为前提，以产业发展为支撑，以先进文化为内涵，坚持大中小城市协调发展，把重庆建设成为一中心、多组团、城镇群集合的现代化大都市的总体思路和分阶段目标；制定资金扶持、基础设施建设、投融资体制改革、土地政策、户籍制度改革等相关政策措施。市委把推进城镇化作为实施大城市带大农村战略的重要途径，按照构建"三大经济发展区"的总体要求，加快以主城为中心，以环主城区卫星城市群和交通干线城镇为重点的城镇化建设，因地制宜，分类指导，完成市域城镇体系规划，启动首批重点扶持的45个中心镇建设，实行全市城乡一体化户口登记制，在经营城市、推进土地流转、改革投融资体制等方面积极探索，取得新的成效。通过实施小城镇和区域中心镇、移民搬迁镇的建设和发展，一批小城镇的经济各具特色，对繁荣小城镇经济、转移农村劳动力、增加农民收入发挥重要作用，城镇化步伐明显加快。2005年5月，市委二届七次全委会作出《关于统筹城乡发展、加快农村全面建设小康社会步伐的决定》，为进一步推进城镇化战略，建设富裕文明、和谐安康的社会主义新农村确定新的目标和方针政策。

重庆是全国著名的老工业基地，工业发展经历上百年不平凡的历程。自1891年开埠通商、近代工业起步以来，经过抗战时期长江中下游工商企业内迁、新中国成立后"三线"建设和改革开放以来的有力推动，特别是直辖后的加速发展，重庆工业企业取得长足进步。但是，从总体上讲，重庆工业企业尚处于工业化发展中期的初始阶段，与全国平均水平特别是沿海发达地区发展水平相比，与建成长江上游经济中心的要求相比，全市工业经济还存在综合实力特别是核心竞争力不强，科技含量尤其是信息化水平不高，粗放型增长特征较为明显，综合经济效益水平仍然较低，三峡库区缺少产业支撑，区域工业发展很不平衡，环境污染较为严重，劳动力资源优势未能充分发挥等突出矛盾和问题。加快新兴工业化步伐，对于重庆具有特殊的重要性、紧迫性和艰巨性。

2004年6月，市委召开二届五次全委会，通过《关于加快推进新兴工业化的决定》，确定推进新兴工业化的"5444"工作思路：推进新兴工业化要努力实现工业经济总量、工业集中度、工业质量效益、信息化水平和科技创新能力、人民生活和就业水平显著提升的五大发展目标；集中力量发展汽车摩托车、装备制造、资源加工、高新技术四大重点产业；切实抓好优化调整产业布局、改造提升传统产业、发展循环经济、发挥劳动资源优势四大战略任务；大力实施深化体制改革、扩大对内对外开放、发挥人才支撑保障作用、加强新型工业化的组织领导四大保障措施。会后，市委、市政府从组织领导、政策支持、资金投入等方面采取措施，认真抓好会议精神的贯彻落实，促进工业经济的发展。由于坚持不懈地深化国有企业改革和大力发展非公有制经济，随着新型工业化的推进，全市工业经济实力明显增强，重点产业优势更加突出，所有制结构逐步优化，园区经济蓬勃发展，经济效益明显提高。尤其是汽车工业快速发展，"十五"计划期间每年产值增长速度均超过20%。2005年，全市汽车产量达到42.15万辆，销售43.33万辆；摩托车产量420.84万辆，销售416.71万辆，产销规模仅次于长春市、上海市和武汉市，成为我国西部最大的汽车生产基地。工业经济在全市国民经济中的地位越来越重要，为推动经济社会发展、增强辐射带动能力发挥重要作用。

为全面落实党中央、国务院关于三峡工程开发性移民方针和中央领导关于做好三峡库区工作的重要指示精神，2006年6月，市委召开二届九次全委会，审议通过《关于加快库区产业发展着力解决移民就业促进库区繁荣稳定的决定》。《决定》认真贯彻科学发展观，针对库区工作面临的新形势和新任务，提出加快库区经济社会发展，着力解决移民就业的奋斗目标及主要任务；确立坚持做好移民工作与促进区域经济发展相结合、坚持加快发展与改革开放相结合、坚持政府引导与市场主导相结合、坚持统一部署与分类指导相结合、坚持注重当前与着眼长远相结合的指导原则；制定一系列关于加快库区产业发展、解决移民就业、维护库区社会稳定、加快库区工作的组织领导等政策措施。《决定》所包含的内容符合重庆实际，反映了全市人民特别是库区人民的心愿，是指导全市及库区经济社会发展的纲领性文件。

为了以更加积极的姿态走向全国、走向世界，市委、市政府进一步扩大对内对外开放。2002年4月，成功召开亚洲议会和平协会第三届年会（AAPP会议），这是新中国成立后重庆第一次召开的规格最高的国际性会议。2005年10月，又一次高规格的国际盛会——第五届亚太城市市长峰会在重庆召开。到2005年10月，已成功举办十届"中国重庆投资贸易洽谈会"和"中国重庆三峡国际旅游节"，渝港"9+1"、渝澳"8+1"合作框架取得实质性进展，与四川、贵州、上海、浙江、广东、湖北等省市分别达成合作框架协议并付诸实施。这些重大举措，起到了宣传重庆、提升城市形象的良好作用，提高了重庆在国际国内的知名度，促进了经济社会的发展。继续保持汽车、摩托车等支柱产业的出口优势，2005年，全市出口总额达到25.2亿美元，摩托车出口占全国出口的半壁河山。福特、爱立信、本田等一批国际知名公司入驻重庆，来渝投资的世界500强企业达到33家，投资兴办的企业共49家，项目涉及制造、物流、金融、房地产、商业零售等领域，大大促进了重庆的对外开放和国际化进程。通过加强区域合作，省级之间联合推进一批跨区域交通、能源、旅游等项目建设。

为促进经济发展，市委、市政府大力实施科教兴渝和人才强市战略。继2001年6月市委一届九次全委会通过《关于加快实施科教兴渝战略的决定》后，2004年8月、12月，市委、市政府又分别作出《关于加快教育改革与发展的决定》《关于加快区域科技创新建设的决定》，并且先后出台一系列促进科技、教育和高新技术产业发展的法规和规范性文件，实行有关财政、税收、信贷、融资、人才奖励、科教合作与交流等一整套政策措施，促使科教事业进步明显。增强技术创新能力，技术交易日益活跃，科技成果转化率提高，取得家蚕基因组研究、超声聚焦刀、手机核心芯片、"通芯一号"、医用无线内窥镜等一批具有世界先进水平的科技成果，综合科技进步水平指数从2000年全国第20位跃升到2005年第10位。各级各类教育发展加快，至2005年，人均受教育年限为8.13年，"两基"人口覆盖率达到97.6%，初中毕业生升入高中阶段的比例和高等教育入学率明显提高。

四、推进城乡一体化

2007年3月，正是重庆站在新的起点上再创辉煌之际，胡锦涛总书记为重庆发展作出"314"总体部署。此后，国务院批准重庆成为统筹城乡综合配套改革试验区。2016年1月，习近平总书记视察重庆时及2018年全国两会期间在参加重庆代表团审议时对重庆提出"两点"定位和"两地""两高"目标。在党中央的坚强领导下，中共重庆市委团结带领全市广大干部群众，着力构建内陆开放高地，推进统筹城乡综合配套改革，努力建设国家中心城市。

（一）构建内陆开放高地

2007年两会期间，胡锦涛总书记为重庆发展导航定向，作出

"314"总体部署。此后，国务院批准重庆成为全国统筹城乡综合配套改革试验区，明确指出，加快重庆统筹城乡改革和发展，是形成沿海与内陆联动开发新格局的需要。由此，重庆对外开放提升到国家战略的全新高度。在此背景下，市委召开三届三次全委会审议并通过《中共重庆市委关于进一步扩大开放的决定》，提出加快把重庆建设成我国内陆开放高地的目标。

在经济全球化的形势下，重庆以内陆开放高地为突破口，不断完善两江新区、保税区和特色园区建设，逐渐形成或引领国际经济合作和竞争的开放格局。两江新区作为我国内陆第一个国家级开发开放新区，2010年6月建立以来，其定位是：立足重庆市、服务大西南、依托长江经济带、面向国内外，形成"一门户两中心三基地"，即西部内陆地区对外开放的重要门户，长江上游地区现代商贸物流中心、长江上游地区金融中心，国家重要的现代制造业和高新技术产业基地、内陆国际贸易大通道和出口商品加工基地、长江上游的科技创新和科研成果产业化基地。两江新区积极实施大开放、大产业、大城市、大民生发展战略，在促进区域经济协调发展，我国对外开放向内陆腹地纵深发展，推动形成内陆重要城市群中担当重要责任。两路寸滩保税港区（2008年11月）和西永综合保税区（2010年2月）的设立，构建起重庆水陆空保税的"双子星座"，有利于积极参与国际分工，实现产业结构调整和优化，成为重庆打造内陆开放高地的重要平台，助推重庆加快建成中西部第一大加工贸易基地。各区县结合地域资源优势和产业特色形成的特色工业园区，有效带动支柱产业结构调整与升级换代，是重庆市经济发展、对外开放的重要平台和构建内陆开放高地的重要支撑体系。与此同时，为加快建设内陆开放高地，重庆还及时出台远交近联，与周边和沿海地区加强多层次、宽领域、全方位务实合作；积极应对国际金融危机，提高招商引资水平，不断扩大对外开放，推进外贸快速增长，总体实现开放性经济又好又快发展。

2016年1月，习近平总书记视察重庆时，指出重庆要发挥西部大开发的重要战略支点、"一带一路"和长江经济带的联结点的作用；建设成为内陆国际物流枢纽和口岸高地，建设内陆的开放高地。这既是对重庆的定位和要求，也是重庆自由贸易试验区建设的根本遵循。重庆以建设物流大通道为抓手，以开放为动力，在铁路、港口、航运、航空等领域不断开阔国际新通道，将一个内陆城市推向对外开放的前沿阵地。为把重庆打造成为中国向欧洲出口商品的重要中转站和桥头堡，铁道部、国家海关总署与途经各国加强合作，在原新欧亚大陆桥的基础上进一步优化组合，提升沿线各国、各地海关通关效率，打通渝新欧国际联运大通道。重庆着力建设长江上游地区最大物流港口体系，在重点推进主城寸滩、果园、东港、黄磏等四大港区建设的同时，一批区县重点港区也加快建设步伐。重庆还不断强化航空基础设施，完善空中通道网络，民航客货运输能力综合服务水平显著增强。目前，重庆江北国际机场已成为国家区域枢纽机场，年旅客吞吐量突破3000万人次，国际货邮吞吐量西部领先，成功跨入国家九大、世界百强机场行列。重庆机场东航站区及第三跑道的建设启用，大幅提升了运输生产能力，为重庆发挥"一带一路"的作用和深度融入长江经济带建设提供了重要的支撑和坚实的保障。2017年4月，中国（重庆）自由贸易试验区正式挂牌。自贸区以努力建成服务于"一带一路"建设和长江经济带发展的国际物流枢纽和口岸高地为目标，着力推动构建起西部地区门户城市全方位开放的新格局，带动西部大开发战略深入实施，重庆市开放发展步入又一个新的发展阶段。

（二）统筹城乡综合配套改革

重庆市集大城市、大农村、大山区、大库区于一体，城乡区域差距很大，综合实力不强，人民生活还不富裕，统筹城乡改革发展任务艰巨。2007年6月，重庆获批成为全国统筹城乡综合配套改革试验区。2009年4月，国务院批准重庆市统筹城乡综合配套改革试验总体方案，要求围绕"城乡经济社会协调发展、劳务经济健康发展、土地流转和集约利用"3条主线，开展两段式的改革试验，到2012年基本形成统筹城乡发展的制度框架。全市上下认真落实中央要求，紧密结合重庆实际，围绕3条主线扎实推进各项改革任务，基本形成"三线三同六促进"的统筹城乡发展制度框架，顺利如期实现改革试验第一阶段的目标，城乡居民收入比缩小到3.11∶1，城镇化率上升至57%，形成统筹城乡改革发展良好格局。

以城乡经济社会协调发展为主线，通过建立"圈翼"互动机制促进区域平衡发展，通过培育市场主体促进各种所有制经济平等发展，推动城乡发展同步。一是城乡区域协调发展工作机制。按照全市整体功能最大化、人口资源环境相均衡、经济社会生态效益相统一的要求，优化全市人口、产业与城镇发展布局，明确区县功能定位，充分发挥区县比较优势，最大限度激发区县科学发展活力和创造力。完善城镇体系，针对性出台文件加快6个区域中心城市发展，对远郊31个区县每年专项补助3000万元完善区县城功能，相对集中资源打造100个特色中心镇，建设主城、区域中心城市、区县城和中心镇的四级统筹城乡平台。发展工业园区平台，构建起"1+2+7+36"的工业园区平台，在远郊区县布局一批产业链完善、规模效应明显、核心竞争力突出的产业集群。二是政府财力向农村地区基本公共服务倾斜投入机制。确保财力下沉，坚持市级公共服务预算增量的70%以上投向农村，将基层政权最低财力保障标准提高到4万元/（人·年）。加大对"两翼"的财政转移支付，实现地区间财政资源从较发达的"一圈"向"两翼"转移。加大民生支持力度，坚持民生支出占全市一般预算支出的50%以上。优先保障农村义务教育、家庭经济困难的寄宿生生活补助政策等的经费投入，对下岗失业人员、城镇零就业家庭和低保户家庭实行就业再就业扶持。加大对库区和民族地区的扶持力度，认真落实三峡电站税收返还、渝东南民族区县实行增值税增量返还等优惠政策。对渝东南5个民族区县所有地方税收全部留在当地，市里不参与分成，对库区腹心区县也只就营业税、个人所得税地方部分参与分成。对渝东北库区县和武隆等12个财力相对困难的"两翼"区县，其辖区内每年实现的市级税收增量，由市财政按100%予以定向补助，用于园区基础设施建设。每年市里对渝东南地区一般性转移支付的增幅不低于15%，对黔江等3个民族区县关闭烟厂财政减收给予定额补助。三是区域互动帮扶机制。强化定量帮扶，引导区域对口帮扶结对双方根据受助区县的发展需求制订实物量援助计划，自2009年实行"1%实物量"政策以来，帮扶实物量大幅增长，2007年至2012年"一圈"区县累计援助"两翼"区县帮扶实物量17.6亿元；突出产业培育，市级国有企业集团筹资100亿元，为"两翼"园区修建标准厂房，完善基础设施，帮助筑巢引凤；"一圈"累计帮助"两翼"引进项目174个，实际到位资金112亿元，投产项目实现利税逾10亿元，提供就业岗位2万多个；"两翼"16个园区已入园企业超过230家，实现产值逾100亿元，解决就业3万多人。着力智力援助，开展干部、教师、卫生、科技人员等挂职交流，6年累计交流党政干部1221名、教师1635名、医务人员1480名、科技人员777名，帮助培训教师、医生等专业技术人员2.8万名，培训其他人员1.38万名。引导200对中小学校、90对医院开展结对帮扶活动。四是创新扶贫开发新机制。编制出台重庆市（武陵山片区、秦巴山片区）农村扶贫开发规划，启动片区扶贫攻坚。积极推进整村脱贫工作，累计实施1166个贫困村整村扶贫，716个贫困村实现整村脱贫，110万农村人口摆脱贫困。

以劳务经济健康发展为主线，通过农民工户籍制度改革促进城乡人口有序流动，建立统筹城乡社会保障体系促进城乡基本公共服务均等化，推动城乡生活同质。一是不断完善城乡户籍管理制度。2010年8月，全面启动以农民工为重点的户籍制度改革。按照分阶段推进、分群体实施、分区域布局的"三分"思路，以农民自愿为前提，以保障转户居民利益为核心，以政策的配套衔接为支撑，陆续出台46个涉及土地、社保、教育等方面的配套政策文件，基本形成完善的户籍制度改革政策体系，建立起比较顺畅的人口转移制度通道。通过实施以就业为前提的转户政策，累计超过380万农村居民转户进入城市和小城镇，实现转户居民在结构和区域上的合理分布。已转户人员中符合条件的农民工及新生代占60.5%，在主城、区县城和乡镇居住的比例大体为3∶3∶4，基本实现预期目标。全市户籍人口城镇化率上升为39.6%，更加真实地反映重庆城市化的现状。把做好政策落地作为户籍制度改革工作的核心，切实保障转户居民各项待遇落实到位，共有超过277万名转户居民参加各类养老保险，345万名转户居民参加医疗保险，6.4万户转户居民和农民工成功申请到公租房，2万人次参加就业创业培训。目前，全市农民工户籍制度改革已经全面转入常态化推进阶段,总体进展平稳有序。二是提升劳动力素质和引导其就业创业的新机制。建立和完善跨省(区、市)劳务合作机制和劳动者权益保护机制,印发《重庆市和谐劳动关系企业创建标准》,签署《西南四省市片区劳务合作协议》,西南四省市互设劳务输出机构和劳务维权机构,切实保护劳动者权益,2007年至2012年,在广东、广安等地共设立驻外劳务办事机构25个。建立健全市、区县、镇街、村社四级公共就业服务体系,全市1012个镇街劳动就业社会保障服务中心(所)和10896个村社劳动就业社会保障服务站均实现全覆盖。加强公共就业服务体系队伍建设,通过开发公益性岗位,为社区基层服务机构配备就业社保协管员、劳动保障监察协管员和调解仲裁协管员。建立以市人力资源市场为中心,覆盖全市的人力资源市场信息网络系统,实现信息共享、互联互通。市场信息已延伸到所有街道(乡镇)、社区和90%的行政村,基本实现城乡就业服务均等化。城乡基础教育水平同步提高,在全国率先解决"普九"债务、农村代课教师等遗留问题;"两基"目标全面实现,城乡学生全部享受免费义务教育;50%的区县初步实现区域内义务教育均衡化,全市中小学标准化覆盖率提高到70%;累计建成寄宿制学校2080所,农村留守儿童读书问题得到妥善解决,初中毕业生升入高中阶段学校的比例由81.3%提高到94%,免费中职教育在全市推行。加大农村劳动力就业创业培训力度,2007年至2012年,全市开展"阳光工程""雨露计划"等各类农村劳动力培训180.4万人次,累计培训354.4万人次。培育市级劳务品牌49个,在全市所有街道(乡镇)建立就业和社会保障机构,有2.15万人的工作队伍和万名劳务经纪人为农村劳动力提供转移就业服务。三是覆盖城乡、有序转接的社会保障新机制。着力解决历史遗留问题,在全国率先出台征地农转非人员和城镇用人单位超龄未参保人员养老保险办法,解决90万征地农转非人员、14万三峡库区淹没农转非移民和近20万城镇用人单位超龄未参保人员的养老保险问题,将国有关闭破产企业32.3万退休人员全部纳入城镇基本医疗保险,为11.29万国有企业"双解"人员和24.15万关闭破产解体集体企业退休人员参加城镇职工医疗保险开辟政策渠道。建立"保基本、广覆盖、有弹性、能转移、可持续"的城乡居民社会养老保险制度,2009年在国家开展新型农村社会养老保险试点的基础上探索建立城乡居民社会养老保险制度,比全国提前一年实现全覆盖。建立"一个平台、两个标准、城乡统筹、资源共享"的城乡居民合作医疗保险制度,在新型农村合作医疗试点基础上,于2009年实现城乡居民合作医疗保险制度全覆盖。理顺管理体制,将过去多部门管理调整为统一归口到人力社保部门管理,成为全国率先实现城乡统筹的地区之一。四是促进和谐的现代社会管理新机制。建立健全社会组织管理制度,指导社会组织强化内部管理,建立行约、行规等行业自律管理办法或自律规章,增强社会团体、基金会组织的自我管理、自我监督和自我发展的能力,促进社会公信力的大幅提升。深入推进社区服务体系建设,创新社区管理服务方式,稳步推进农村社区服务,积极推进社区服务设施建设,完善综合服务功能,加强城乡社区人才队伍建设,健全基层党组织领导的社区民主管理和村民自治制度,努力把城乡社区建设成为服务完善、管理有序、文明祥和的社会生活共同体。2007年至2012年,全市农村社区建设试点村达2108个,社区服务站达1170个,村级公共服务中心实现全覆盖;村(居)委会直接选举覆盖面处于全国前列,完成全市376个村务公开民主管理

"难点村"治理任务,全市有村务监督委员会8491个、社区居务监督委员会2286个。

以土地流转和集约利用为主线,通过创设"地票"制度促进建立城乡统一的建设用地市场,通过农村"三权"抵押融资来促进农村资源资本化,推动城乡要素同权。一是农村土地流转和征地补偿新机制。全面开展农村土地确权颁证工作,完成640.2万承包农户土地承包经营权的确认,占应确权农户总数95.8%;新颁发农村土地承包经营权证633.7万册,占已确权农户总数99.1%;确认家庭承包方式土地面积3479.6万亩,登记其他方式承包面积111.4万亩,实现家底清、权属明、面积实、档案全和制度完善的工作目标。规范农村承包地流转程序,出台《重庆市实施〈中华人民共和国农村土地承包法〉办法》《加快农村土地流转促进规模经营发展的意见》,印发全市统一规范的农村土地流转5种格式合同和4种格式文书,对流转行为进行规范。积极探索建立农村土地流转服务机构,着力促进农村土地流转,2007年至2012年,全市有32个区县、795个乡镇和6758个村建立农村土地流转服务机构,有30个区县开展农村土地流转市场建设试点工作。积极培育和引导专业大户、专业合作组织、"龙头"企业等社会资本参与土地流转,规模经营呈现较强发展趋势,2007年至2012年,全市农村承包地流转入农民专业合作社的为204.3万亩,流转入企业的为248.8万亩。全市共流转承包地面积1279.9万亩,流转率达到36.1%。创设"地票"交易制度,将闲置农村宅基地和其他建设用地复垦为耕地形成"地票",在农村土地交易所公开交易,2007年至2012年,全市共交易"地票"11.84万亩,产生"地票"价款237.5亿元,有7.68万亩"地票"落地使用,农户直接获得收益超150亿元。二是农业现代化的新模式、新机制。农业组织化程度不断提高,农民专业合作社达到1.5万个。采取市、区县两级联创、梯次推进的方式,在全市全面开展农民专业合作社示范社创建活动,2012年,全市新增30个全国部级示范社,新评100个市级示范社和10个模范合作社,市级以上示范社(模范社)累计达642个,其中部级186个。农村生产条件明显改善,推广各类补贴机具22万台(套),耕种收综合机械化水平达到33%以上;建成全国最大规模的微型农机生产基地,微耕机产销量达70多万台。农业标准化、集约化、规模化发展水平逐步提高,建成10个国家重点产粮大县、20个国家重点生猪调出大县,初步形成一批畜禽产业聚集区。逐渐建成潼南、铜梁、璧山渝遂高速公路鲜销蔬菜产业带,涪陵、万州、石柱加工蔬菜和武隆高山蔬菜产业区,形成以大巴山脉和武陵山脉为主的100万亩中药材产业带、中国柑橘城为核心的柑橘产业带,全市成规模的农业产业化经营组织达到12万个,市级以上"龙头"企业累计达到478家。三是基础设施和公共服务网络加快向乡村延伸的新机制。实现所有区县之间高等级公路连通,乡乡通畅、村村通达。农村公路里程达到10.9万公里,100%的行政村通了公路,100%的乡镇和75%的行政村通了柏油路或水泥路,100%的乡镇和85.2%的行政村通了班车。有效解决967.58万农村居民和158.42万农村学校师生的饮水安全问题。农网改造实现全覆盖,新建改造35千伏主电变压器68台,新增变电容量500兆伏,新建35千伏线路1593公里;新建改造10千伏配电变压器2.45万台,容量2480兆伏安,新建改造10千伏线路1.6万公里,改造低压线路7.6万公里。大力推进农村危旧房改造和农民新村建设,农民新村全部配套"六通六有",农村生产生活面貌得到极大改善。强化农村面源污染治理,加强农村环境连片整治、畜禽养殖污染治理和农村土壤污染治理，农村环境质量逐步提高。四是招投标方式配置扶农资源的新机制。提高扶农资源招投标效率，实行以工代赈、无专业技术要求，且由当地农民投工投劳的项目，可不进行招标；点多面广的项目，尽量实行打捆招标。完善农村金融扶持政策体系，出台《关于加快推进农村金融服务改革创新的意见》（渝府发〔2010〕115号）《关于开展农村土地承包经营权居民房屋和林权抵押贷款及农户小额信用贷款工作的实施意见》（渝办发〔2011〕11号）《重庆市农村"三权"抵押融资风险补偿资金管理暂行办法》等文件，为开展农村"三权"抵押融资工作提供重要保障。建立"三权"抵押融资风险补偿和担保机制，为符合条件的金融机构"三权"抵押贷款损失部分提供35%的专项补偿金。成立注册资本为30亿元的兴农融资担保有限公司，主要为"三权"抵押提供第三方担保，累计发放农村"三权"抵押贷款436.9亿元。建立统筹城乡集中示范点20个，围绕土地集约利用、农业现代化、集体资产股权化改革等十大改革领域，以20个区县的30余个乡镇为载体，打造统筹城乡发展的改革亮点和示范窗口。推进现代农业综合示范工程，2012年起在全市推进20个现代农业示范工程，累计投入各类资金35亿元，示范工程区累计协议引进各类企业133家，协议引资80亿元。建设建成基地田间道路891公里，整治山坪塘（塘堰）134万立方米，整修防洪堤1543公里，修建蓄水池，新增蓄水能力21万立方米，修建灌排沟渠377公里，新增节水灌溉面积16.2万亩。新增种植业产业17.4万亩，生猪、肉牛、土鸡等特色养殖业100万头（万羽）。新建良种繁育基地31个、加工基地23个、冷藏库28个，新增创建农产品无公害、有机、绿色认证数量达74个，主导农产品品牌认证59个。新型经营主体得到发展，新增专业合作经济组织176个,新增土地规模经营面积13.7万亩。开建及建成集中居住区43个,安置总规模达3436户。

(三)推进城乡一体化

党的十八大以来,在以习近平同志为核心的党中央坚强领导下,重庆市坚持把城市和乡村作为一个整体来谋划,以建立健全城乡融合发展体制机制和政策体系为核心,按照"加快形成工农互促、城乡互补、全面融合、共同繁荣的新型工农城乡关系,重点处理好'三农'问题,保护农民合法权益"的思路,强化顶层设计,制定出台《重庆市统筹城乡重点改革总体方案》等政策文件,不断深化统筹城乡重点领域改革,同步推进以人为核心的新型城镇化和农业现代化,稳步推进"地票"制度、农村产权抵押融资、农村"四权"自愿有偿退出等改革试点示范,城乡资源要素流动更加顺畅,城乡发展的均衡性、协调性显著增强。农村居民收入水平增速快于城镇居民,城乡居民收入比缩小到2.55:1,常住人口城镇化率64.08%,全市一体化发展大格局初步形成。

加快推进以人为核心的新型城镇化建设,城乡面貌和综合服务功能显著提升。一是优化完善城乡规划建设体系。坚持规划引领,优化市域城镇体系和空间布局,加快构建特色鲜明的城乡形态。全市所有镇乡规划基本实现全覆盖,30个区县(含万盛经开区)规划建设用地的控制性详细规划已实现全覆盖,村规划覆盖率大幅提升,基本构建起全市"五级三类"的城乡规划体系(即市域、主城、区县、镇乡、村五个层级,法定规划、专业规划、专项规划三大类型),全力确保所有使用空间资源的建设有规划遵循。二是推进特色小镇(街区)和特色小城镇建设。加快推进"多规合一",

培育壮大大中小城市（区）。组织召开"千企千镇工程"进重庆——特色小镇（街区）政银企对接会，搭建镇街、银行、企业对接交流平台，与支付宝公司共同打造全国首批无现金小镇。坚持突出特色、产业兴镇，以陶文化为主题特色的安陶小镇，"从一粒种子到一杯橙汁到一趟旅行"的新立柑橘小镇，以"旅游+运动"为特色的黑山谷酷乐小镇，以大数据、"双创"为主题的仙桃数据谷等一批小镇特色初步彰显。铜梁区安居镇、合川区涞滩镇等9个镇获批全国特色小城镇。十八梯、湖广会馆等5个传统风貌街区的首批开放区域完工。三是提升城乡面貌和服务功能。建立城乡基础设施共建共享机制，加快公共交通等市政服务向农村延伸，全市行政村通畅率达到100%。加快交通基础设施提档升级，开展"扰序、禁闯、降噪"三大主题为重点的交通秩序大整治行动。着力加强生活垃圾、污水处理、城市照明设施建设，城镇生活垃圾无害化处理率达到95%，城市生活污水处理率达到93%，城市照明亮灯率达到98.5%。制定《渝西水资源配置工程总体方案》，加快推进渝西水资源配置工程项目前期工作。深入推进农村环境连片整治项目、山坪塘整治、农业面源污染治理、土壤污染调查、化肥农药零增长行动等，村容村貌明显改善。倡导绿色建筑，积极推动悦来新城和万州、璧山、秀山建设"海绵城市"。推动历史文化名城、名镇、名村、街区评定申报工作，评定公布九龙坡区铜罐驿镇等市级历史文化名镇及第一批28个重庆市历史文化名村。推动全市信息通信基础设施升级，进一步夯实通信网络覆盖的深度和广度，光纤和4G网络进一步覆盖重庆城乡，高速宽带网络全面普及。全市互联网用户数达到3904.7万户，固定宽带家庭普及率为78.3%，移动宽带用户普及率为81.7%。

持续深化农业农村改革，农业农村保持平稳较快发展势头。一是深入推进农村集体产权制度改革。落实《中共中央国务院关于稳步推进农村集体产权制度改革的意见》，全面推进农村集体产权制度改革。截至2017年底，有2434个村、12752个组级农村集体经济组织开展资产量化确权改革，其中930个村、4300个组已完成量化确权改革，确认成员310万人，量化资产25.6亿元，探索组建农村集体经济组织331个（其中股份合作社法人222个、公司等其他经济组织法人109个），盘活农村集体闲置资产5.4亿元。"合股联营"模式在九龙坡、沙坪坝、江津等试点区稳妥推进。二是逐步健全新型农业经营体系。在巴南、永川、合川、梁平、奉节、酉阳等6个区县开展建立健全新型农业经营体系改革试点，试点区域土地适度规模经营集中度和农业社会化服务覆盖面均高于80%。改革试点成功经验已在全市复制推广，初步形成以农户家庭经营为基础，合作与联合为纽带，社会化服务为支撑的立体式复合型现代农业经营体系。截至2017年底，全市累计培育种养大户14.5万户、家庭农场1.9万家、农民合作社3.07万个、"龙头"企业3626个、社会化服务组织9200家。三是顺利启动农村"三变"改革试点。出台《关于开展农村"三变"改革试点促进农民增收产业增效生态增值的指导意见》《关于开展农村"三变"改革试点促进农民增收产业增效生态增值的实施方案》，以打造"股份农民"为核心，以产业发展为支撑，以合股联营为抓手，以"三变"促"三增"，让农村土地、劳动力、资产、自然风光等要素活起来，不断激发农村内生活力。四是推动现代农业转型升级。推进高标准农田、重大水利工程、生态环保、农业产业发展等重点工程建设，农业基础设施不断完善，保供能力稳步提升。以农业供给侧结构性改革为主线，以完善利益联结机制为核心,积极推进农业产加销和农业与旅游、服务业、文化、信息化融合发展,构建农业和二、三产业交叉融合的现代产业体系,大力发展柑橘、榨菜等特色产业链,壮大休闲农业和乡村旅游,支持区县因地制宜发展区域特色产业。规划粮食生产功能区和重要农产品生产保护区1250万亩,可腾出1000万亩特色产业发展用地。全市特色效益农业总面积达到1248万亩,产业链综合产值超过1200亿元;柑橘、榨菜、中药材、茶叶、调味品等全产业链综合产值同比增长15%以上;农产品网上交易、乡村旅游年综合收入达到560亿元、500亿元,分别增长60%、40%。

切实抓好"人、地、钱"三个关键,逐步破除城乡要素自由流动体制障碍。一是深化完善农业转移人口市民化制度。推动人口合理布局,出台《关于进一步推进户籍制度改革的实施意见》《重庆市户口迁移登记实施办法》《重庆市居住证实施办法》等,差别化设置落户条件,建立"人财挂钩""人地挂钩"机制,引导渝东北地区和渝东南地区人口向主城区及渝西地区转移。切实保障农业转移人口各项权益,在自愿退出农村土地前继续保留与农民身份相关待遇,并平等享受城市就业、养老、医疗、住房、教育等基本公共服务。2017年新增进城落户居民48.06万人,其中,农业转移人口进城落户27.83万人,户籍人口城镇化率达到48.29%。在綦江、奉节、渝北、璧山等10个区县开展支持农民工等人员返乡创业试点,全市试点返乡创业人数近6万人,创办市场主体达到4万个,带动就业16万人。二是建立健全统筹城乡土地管理制度。出台重庆市"地票"管理办法,"地票"制度在统筹城乡发展进程中的作用日益凸显,2017年成交"地票"4.04万亩、75.41亿元;累计交易"地票"23.99万亩、价款471.61亿元。落实贫困区县"地票"

优先复垦、优先交易政策，实现贫困区县申请交易"地票"100%成交。出台《重庆市耕地占补平衡指标交易管理办法》，利用在线交易平台，以市场机制引导建设不占或少占耕地，全市累计交易指标3.03万亩、7.9亿元。出台《重庆市落实农村土地集体所有权稳定承包权放活经营权实施方案》，多形式放活农村土地经营权，"三权"分置办法落地见效，截至2017年底，全市累计流转土地1496.2万亩，流转率达42.5%，适度规模经营1255万亩，规模经营集中度达35.7%。大足区农村集体经营性建设用地入市改革试点成功交易土地16宗、总面积281.79亩，总成交价款9863.82万元，累计征收土地增值收益调节金1241.79万元。改革土地房屋征收安置方式，集体土地征收和国有土地上房屋征收货币化安置率分别达到97.6%、98.7%。三是深化改革统筹城乡资本投入保障机制。在全市35个试点区县持续推进农业项目财政补助资金股权化改革，2017年已落实资金10.5亿元，改革项目1453个，量化资金近5亿元，惠及1352个农村集体经济组织、15.48万农户。出台农村产权流转交易管理办法，积极推进农村产权抵押融资，截至2017年底，全市累计发放农村产权抵押贷款1190.64亿元。通过优化"两权"抵押登记流程、完善农村产权流转服务网络建设、强化金融机构创新业务等举措，稳妥推进农村承包土地经营权和农民住房财产权抵押贷款改革试点，2017年抵押融资余额38.57亿元。通过调整担保方向、优化险种结构，政策性农业担保体系逐步健全完善，农业担保机构覆盖700个乡镇。政策性农业保险险种扩展到35个，为160万农户提供358亿元的风险保障，赔款1.62亿元，惠及26万户农户。农产品收益保险试点范围已扩大到21个区县，险种覆盖水稻、生猪、蔬菜、柑橘、青菜头、山羊等6个农产品。

以均衡配置公共资源为核心，促进城乡居民享受均等公共服务。一是构建促进基本公共服务均等化的机制。出台《推进城乡基本公共服务资源配置机制改革方案》，印发《重庆市"十三五"基本公共服务清单》，健全基本公共服务统筹规划和保障机制，将更多资源向农村地区倾斜。二是完善城乡教育公共服务体系。制定重庆市"十三五"时期城乡基本公共教育服务清单。制定《主城区中小学及幼儿园布局规划》《重庆市主城区义务教育学校和幼儿园规划用地建设管理暂行办法》等，进一步健全学校规划建设制度，推进城市新建小区与配套学校"三同步"，加强农村乡镇初中和中心小学建设，严格控制村小撤并。积极稳妥、统筹安排解决流动人口随迁子女入学，接收随迁子女31.5万人。推进沙坪坝区、大足区教育公共服务供给改革试点。三是切实缩小城乡居民就医差异。公立医院全部取消药品加成和药事服务费。出台医联体建设实施意见，打造医疗集团、县域医疗共同体、区域专科联盟、远程医疗协作4种医联体模式，建成医联体134个，实现县域内覆盖100%，推进50个病种基层首诊。农村建档立卡贫困人口全部纳入重特大疾病医疗救助范围。全市签约家庭医生933万人，建卡贫困户和计划生育特殊家庭签约服务全覆盖，填平补齐配置1500个村卫生室基本设施设备，"一街一中心、一镇（乡）一院、一村一室"的标准化医疗卫生机构服务网络基本建成。四是不断完善统筹城乡社保制度体系。完成城乡居民基本医保制度整合，实现城镇居民与农村居民医保制度统一、信息统一、经办统一。实现民政医疗救助、基本医保、大病保险"一站式"即时结算。与全国327个地区、1870多家定点医疗机构实现跨省异地就医住院医疗费用直接结算，基本满足城镇职工和城乡居民异地就医需要。五是着力提升基层公共文化服务能力。建成829个乡镇（街道）、4598个村（社区）综合文化服务中心，建成第二批"百县万村"村级综合文化服务中心示范点235个，实施首批民族县村级综合文化服务中心覆盖工程，建成村综合文化服务中心369个。

2016年1月习近平总书记视察重庆时及2018年全国两会期间，对重庆提出了"两点"定位、"两地""两高"目标和"四个扎实"要求，为重庆发展指明了方向路径，提供了根本遵循。目前，全市正深学笃用习近平新时代中国特色社会主义思想，以永不懈怠的精神状态和一往无前的奋斗姿态，迈进新时代、贯彻新思想、担当新作为，把党的十九大精神和习近平总书记的殷殷嘱托全面落实在重庆大地上。

第二章
老工业基地旧貌换新颜

改革开放以来,重庆市委、市政府坚持以经济建设为中心不动摇,加快转变经济发展方式,以改革开放和扩大内需为驱动力,以构建产业集群为主攻方向,促进集约发展、转型升级,提升核心竞争力,加快推进新型工业化,形成以实体经济为主体、三次产业协调发展的局面,推动重庆工业不断发展,运行质量持续提高,主要经济指标屡创新高,老工业基地旧貌换新颜。

一、工业经济实力不断增强

工业是重庆经济的主体。在历经1891年开埠通商、抗日战争企业大迁移、新中国成立后"三线"建设等重要时期后,到1978年时重庆已成为我国西南地区和长江上游最大的重工业城市,机械、纺织、冶金、化工、食品等工业门类较为齐全,和武汉、成都、西安、兰州并称我国中西部地区工业规模超50亿的五个工业中心。改革开放以来,重庆工业走过艰苦探索、攻坚克难、曲折发展的历程,经历8个五年计划:恢复工业生产,持续稳步发展的"五五时期";调整产品结构,积极开拓市场的"六五时期";

探索企业改革，工业经济波动发展的"七五"时期；全面深化综合改革，工业经济加快发展的"八五"时期；国企改革攻坚克难，工业经济走出困境的"九五"时期；体制机制基本理顺，工业经济良性发展的"十五"时期；加快产业结构调整，工业经济发展步入快车道的"十一五"时期；加强科技创新和信息化进程，工业经济协调发展的"十二五"时期。综合来说，重庆工业40年发展历程可划分为四个阶段：1978年到直辖前的艰难探索阶段、1996年至2000年的调整巩固阶段、2001年至2010年加快发展阶段、2011年以来的稳步发展阶段。目前，重庆已成为我国中西部地区最大的综合性工业基地，进入到规模、速度、结构、质量、效益协调发展的新阶段。

（一）工业发展历程

1978年到直辖前的17年，重庆工业处于艰难探索体制机制改革的发展阶段。1978年重庆拥有独立核算工业企业8037家，工业就业人数95.1万人，工业主营业务收入59.6亿元，轻重产业比重43.5∶56.5，拥有行业门类37个，工业净产值占国民生产总值的51.6%。

"五五"期间（1978—1980年），全市工业以恢复生产为主，工业经济实力有所增强。从规模速度看，1980年全市工业主营业务收入达70.8亿元，是1978年59.6亿元的1.19倍，是近40年发展较为缓慢的两个时期之一。工业占国民生产总值的比重从51.6%下降到50.6%。从产业结构看，轻重产业结构从43.5∶56.5调整到48.5∶51.5，重工业产比有所下降；机械、纺织、钢铁、化工、食品为占比前五的产业，分别占全市工业的13.9%、13.2%、9.8%、

8%、6.5%；从企业水平看，独立核算企业从1978年8037家提高到1980年10963家，增长36.4%；户均主营业务收入从74.1亿元降到64.6亿元，下降12.8%。从外向程度看，全市外商及港澳台地区企业工业产值占比小于0.3%。

"六五"期间（1981—1985年），全市工业在经济体制综合改革试点的帮助下，大大促进产业横向经济联系和对内对外开放，工业经济实力进一步增强。从规模速度看，1985年全市工业主营业务收入144.9亿元，是1980年70.8亿元的2.05倍，年均增长15.4%，是近40年发展较快的时期之一。工业占国民生产总值的比重从50.6%下降到45.7%。从产业结构看，轻重产业结构从48.5：51.5调整到45.8：54.2，重工业产比有所提高；机械、纺织、钢铁、化工、食品仍为前五大产业，占比分别为17.4%、10.9%、8.5%、8%、6.2%。从企业水平看，独立核算企业从1980年10963家下降到1985年9924家，平均主营业务收入从64.6亿元提高到146.1亿元，增长126%。从外向程度看，全市外商及港澳台地区企业工业产值占比小于0.3%，出口从无到有，1985年出口总值1.05亿美元（时价），其中机械产品547万美元，占全市比重5.2%。

"七五"期间（1986—1990年），全市工业贯彻"加强基础产业，调整加工工业，培育新兴产业"的政策和推进国企改革试点的方针，工业经济实力进一步增强。从规模速度看，1990年全市工业主营业务收入278.2亿元，是1985年144.9亿元的1.92倍，年均增长13.9%，最高年份（1988年）增长30.3%，最低年份（1990年）仅增长1.7%，波动特征较明显。工业占国民生产总值的比重由45.7%下降到33.7%，工业占比有所下降。从产业结构看，"七五"期间全市重工业年均增长10%，轻工业年均增长7.3%，轻重产业结构从 45.8∶54.2 调整到 40.1∶59.9，重工业占比进一步提高；消费品产业占比从 29.9% 下降到 25.5%，下降 4.4 个百分点，但仍为全市最大产业，材料（23.1%）、装备（16.2%）、化医（15.8%）为全市支柱产业，汽摩、电子占比有所上升，分别提高 1.3 个、1 个百分点。从企业水平看，1990 年全市独立核算工业企业提高到 10763 家，是 1985 年 9924 家的 1.08 倍，独立核算企业平均产值由 146.1 万元提升至 258.5 万元，企业加快调整。从外向程度看，全市外商及港澳台地区企业工业产值占比小于 0.5%，机械设备出口由 547 万美元提高至 0.4 亿美元（时价），占全市出口的比重从 5.2% 提升至 10.8%。其间，全市能源、冶金、化工等基础工业得到加强，汽摩、电子、机械等加工工业保持较高发展速度。

"八五"期间（1991—1995 年），全市工业抓住经开区、高新区升级的机遇，深化体制机制改革，促进微观经济搞活，努力开拓国内外市场，工业经济增速加快回升，综合实力显著增强。从规模速度看，1995 年全市工业主营业务收入完成 752.5 亿元，是 1990 年 278.2 亿元的 2.7 倍，是近 30 年来重庆工业发展速度较快的三个时期之一；工业增速波动为 6.4 个百分点，波动特征比"七五"期间大幅减弱。工业占国民生产总值的比重由 33.7% 提升到 38.8%。从产业结构看，轻重产业结构维持在 4∶6 水平，但行业占比有较大调整，装备产业占比从 16.2% 上升到 27.6%，成为全市最大产业，材料产业从 23.1% 降到 21.0%，汽摩产业从 7.1% 上升到 14.7%，一跃成为全市新的支柱产业，消费品产业下降 11.3 个百分点到 14.2%。从效益看，轻工、纺织等行业的国有企业大多陷于亏损，导致"八五"期间工业利润大幅震荡，最高时（1993 年）全市工业利润总额 15.8 亿元，期末全市工业利润总额仅有 0.6 亿元，年均经济效益综合指数为78.3%，略高于"七五"期间。从企业水平看，全市独立核算工业企业经历"V"字形增长，1993年达到期间最低点9083家，为1990年10763家的84.4%，1995年达到11474家，为1990年的106.6%。独立核算企业户均产值由278.1万元增加到666.8万元，企业效益持续好转。从外向程度看，外商及港澳台地区企业工业产值占比提高到10.8%，机械设备出口由0.4亿美元提高至1.1亿美元（时价），占全市出口的比重从10.8%提升至13.3%。其间，嘉陵、建设、重啤、重钢等国企改制为集团公司，推动全市产业发展。

1993年3月10日，第10万辆长安牌微型汽车下线

"九五"期间（1996—2000年），重庆实现直辖，经济社会发展迎来新的历史机遇，但在重庆工业发展史上却是较为困难的时期。其间，在亚洲爆发金融危机、国家实行紧缩政策的不利情况下，全市进一步厘清老工业基地改造调整的思路，明确壮大支柱产

业（汽摩、冶金、化医），加强优势行业（机械、电子、建材、玻璃陶瓷、日化、食品），培育新兴行业，发展"拳头"产品，支持骨干企业的发展方向。1999年国内外经济形势好转，在国家实行国企"债转股""鉴证贷款"等政策基础上，全市提出"七个一批"工程的国企改革思路和措施，引导优势骨干企业加快市场、产品和资本扩张，于2000年结束连续4年亏损。从规模速度看，2000年全市工业主营业务收入达到959.4亿元，是1995年752.5亿元的1.27倍，"九五"时期是近40年来增速较低的两个时期之一。其间，最高增速为12.2%（2000年），最低增速–5.5%（1996年），工业发展大起大落。工业占国民生产总值的比重由38.8%下降到35.4%。从产业结构看，轻重产业结构从40.8∶59.2发展到34.3∶65.7，重化特征更加明显；产业结构调整进一步加快，汽摩产业占比从17.7%上升到32.4%，成为全市最大产业，消费品从14.2%上升到19.4%，材料产业从21%下降到17.9%。从效益看，全市工业前4年连续亏损（1996年工业利润–9.1亿元，1997年–15亿元，1998年–18亿元，1999年–7亿元），2000年在国有企业结束连续6年亏损的带动下，全市工业企业扭亏为盈实现利润14亿元；主营业务利润率1.6%，比全国平均水平低了3.6个百分点；年均经济效益综合指数67.2%，为近30年较低的时期之一。从企业水平看，全市全部国有及规模以上非国有工业企业数量经历"V"字形增长，1999年达到最低点1975家，为1996年2332家的84.7%，2000年恢复到2040家，为1996年的87.5%，其中，10亿元以上企业13户。从外向程度看，外商及港澳台地区企业工业产值占比由10.8%提高到19.2%，机械设备出口由1.1亿美元提高至5亿美元（时价），占全市出口的比重从13.3%提升至52.5%。

第二章　老工业基地旧貌换新颜

"十五"到"十二五"的后17年，是重庆工业践行科学发展观和新发展理念，走新型工业化道路，以提升工业发展质量和效益为中心，以供给侧结构性改革为主线，加快培育新兴产业，改造提升传统产业，推进工业化、信息化融合的良性发展时期。

"十五"期间（2001—2005年），这五年是重庆工业速度与效益快速提升的五年，全市坚定不移走新型工业化道路，加快产业结构调整，加强产业薄弱环节，推动园区集约发展，提升开放水平，工业经济取得较大发展，特色经济和产业集群显现雏形。从规模速度上看，2005年全市工业主营业务收入实现2515亿元，是2000年959.4亿元的2.62倍，年均增长21.3%，是近40年来重庆工业发展速度较快的三个时期之一。工业投资年均增长33.2%，工业增加值占国民生产总值的比重由35.4%提升到37.3%。从产业结构看，轻重产业结构稳定在34.3∶65.7的水平，重化特征明显；产业结构调整进一步加快，汽摩产业占比从32.4%上升到33.8%，保持全市最大产业地位，材料产业从17.9%上升到20.7%，消费品产业从19.4%下降到12.6%，化医产业从13.4%下降到10.6%，电子、装备、能源占比持续上升。从效益上看，2005年全市全部国有及规模以上非国有企业实现利润112亿元，是2000年的8倍，年均增长51.6%；主营业务利润率从2000年的1.6%上升到4.6%，与全国平均水平的差距从3.6个百分点缩小到1.4个百分点，年均经济效益综合指数为123%，比"九五"期间提高55.8个百分点。从企业水平看，2005年全市全部国有及规模以上非国有工业企业2946家，比2000年（2040家）增加906家，其中，10亿元以上企业新增27家，达到40家，50亿元以上企业7家，100亿元以上企业4家。从集约程度看，全市工业园区建成

"2+41"（2个国家级经开区、高新区，41个区县工业园区）平台体系，集中度提高至21%，园区投入产出强度达到45.6亿/千米^2。从外向程度看，外商及港澳台地区企业工业产值占比由19.2%下降到17.6%，机电设备出口由5亿美元提高至14.9亿美元（时价），占全市出口的比重从50.2%下降至36.6%。从能耗看，工业固体废弃物综合利用率75%，居全国前列；万元工业增加值能耗下降到3.2吨标准煤，循环经济初见成效。

"十一五"期间（2006—2010年），是重庆工业和信息化发展史上具有重要意义的五年。全市围绕建设国家级现代制造业基地目标，实施"大投资、大支柱、大基地、大企业、大项目"发展战略，突出项目投资、园区建设等重点工作，着力构建"6+1"支柱产业集群，有力地增强了工业综合实力。从规模速度看，2010年全市工业主营业务收入9039亿元，是2005年2515.2亿元的3.59倍，年均增长29.2%，是近40年发展最快的时期。工业投资年均增长31.7%，工业增加值占国民生产总值的比重由37.3%提升到46.7%。从产业结构看，轻重产业结构由34.3∶65.7调整为29.6∶70.4，重化特征进一步突出；汽摩产业占比由33.8%下降到29.5%，装备产业占比由6.9%上升为15%，消费品由12.6%提升到14.7%，材料产业占比由20.7%下降到13.7%，电子产业由7.5%上升为9.5%，成为全市工业新的支柱产业，"6+1"支柱产业全部迈上千亿元台阶。从效益看，全市规模以上工业实现利润459亿元，比2005年的112亿元翻两番，年均增长32.6%；主营业务利润率由4.6%提升到5.7%，与全国工业平均水平的差距由1.4个百分点拉大到1.9个百分点；年均工业效益综合指数达到195.16%，比"十五"期间提高72.16个点。从企业水平看，2010年全市规模以上工业企业7130家，比2005年（2946家）增加4184家，年均增加837家，其中，100亿元以上企业新增14家，达到18家。从集约程度看，全市工业园区建成"1+2+4+41"平台体系（1个国家级新区，2个保税区，4个国家级高新区、经开区，41个区县工业园区），集中度提高至66.8%，百亿园区28个，国家级新型工业化示范基地增至4个。从外向程度看，外商及港澳台地区企业工业产值占比由17.6%提升至19.3%；2010年工业实际利用外资17亿美元，是2005年的11倍；机电产品出口由14.9亿美元提高至50亿美元，年均增长27.4%，占全市出口的比重从36.6%提升至40.2%。从能耗看，工业固体废弃物综合利用率80.4%，比2005年的75%提高5.4个百分点；万元工业增加值能耗由2010年3.2吨标准煤降到1.534吨标准煤，累计下降52%。

2011年至2017年，是重庆工业全面推进新型工业化、加快工业转型升级的关键时期。7年来，坚持以增量调结构，以创新促升级，工业和信息化发展取得巨大成绩，工业经济实现规模、速度、结构、质量、效益的协调发展，综合实力更上一层楼。从规模速度看，2017年全市规模工业实现主营业务收入21581.4亿元，是2010年9039亿元的2.39倍；工业投资年均增长16.8%，工业增加值年均增长14.3%，"十二五"期间工业增速比全国平均水平高4个百分点以上，工业占国民生产总值的比重由46.7%回落到33.8%。从产业结构看，轻重产业结构由29.6∶70.4调整为25.7∶74.3，重化特征进一步突出；电子制造业占比由9.5%提升至24.1%，首次成为最大支柱产业，汽车制造业产值占全市工业比重由29.5%下降到22.3%，为全市第二个占比超过20%的产业；消费品、装备、材料产业占比调整至15.6%、13.5%、11.8%，产业结构较"十一五"期间有较大改善。从效益上看,全市规模工业利润1507亿元,是2010年459亿元的3.28倍;主营业务利润率由5.7%提高至7%,比全国平均水平高0.5个百分点;年均工业效益综合指数为268.84(该数为2011至2015年数据平均数),比"十一五"期间提高73.68个点。从企业水平看,2017年全市规模以上工业企业7036家,比2011年的4793家增加了2243家,年均增加373.8家,其中,1000亿元以上企业新增1家,100亿元以上企业15家。从集约程度看,全市工业园区建成"1+3+7+36"平台体系,集中度提高至82%,投产企业产出强度达80亿元/千米^2,国家级新型工业化示范基地增至11个,千亿级园区达到5个,百亿园区达30个。从外向程度看,外商及港澳台地区企业工业产值占比由19.3%提高到23.9%,近7年间全市工业年均实际利用外资40亿美元以上,占全市实际利用外资40%;机电设备出口由50亿美元(时价)提高至2536.7亿元(人民币),占全市出口的比重从40.2%提升至87.9%。从能耗看,工业固体废弃物综合利用率83%,比2010年(80.4%)提高2.6个百分点,高于全国平均水平20个百分点以上;万元工业增加值能耗由2010年1.534吨标准煤降到0.61吨标准煤,累计下降60.2%。2014年,全市明确发展集成电路、新型显示等十大战略性新兴产业的方向,到2017年,全市战略性新兴产业实现销售收入3600亿元,占全市工业的17%。工业经济的全面协调发展为全市工业和信息化发展水平跃上新台阶奠定扎实基础。

第二章 老工业基地旧貌换新颜

重庆经开区

（二）工业发展亮点

工业经济实现历史性跨越。改革开放尤其是十八大以来，重庆工业经济通过壮大支柱产业、培育新兴产业、加强要素保障等举措，工业总量迅速扩张，主要经济指标不断刷新历史纪录。2017年全市规模工业企业主营业务收入实现21581.4亿元，是1978年59.5亿元（可比价）的362.7倍；利税总额2467.7亿元，是1978年11.9亿元的207.4倍；企业固定资产净值8000.2亿元，是1978年47.5亿元的168.4倍。工业投资5881亿元，是1984年33.5亿元的175.6倍，2017年工业投资占全社会固定资产投资的33.7%。2017年重庆全部工业实现增加值6587.1亿元，占全市的33.8%，对全市经济增长贡献率超过1/3。从发展轨迹看，全市工业经济实现百亿、千亿、万亿的三大跨越，经历大起大落、调整巩固、加快发展、平稳增长四个发展阶段。从1978年至1995年的直辖前时期，受产业结构、所有制结构单一的影响，全市工业发展大起大落，增速最高时达到46.9%（1993年），最低时仅为1.7%（1990年），年均增速16.1%。1996年至2000年的重庆直辖初期，受亚洲金融危机冲击和国企改革影响，外需、投资不振，全市工业年均增速仅5%，是重庆近40年工业发展较为迟缓的时期；2001年至2010年，随着西部大开发政策深入实施，开放水平不断提升，以产权制度为核心的国有企业改革和战略性重组取得重要突破，全市工业发展步入快车道，年均增速提高到25.1%，是重庆历史上持续时间最长、发展最快的时期。2011年至2017年，随着国家经济逐渐进入高质量发展阶段，增速从高速步入中高速，重庆工业进入平稳发展的时期，年均增速为13.2%。

结构调整成效显著。一是所有制结构渐趋多元化。随着改革开放向纵深推进，重庆市在经济体制综合改革试点、厂长经理负责制和国企战略性改制重组等现代企业制度改革的基础上，不断改善投资环境，大力发展非公有制经济，加快引进内资、外资和港澳台地区企业，取得明显成效。1980年全市国有企业主营业务收入占工业比重为82.5%，2017年大幅下滑至0.5%；集体企业占17.2%，2017年大幅下降至0.1%；其他经济类型企业占0.3%，2017年股份制企业占比74.1%，外商及港澳台企业占比23.9%，成为全市工业的重要主体。二是支柱产业体系趋向多样化。改革开放初期，全市传统产业占比较高、高新技术和信息产业发展滞后、能源保障配套不足，机械、纺织、冶金、化医占比较高，均占全市工业10%以上，汽车、电子等产业分别占4.4%、4.6%，能源工业占2.4%。经过多年在产业总量增长基础上的产业结构调整,尤其是十八大以来,全市一方面全力做大做强支柱产业,目前已经建立起电子、汽车、装备、化医、材料、消费品、能源"6+1"支柱产业体系,电子、汽车分别成为全市第一、第二支柱产业,分别占全市工业的24.1%、22.3%,对全市工业增长贡献率50%以上,其他支柱产业占比在5%至15%之间;另一方面培育发展新兴产业,于2014年确定重点发展的战略性新兴产业十大方向(集成电路、新型显示、物联网、机器人及智能装备、高端交通装备、新材料、生物医药、新能源汽车及智能汽车、节能环保、页岩气),目前全市战略性新兴产业占比达到全市工业的17%。2017年全市按照市委贯彻十九大精神的"3+8"行动计划,确定智能产业发展的12个方向(大数据、人工智能、集成电路、智能超算、软件服务、物联网、汽车电子、智能机器人、智能硬件、智能网联汽车、智能制造装备、数字内容),预计到2020年,全市智能产业规模将达7500亿元。三是企业结构趋向大企业化、大集团化。改革开放以来,全市通过实施大公司、大集团战略,"抓大放小""扶优扶强",重点支持大企业、大集团发展,取得显著成效。2017年全市大中型企业实现主营业务收入14082.7亿元,销售收入超百亿元的企业达到15家,销售收入过5亿元的企业702家。

产业集群发展初步成型。按照垂直化整合、集群化发展的思路,重庆市支柱产业集群和战略性新兴产业集群逐渐成型,规模迅速扩大。支柱产业集群方面,电子制造业从无到有,以2009年8月"惠普(重庆)笔记本电脑出口制造基地""富士康(重庆)产业基地"重大笔记本电脑项目签约为开端,经过多年建设,形成"5+6+860"(5家品牌商、6家代工商、860余家零部件配套厂商)笔记本电脑产业集群和"7+8+306"（7家全国前20的品牌商、8家代工商、306家零部件厂商）手机集群，建成笔记本电脑、平板电脑、打印机、显示器、智能手机等产品多样、品牌多家、ODM多种的"三多"生产体系，综合零部件本地配套率达60%左右。2017年，产笔记本电脑6095万台、打印机1451万台、显示器2420万台、手机2.4亿台，全市电子制造业主营业务收入5400亿元。汽车行业建成以长安为"龙头"的"1+10+1000"（1为长安集团、10家整车生产厂商、1000家汽车零部件厂商）产业体系，汽车产品品种齐全，基本实现所有细分市场的全覆盖，汽车零部件本地综合配套率达70%，全年生产汽车299.8万辆，2017年全市汽车制造业主营业务收入达5016亿元。战略性新兴产业方面，集成电路初步形成建成IC设计—晶圆制造—封装测试全流程体系，2017年生产集成电路4.6亿块，同比增长38.5%；新型显示初步形成玻璃基板—液晶面板—显示模组—显示终端全产业链，2017年生产液晶显示屏9128万片，增长131.2%；机器人初步形成研发、整机制造、系统集成、零部件配套、应用服务全产业体系，本体年产量超3739套；物联网基本形成硬件制造、系统集成、运营服务"三位一体"全产业生态，2017年全市产业规模411亿元，同比增长37.6%；新能源汽车构建起"6+3+3+30"（6家乘用车、3家客车、3家专用车、30家零部件配套厂家）生产体系，2017年生产新能源汽车2.1万辆，同比增长127.1%。

工业质量效益持续提高。一是工业经济各项指标不断提升。改革开放初期，全市工业发展受产业结构、所有制结构、布局等多种因素影响，质量效益不佳。1980年全市工业利润7.5亿元，全员劳动生产率为0.76万元/（人·年），为全国平均水平的90%。改革开放以来,尤其是十八大以来,全市通过降低企业成本、推动企业技改、推动国企体制改革等措施,企业效益指标持续向好,"十五""十一五""十二五"期间,全市工业利润分别平均增长49.2%、28.9%和24.1%,企业利润于2004年突破百亿元大关,于2014年突破千亿元大关。2017年全市规模以上工业实现利润1507亿元,全市全员劳动生产率33万元/(人·年),是1980年的43.4倍,主营业务收入利润率7%,高于全国平均水平0.5个百分点。规模以上工业资产负债率58.7%,创近6年历史新低;大宗工业固废综合利用率保持在83%,比全国平均水平高20个百分点以上。二是产品质量管理体系日益完善,工业产品质量稳定向好,目前全市工业产品质量合格率达93%,制造业质量竞争力指数85.22,居西部第一、全国第九。

企业技术创新步伐加快。全市坚持把科技创新作为引领发展的第一动力,出台一系列鼓励技术创新的政策,实施研发投入、研发平台、技术创新、新产品研发4个倍增计划,产业核心竞争力不断提高。一是不断完善企业技术创新体系。重庆市自改革开放初期就重视企业创新能力建设,通过实施企业创新工程和研发平台倍增计划,鼓励跨国公司和规模以上企业设立研发机构,打造企业创新平台。至2017年,全市有研发机构的企业1500家,占规模以上企业总数的21%,其中,国家级企业技术中心24家,国家级技术创新示范企业7家,市级工业和信息化重点实验室21个,新型研发机构21家。长安"五国九地"研发模式成为业界典范,在全国1000余家国家级企业技术创新中心评价中居行业第一。二是企业研发投入不断提升。重庆市通过实施研发投入倍增计划,加快研发投入准备金、研发费用加计扣除等鼓励企业研发的政策落实,构建完善的企业创新氛围。2017年全市规模以上工业企业R&D经费内部支出预计280亿元，比上年增长20%，占主营业务收入比重1.05%；建立研发投入准备金制度的企业达794家。三是推动企业加快科技成果转化。重庆市通过实施新产品研发倍增计划和新产品开发扶持政策，新产品产值率从2000年12.7%提高到2005年20%，并持续稳定在20%以上，2017年全市新产品销售收入6000亿元左右，新产品产值率为25%左右。

工业开放水平不断提升。一是对外物流通道不断拓展。重庆市紧紧围绕全国重要物流枢纽和内陆国际物流枢纽目标，以2011年率先开通渝新欧物流大通道为开端，全力构建铁铁、铁水、铁空等多式联运平台，拓展工业物流通道，提升物流通道运行效率。目前，全市已经构建起我国西部唯一集公、铁、水、空等为一体的综合性物流枢纽。公路方面，形成重庆至东盟的东线、东线复线、中线等国际货运通道；铁路方面形成渝新欧、渝满俄、渝黔桂新、渝深、渝沪、渝甬等物流通道，其中，中欧班列（重庆）2017年运行663列，占全国中欧班列总数的19%，重庆市还成为全国唯一铁路国际邮包集散分拨中心和口岸枢纽城市；水路方面，重庆最大货运港口果园港的转口货运占到货运总量45%以上；航空方面，在渝航空货运公司13家，国际货运量13万吨，欧洲—重庆—新加坡铁空联运成功试运行。二是工业招商引资水平持续提高。改革开放以来，全市以1985年引进庆铃汽车为开端，围绕经济发展主题和产业结构调整主线，以开放促发展，不断改善对外开放环境，利用外资水平不断提高，引进一大批投资规模大、带动能力强、辐射面广、社会效益好的投资项目，如20世纪80年代引进的百力通、葛兰素，90年代引进的雅马哈、铃木、康明斯、ABB，2000年后引进的福特、国际复合、福耀玻璃、惠普、富士康等，2010年以后引进的宏碁、英业达、广达、SK海力士、京东方、惠科等。截至2017年底，全市拥有工业和信息化领域世界500强企业232家，占全市500强企业的82.6%，年利用外资规模稳定在40亿美元左右，占全市引进外资的40%以上。三是工业进出口规模日益增长。自1983年全市开展对外进出口贸易以来，全市工业积极发展加工贸易，支持规模以上企业生产出口产品，加快引进加工贸易企业，较大程度上带动全市工业产品出口。2017年，全市加工贸易总额2074.4亿元，占全市进出口贸易的46%；机电出口2536.2亿元，占全市出口的87.9%，其中，笔记本电脑1285亿元，占全市出口的44.6%。

2011年3月19日，首趟中欧班列（重庆）正式开行

信息化智能化水平不断提升。在发展制造业的同时，全市还持续推进制造业与互联网融合发展。一是加快互联网在研发设计、生产制造、过程管理、销售服务等全产业链运用，推动长安汽车、红

江机械成为国家智能制造试点示范企业，重庆信通院等3个平台入选国家级"双创"试点示范平台，段记服饰、玛格家具等企业开发个性化定制平台，锦辉陶瓷依托国家级工业设计中心建成集设计创新、品牌培育、营销结算为一体的集创家日用消费品电子商务服务平台，猪八戒网开设工业设计频道，整合全球资源开展工业设计服务。目前重庆市研发设计工具普及率为64%，关键工序数控化率为47%，智能制造就绪率为4.8%，全市两化融合指数达53.8%，高于全国平均水平2个百分点。二是积极引进培育云计算、大数据、物联网等新业态，成功获批国家大数据综合试验区，培育出中冶赛迪等全国百强软件企业，引进太平洋电信、中国联通等一批高等级互联网数据中心和百度、阿里、腾讯等互联网企业，目前已经形成两江新区云计算和软件服务、渝北大数据和跨境电子商务、南岸物联网等聚集区，全市服务器支撑能力约15万台；2017年全市软件信息服务业实现收入1200亿元，超过全国平均水平7.4个百分点；大数据产业发展指数12.23，位列全国第10位、西部第2位。三是不断完善信息基础设施。基本建成国家互联网骨干直联点，开通省际直联城市29个，省际互联带宽达18T，网间互通带宽提升到400G。率先在西部建成"全光网城市"，实现城市光纤到户家庭全覆盖，20M以上宽带用户占比超过60%，固定宽带网络平均下载速率达16.49Mbit/s，居全国第15位、西部第1位。率先成为全国首批行政村4G、光纤全覆盖城市，并率先开展三大运营商5G应用试点。

工业发展环境渐趋完善。一是搭建产业承载平台。围绕工业强市战略，全市以1991年设立高新区、1993年设立经开区为开端，于2002年后大力开展特色产业园区建设，引导生产要素向优势园区聚集，目前已经形成"1+3+7+36"工业园区体系（1个国家级新区，3个综合保税区，7个国家级高新区、经开区，36个区县工业园区，其中3个市管开发区），国家级新型工业化示范基地达11家。目前全市园区工业主营业务收入占全市工业82%以上，投入产出强度达80亿/千米^2，与沿海发达地区基本持平，九龙坡摩托车、西彭铝加工、江津装备制造、南岸物联网、涪陵食品、璧山军民结合、长寿化工、永川机器人、两江新区军民结合、合川汽车等一批国家级特色园区迅速崛起。二是营造低成本投资环境。税费方面，自2014年开始，重庆市累计出台五批188项企业减负政策目录措施，涉及收费减免、税收优惠、财政扶持和减负措施等方面，并建立起目录措施动态调整机制，累计为企业减负超800亿元，其中，仅2017年就减负400亿元。要素方面，构建工业运行监测监控体系和煤、电、气运等要素保障体系，建立起"7大支柱行业+38个区县+200个重点企业+200个重点项目"工业运行监测调度制度，积极协调陕煤、甘煤入渝，创新能源合作模式，近5年全市电、煤、天然气供应基本正常，企业满足率在95%以上。融通方面，构建起产融合作的市级部门联席工作机制，实施产融合作试点和"金融机构区县行"专项行动，落实转贷应急机制和"助保贷"等政策，推动企业融资近900亿元。

二、科技创新能力不断提升

重庆市的科技工作始终坚持"国民经济必须依靠科学技术，科学技术必须面向经济建设"的发展方针，致力于科技与经济的紧密结合，全面开展科技体制改革，大力实施创新驱动发展战略，以促进企业加大研发投入、推进产业转型升级发展为主线，推进以市场为导向、产学研相结合的创新体系，驱动重庆向研发投入总量扩大、研发机构布局广泛、研发成果丰硕的创新型城市大步迈进，在培育创新主体、完善创投体系、布局创新平台方面取得诸多成效。目前，全市 R&D 经费支出从 2000 年的 10.13 亿元，增加到 2017 年的 350 亿元；R&D 经费占 GDP 比重由 1997 年的 0.36%，提升到 2017 年的 1.83%。全社会专利授权量和发明专利授权量分别从 1996 年的 216 件、14 件提高到 2017 年的 34780 件、6138 件，万人发明专利拥有量达到 7.25 件。全市的综合科技进步指数和区域科技创新能力综合指标排名同步提升至全国第 8 位。

（一）创新主体培育引进迈出坚实步伐

实施科技型企业培育"百千万"工程。强化创新综合服务，落实研发准备金、科技创新券、研发费用加计扣除、研发投入增量补助、重大新产品补助等普惠性财税政策，加快培育引进以高技术性、高成长性企业为重点的科技型企业。全市累计培育入库科技型企业 6725 家，其中，有效期内高新技术企业 2027 家，高成长性企业 202 家，成为重庆产业转型升级的重要支撑。

启动实施重庆市与国内外知名高等学校、科研院所、科技企业开展技术创新合作专项行动。同济大学重庆研究院等知名院校落户重庆，与中国兵器科学研究院、吉林大学、加州大学洛杉矶分校、比利时鲁汶大学等共建新型高端研发机构正式签约。全市累计建设新型研发机构 58 家（新型高端研发机构 16 家），市级以上重点实验室等科研机构 1425 家。

大力实施"三百"科技领军人才、"双创"示范团队、引进海内外英才等人才建设专项，整合政策资源，强化综合服务。全市累计引育科技创新、科技创投、科技创业领军人才109人，选育"双创"示范团队212个；"千人计划""万人计划""国家杰青"等国家级高层次人才累计达到563人。

（二）创投体系实现重点突破

依托政府创投引导基金和科技信贷风险补偿基金，初步完成股权投资、债权融资和众筹募资三大创投体系布局。股权投资方面，全市种子、天使、风险3支引导基金参股组建子基金72支，总规模达204亿元，引导全社会创投基金规模超过650亿元，投资项目676个，投资金额107.2亿元。债权融资方面，依托"商业大数据应用+专利软件化评估"探索建立知识价值信用评价体系，并以此为基础在国家自主创新示范区率先开展科技型企业知识价值信用贷款改革试点，实现贷款申请率、审贷通过率、企业首贷率3个50%以上的试点效果，全市各类科技型企业风险担保贷款余额超过400亿元。众筹募资方面，以知识价值为核心、高技术性与高成长性企业为重点，探索开设OTC科技创新板，为科技型企业提供挂牌展示、融资路演和资本课堂等综合服务，全市科技创新板挂牌企业223家。

（三）科技创新平台实现新突破

打造重庆科技资源共享平台。现有平台已整合共享大型科研仪器设备3103台（套）、中外文献数据库140余个（数据量达40TB）。集聚检验检测、研究开发、技术转移、创业孵化、知识产权、科技金融、科技文献服务、专家咨询、综合科技等九类服务资源各类专家、人才、机构开设服务类店铺472个,发布各类服务产品3000余项,实现从单一的资源信息共享向资源服务共享转变,让企业和用户不仅能够找到资源,而且能够更方便、快捷地找到服务。2017年以来,访问量超过200余万人次,用户数量已有15.7万人;入网仪器利用率为50%左右(按全年1400小时计算);开展科技文献在线共享服务120余万次;通过平台发放创新券5019张、合计约3.1亿元,其中,科技资源共享服务创新券3845张、合计7690万元。

加大力度建设研发服务平台。全市市级及以上重点实验室累计达到148个,其中,国家重点实验室5个、企业国家重点实验室3个、省部共建国家重点实验室培育基地3个、重庆市重点实验室136个、川渝共建重点实验室1个。全市市级工程技术研究中心累计达到364个,其中,国家工程技术研究中心10个、重庆市工程技术研究中心354个。科技要素交易中心正式投入运行,中匈(重庆)转移技术中心正式揭牌成立,中德(重庆)国际技术转移中心组建完成,累计建设各级各类技术转移机构21家、科技企业孵化器77家、各类众创空间307家,其中国家级孵化平台81家。

科技创新园区布局持续优化。大力推进国家自主创新示范区建设、高新技术产业开发区升级、农业科技园区提质、大学科技园增效4项行动,全市累计布局建设各类科技创新园区32家。目前,全市有国家高新技术产业开发区4个,包括重庆高新区、璧山高新区、永川高新区和荣昌高新区;市级高新技术产业区4个,包括大足、铜梁、潼南和涪陵。全市高新区共聚集规模以上企业1400余家,高新技术企业605家,占全市总量的30%;拥有市级以上工程(技术)研究中心、重点实验室、企业技术中心等132个;各类研发机构340余家；科技孵化器、众创空间等创新平台20余个；区域资源整合以及创新引领作用明显。2017年，全市高新技术开发区地区生产总值达3000亿元。

重庆高新区

（四）科技管理体制改革稳步推进

围绕解决制约创新的"瓶颈"问题，统筹推进科技管理体制综合改革。科研项目、科技经费、科技成果、科技平台、科技人才、科技金融等重点改革取得重要进展，特别是科技金融、科研项目、科技成果管理改革的部分举措"全国率先"：在全国率先开展科技型企业知识价值信用贷款改革试点，构建"不看重资产、不重短期财务指标、不需抵押担保、不搞利率上浮、不扣缴保证金"的科技型企业轻资产融资模式；在全国率先把多年来的产业技术创新项目管理实质性调整为实施产业技术创新政策，科技管理部门不再具体编制科技项目指南，只提出年度产业技术创新引领方向，将产业技术创新的项目决定权、技术路线选择权、科技经费使用权与研发成果收益权全部赋予企业或产学研协同创新团队；在全国率先选择10家高校和科研院所开展科技成果初始权益分配改革试点，让科研人员在立项之时甚至立项之前就与所在单位之间明确股权或收益分配，将科研项目研究与研发人员收益直接挂钩，激励研发人员更加注重研发的实际效果。

（五）科技引领产业提档升级

统筹考量产业基础、发展趋势和市场前景，突出两江新区和国家级高新区的先发优势，聚焦先进制造业、互联网产业和大健康产业，实现科技创新方向与产业发展方向高度契合，引领产业发展方向和促进经济转型升级。采取集中策划和滚动实施"重大主题专项+项目集群+重点科研项目"的办法，集成配置科研项目、科研经费、科技平台、科技金融"四类资源"，着力攻克新技术、开发新产品、探索新模式、培育新业态。先进制造业瞄准智能制造、绿色制造、精密制造、极端制造和个性制造五个方向，加强产业技术创新和科技成果转化。互联网产业突出互联网与信息终端等硬件、"互联网+"及服务等软件两个方向，抢占人人相通、万物互联的产业发展制高点。大健康产业聚焦食品安全、生物医药、医疗器械、养生养老、健康管理五个方向，强化健康商品和健康服务的供给，拓宽内需增长空间。

（六）技术创新成果不断涌现

交通领域技术创新。一是能源产业。中国海装自主研发的首批首台3兆瓦风电机组产品下线，3兆瓦风电机组装载先进的风场运行监控、远程诊断预测等智慧系统，延续中国海装独到的传动链技术，能适应海拔3000米及以下的常低温、平原山区、沙尘或结冰等地理及气候环境；国网重庆市电力公司开发"E+租车"分时租赁运营管理系统，形成一套具有良好应用前景的电动汽车分时租赁解决方案，建成重庆首个清洁能源、充电设施与电网互动示范工程，实现电动汽车与电网的智能、友好互动；重庆能源集团攻克急倾斜薄煤层俯伪斜综采等11项关键技术，获得授权专利20余项，获得2017年中国煤炭工业科技进步一等奖。二是航空产业。重庆通航集团自主研发的（CG111型）直升机，填补国内自主知识产权2座直升机的空白；重庆市首架专业医疗直升机试飞成功并在重庆急救中心投入使用，它是目前国际上最新的紧急医疗服务的专业构型直升机，最大起飞重量3吨，最高飞行速度达到每小时256公里，续航时间为2.5小时；重庆翼动科技公司研发的"电磁盾"反无人机单兵"武器"，能有效防范无人机入侵；国飞通用航空设备制造有限公司在大足高新区万古工业园建立全国首个油动多旋翼变螺距无人机研发生产基地。三是智能与新能源汽车产业。重庆长安汽车股份有限公司与华为技术有限公司、阿里巴巴网络技术有限公司为代表的IT企业基于"互联网+"和智能汽车发展的战略合作不断深化，开发前撞预警、车道偏离预警、自适应巡航控制、无人自动泊车、手机APP操控等智能辅助驾驶系统，自动驾驶4级技术代客泊车（APA6.0）在CS55杭州上市发布会亮相，驾驶员只需要通过手机APP远程控制车辆就能实现自动驶入、自动规划路径、自动搜索车位、自动泊车、自动驶出停车场等5大功能；中国汽车研究院围绕智能网联汽车及关键零部件测试，建立6个ADAS系统及关键零部件的测评体系与方法，形成测试工况数1047个，已具备5款车型的测试评价数据库，围绕汽车轻量化技术，完成10种高强度钢、5种轻合金和5种复合材料的力学性能试验，围绕汽车风洞技术领域，完成7个汽车空气动力学测试评价标准；重庆移峰能源有限公司新能源汽车能源站采用换电方式为电动汽车增程续航，该能源站可对近16000块电池同时充电，每天可同时为2000辆新能源汽车进行换电；中科院重庆绿色智能技术研究院、鲁班研究院联合北京航空航天大学共同研发自主全地形无人车平台，可在3个月至5个月内开发出无人特种车，并降低50%以上的产业化成本。

　　电子信息技术创新。一是云计算大数据。中国联通、中国电信、中国移动、腾讯、浪潮等国内骨干企业的大型数据中心已在渝落户，初步形成15万台服务器集聚规模。两江新区云计算和大数据应用、软件和信息技术应用正在起步，渝北大数据软件开发和跨境电子商务应用、南岸物联网设计及应用、渝中互联网和电子商务应用、大渡口移动互联网应用、永川呼叫外包及数据处理、西永大数据软件开发和IC设计等各具特色、格局初现。英国ARM公司与中科创达共同投资，在仙桃数据谷打造安创空间加速器，共同拓展智能硬件生态圈；中科曙光与美国VMware在重庆成立中科睿光公司，提供云计算和大数据平台软件服务。市政府已与阿里巴巴、蚂蚁金服签订战略合作协议，将在云计算、大数据等领域加强合作。二是人工智能。重庆大学、中科院重庆绿色智能技术研究院等科研机构在人脸识别技术、深度学习技术、时空复合并行计算技术等方面具有良好的研究基础，处于全国领先水平或国内一流水平。重庆中科云丛科技有限公司作为行业领军企业，其开发的人脸识别算法误识率从万分之一降低到百万分之一，实现两个数量级的性能飞跃，安防产品在全国超过100家地级市公安实战应用，金融产品市场占有率突破60%，依托该公司建设的国家发展改革委人工智能基础资源公共服务云平台，为重庆市人工智能产业发展提供充足的计算资源、数据存储资源和智力资源。两江新区互联网产业园的投入运行，为智能感知产业的发展提供良好的配套条件。机器视觉工程技术研究中心、人工智能产业技术创新联盟等公共技术服务平台的建设，为重庆市智能感知核心自主技术的研发奠定平台支撑基础。三是智能终端与集成电路。重庆已在集成电路研发、产业、公共服务方面，形成"集成电路核心芯片＋模块＋组件＋应用方案"的产业链结构，为客户提供通信/导航与物联网射频应用解决方案，在国内射频集成电路、模拟集成电路行业处于领先地位。拥有模拟集成电路国家重点实验室、新型微纳器件与系统技术国防重点学科实验室、微纳器件与新材料技术国家级国际联合研究中心、仪器仪表传感器与测量系统国家地方联合工程研究中心（重庆）、重庆市微光机电工程研究中心等核心平台，研发支撑能力较强。茶园新区、西永微电园等园区产业配套设施完善，已成为重庆市智能终端和集成电路产业聚集地，拥有西南集成、中航微电子、海力士半导体、赛宝工业技术研究院等10多家集成电路企业，涵盖集成电路设计、制造、封装、测试全产业链，年产值超过30亿元。四是虚拟现实。重庆云幕科技有限公司开展虚拟现实应用技术开发、3D效果互动体验和三维动画设计；重庆陨石数码科技开发基于VR虚拟现实的3D网络游戏；重庆创通联达智能技术有限公司开发基于高通骁龙处理器的智能核心模块，提出相应解决方案；重庆梦神科技有限公司研发的"全装VR互动盔甲系统"一定程度上解决人机交互的屏障；量子猫科学馆、消防总队、重庆广电集团、重庆市地理信息中心、重庆众仁科技有限公司、卓美华视公司分别在中小学教育、火灾防范、VR内容生产、城市信息管理体系、应用型人才培训、裸眼3D实现技术等方面引入虚拟现实这一技术需求。

先进制造领域技术创新。一是智能制造。重庆机床集团、长安集团等企业形成以智能传感技术、复杂工业过程全局工况优化控制、大型电机组的复杂曲面破坏形貌检测和智能修复等为代表的智能制造应用技术。市级科技计划依托中船重工、机电控股、红宇精密工业、中冶赛迪等核心企业，从数控机床、智能感知、物流仓储、系统集成等方面进行布局，突破机械、汽车、电子、冶金等行业中的多项智能制造关键技术，开发出高档数控机床、增材制造装备、智能传感与控制装备、智能检测与装配装备、智能物流与仓储装备等新型高端智能制造产品，相关技术和产品获得国家发明专利50余项，科技创新的年增加值超过500亿元。通过推广制造业信息化技术，100余家企业的制造业智能化水平普遍提高，摩托车行业的新产品开发周期缩短6个月，产品库存减少20%至30%，新产品贡献率超过35%；典型制造企业的管理成本下降10%，库存占用资金下降20%至50%，生产率提高30%至50%。重庆已成为国家科技部批复的制造业信息化示范基地。二是先进装备。一批重大先进装备研发成功，由中铝西南铝与蜀都客车公司合作开发的首台铝制车身客车组装成功，与普通客车相比，车身重量轻400公斤，能耗更低，车辆在加速性能、降低噪声和振动等方面得到改善，从而提升汽车行驶的安全性和舒适性；陆军军医大学西南医院攻克金属3D打印机实施钽金属3D打印的难题，生产出钽金属3D打印多孔垫块，完成全球首例个体化3D打印钽金属修复巨大骨缺损膝关节手术；重庆北斗科技集团基于北斗导航技术，研发出精度达到"厘米级"的导航产品，把导航精度提升千倍；重庆川仪自动化股份有限公司研发出安装在大型油气管道上的智能变送器，精准度达到

0.04%，达到国际先进水平；墨希科技公司完成第三代石墨烯薄膜生产线建设，产能继续保持世界领先水平，并布局可弯曲柔性屏、石墨烯柔性美容面罩、汽车用石墨烯冷光灯、石墨烯柔性键盘等产品应用领域。三是机器人制造。正式建成国家机器人检测与评定中心；新建人工智能与服务机器人控制技术重庆市重点实验室、重庆市机器人智能运控工程技术研究中心、重庆市工业机器人集成应用工程技术研究中心等一批机器人领域省部级创新平台，成立机器人及智能制造技术创新战略联盟；突破半实物仿真测试技术、控制器性能检测技术、精密减速机质量评估方法、特种无人车控制技术等一批机器人产业链共性关键技术；形成一批具有领先水平的代表产品，华数机器人公司独创的BR系列双旋机器人获得"2017中国好设计"银奖，在3C打磨领域，华数机器人公司研发的3C行业打磨专用机器人，在与国际同行竞争中取得领先，先后在重庆、苏州、东莞形成示范应用，应用台（套）数超过500台（套）；重庆市首个智能法律机器人正式上岗，能回答法律问题，模拟相似情形给出参考案例，还能根据事由将前来办事的市民带到相应的办事窗口，人工智能开始走进公共法律服务领域。

三、供给侧结构性改革顺利推进

党的十八大以来，以习近平同志为核心的党中央统筹推进"五位一体"总体布局和协调推进"四个全面"战略布局，作出经济发展进入新常态的重大判断，贯彻稳中求进工作总基调，形成以新发展理念为指导、以供给侧结构性改革为主线的政策框架。2015年

12月，中央经济工作会议对推进供给侧结构性改革作出全面部署。国家"十三五"规划纲要明确提出以供给侧结构性改革为主线，扩大有效供给，满足有效需求，加快形成引领经济发展新常态的体制机制和发展方式。2016年以来，重庆市委、市政府把思想和行动统一到中央决策部署上来，建立市级"1+4+X"工作体系，去产能、市属国有重点企业推进供给侧结构性改革、商品房去库存、金融去杠杆防风险等4个专项方案全部出台，16张工作清单、97项重点任务基本达到序时进度，各项改革取得初步成果。

（一）切实增加有效供给

坚持瞄准市场需求的新变化和新特征，紧盯产业和科技发展方向，以集群发展方式改造传统支柱产业，大力培育战略性新兴产业，促进高水平的供需平衡。一是积极推动传统支柱产业集群化发展。通过推动上中下游产业链垂直整合、同类企业集聚共生、制造业与生产性服务业融合，形成汽车、电子、装备制造、化医、材料、消费品、能源等"6+1"支柱产业集群。2016年，"11+900"电子信息产业集群产值增长17%，各类智能终端总量达3.8亿台件，笔记本电脑产量保持在全球的1/3，手机产量占全国的15%。"10+1000"汽车产业集群产值增长12%，汽车产量317万辆，占全国的1/8，成为全国最大汽车生产基地。电子、汽车行业对全市工业增长贡献率为55%。二是大力发展战略性新兴制造业。2016年，为形成多支柱产业支撑，构建工业经济新增长点，全市深入对接"中国制造2025"，出台战略性新兴制造业"1+10"发展规划，布局集成电路等战略性新兴制造业，实现产值2700亿元、增长50%以上。集成电路初步建成全流程产业体系。机器人产业聚集企业150余家。生产新能源汽车和智能汽车10万辆。生物医药产业基本形成两江水土等四大聚集区。2017年，启动实施以大数据智能化为引领的创新驱动发展行动计划，实施百项战略性新兴产业项目计划，全年战略性新兴制造业增加值增长25.7%。生物医药、新材料、高端交通装备、页岩气、节能环保等加快发展。集成电路产业体系不断完善，液晶显示全产业链初步形成，液晶显示屏、智能手机、集成电路、页岩气等产量分别增长130%、58.1%、38.5%和19.2%。三是加快发展战略性新兴服务业。2016年，全国性股份制商业银行实现全覆盖，金融业增加值占GDP比重达9.5%。国家大数据综合试验区获批，互联网和相关服务业营业收入增长40%以上。临空经济示范区获批。实施"互联网+流通"行动计划。推进国家跨境电商综合试验区建设。引进京东全球购等100多家电商企业，探索形成农村电商共同配送模式。2017年，大力发展生活性服务业和生产性服务业，特别是战略性新兴服务业加速发展。全市服务业比重提高0.8个百分点，占三产业比重达到49%。限上企业实现网上销售超过1200亿元；服务贸易261.3亿美元、增长26%；新型金融业增加值超过270亿元、增长20%以上；旅游收入增长25%；文化产业增加值增长11%左右。自贸试验区建设加快推进，总体方案中部署的151项改革试点任务，已实施126项。中新（重庆）战略性互联互通示范项目进展顺利，2017年新签约31个重点项目，投资50.7亿美元。四是提速发展现代农业。新增特色效益农业80万亩，总面积达到1248万亩。农业增加值增长4.1%。一、二、三产业融合发展，乡村旅游综合收入达500亿元、增长40%。推动农村"三变"改革，政策性农业担保体系覆盖700个乡镇，担保农业小微项目3945个、增长4.1倍。

中新（重庆）战略性互联互通示范项目

（二）稳妥去除无效供给

坚持通过严格准入、市场出清、兼并重组、体制改革等措施，以市场化法治化手段去过剩产能、去房地产库存、去僵尸企业空壳公司，努力做到"见目标、见项目、见企业、见路径、见责任人"。一是加快结构调整步伐，有效化解过剩产能。近年来，在钢铁、煤炭、光伏等领域基本没有新增产能，还淘汰铁合金、焦炭、水泥等行业部分产能。建立"1+7"去产能工作体系，通过落实奖补资金、开展专项行动、督促任务落实等措施，推动企业以主动压减、兼并重组、转型转产等方式退出部分产能。2016年以来累计去除钢铁产能806万吨、去除煤炭产能2348万吨，已完成国家下达任务。二是坚持控增量、转存量，积极化解房地产库存。严格规划建成区面积、调控住房总量、控制房地产投资，保持商品房市场供求和价格基本稳定。执行房地产用地出让面积连续3年逐年递减计划。制定加快培育和发展住房租赁市场的实施意见。全面推行城市棚户区改造等货币化安置。鼓励引导库存商品房转型利用，支持开发企业合理调整规划指标、商住比例和户型结构。2016年，去除商品住房库存984万平方米，去化周期控制在合理范围内。2017年，及时采取严格预售审查、加强中介专项治理、调整住房公积金贷款政策、新购住房2年限售、培育租赁市场等调控政策，坚决遏制投机和炒房，房地产市场逐步趋于稳定。全年商业商务用房可售面积减少125万平方米。三是实施"四个一批"，全面去除僵尸企业和空壳公司。2016年，通过公开转让、清算注销、破产关闭、重组整合、集中管理等方式，处置完成一批国有僵尸企业和空壳公司。引导企业通过司法破产程序，解决清理处置中的债务清欠、税费减免等问题。设立渝康资产经营管理公司，增强不良信贷资产收购、托管、转让、处置能力。推动市属国有房地产企业通过市场化方式重组整合，使低效企业从房地产行业中有序退出。2017年，处置市属国有僵尸企业181家，累计处置412家，占总任务的105%；压缩企业管理层级74家，占计划数的90%。

（三）减负降本提质增效

2016年，对涉企行政事业性收费按年度编制目录清单，定期在政府网站公布。制定实施《关于进一步落实涉企政策促进实体经济平稳发展的意见》，认真清理涉企收费项目，先后4批印发重庆市减轻企业负担政策措施目录清单，着力降低企业融资，税费，人力，物流，水、电、气要素，制度性交易等成本。2017年，认真落实"企业减负30条"政策，全年再减负400亿元，2016年以来累计为企业减负超过800亿元。一是合理降低企业税费负担。严格落实各项税收优惠，累计减免税金370亿元，营改增减税134.2亿元。取消和停征18项涉企收费基金，为企业减负20亿元左右。二是降低企业融资成本。扩大金融资源有效供给，确保社会融资规模稳步增长，融资成本低于全国水平。坚持"稳信贷、拓直融、降表外"，稳定银行信贷和直接融资占比。新增一批上市和"新三板"挂牌企业。推动"助保贷""购置贷"政策，建立"助保贷"资金池。对有前景、有市场、有回款企业的高息、短期债务，以置换债方式，转化为低息、长期债务；针对中小微企业短期贷款"过桥"难题，创新构建转贷应急机制，建立市级转贷资金和资金管理平台。积极稳定信贷投放，引导金融机构加大对小微、"三农"等普惠金融领域信贷支持。降低融资中间环节收费，严厉打击违规收费。大力支持资本市场融资，2017年新增上市公司8家，发行债券增长17%以上。三是降低企业要素、物流成本。积极推进售电侧改革，推进大用户直接交易试点，暂停执行调峰电价，降低大工业企业用电成本；落实煤电挂钩，降低工业企业用电成本。下调非居民用天然气销售价格，减少直供大工业企业用气支出。争取专项建设基金用于重大物流项目建设，降低企业物流成本。2017年，降低工商企业用气价格，全年为企业节约用气成本4.4亿元。大力推进电力体制改革，大力培育售电主体，推动用户市场化方式用电，全年完成市场化零售电2.13亿千瓦时。积极推进输配电价改革，每年降低企业用电支出12.4亿元。四是降低企业用工成本。2016年，出台阶段性降低社会保险费率的实施方案，将企业养老、医疗、失业保险缴费比例分别降低1个、0.5个和0.5个百分点。将"低费基"政策覆盖范围扩至交通运输、物流等行业。调整住房公积金最低缴存比例。2017年，降低企业社保缴费比例，实施阶段性降费率政策，降低养老、医疗、失业三险费率2.5个百分点，减负约120亿元。五是降低企业制度性交易成本。2016年，公布涉企行政事业性收费等4个收费目录清单。全市银行业进一步免收或取消收费以及整合精简收费均超过100项。取消及调整非行政许可133项，实现市、区县两级网上行政审批系统全覆盖。2017年，"放管服"改革深入推进，全年取消行政审批事项118项，一般性审批事项承诺办理时限在法定时限基础上压缩30%以上，市级行政权项累计减少60%。

（四）严格监管防范风险

始终坚持问题导向，牢固树立底线思维，高度警惕以高杠杆、泡沫化为主要特征的金融风险，坚决守住不发生系统性、区域性金融风险的底线。全方位加强金融风险管控，严防交叉性、跨行业、跨市场金融风险，加强各类单体风险事件监测、预警、处置，严格地方新型金融机构行为负面清单管理和事前事中事后监管。组建债权人委员会，制定小贷公司贷款风险5级分类指引。稳步推进互联网金融风险专项整治工作。对交叉性金融衍生品加强风险管控，严防金融产品跨界从事收购、兼并、投资等活动。对各类非法金融活动，坚持抓早抓小抓苗头，实施群防群治，建立举报奖励制度。及时打击取缔非法要素市场，及时发现并妥善处置投资咨询类公司注册登记异常情况，及时处置化解输入性风险。2017年，继续积极稳妥去杠杆。全市规模以上工业企业资产负债率同比降低3.1个百分点，推进市场化法治化债转股规模超200亿元。重庆钢铁完成司法重整。全市发行企业资产证券化产品854亿元，同比增长13倍。金融风险、政府债务风险、房地产市场风险以及企业债务风险得到有效管控。

（五）补齐经济社会短板

2016年以来，深入实施脱贫脱困、基础设施补短板、生态环境建设补短板、社会事业补短板四大工程，补齐经济社会发展短板。一是深入推进扶贫攻坚，通过梯度转移、产业带动、搬迁安置、医疗救助、教育资助、低保兜底等"六个一批"开展精准扶贫。2017年，调整优化脱贫目标，出台实施关于深化脱贫攻坚的"1+N"系列政策措施。全面实施稳定脱贫、基础设施、公共服务提升等七大攻坚行动。全力攻坚18个深度贫困乡镇，5个国家级贫困区县整体脱贫，16万人摆脱贫困，贫困发生率降至1.1%。二是加快推进贫困地区综合交通、水利、能源等重大基础设施项目建设。农网改造、金融等扶贫行动加快推进。航空港、内河港、信息港、铁路、高速公路等"三港两路"加快建设。加强城市地下管网、市内交通和"最后一公里"水、电、路、气建设。推进现代农业园区、示范区和综合示范工程建设。启动实施城市品质提升行动计划，互联互通重大基础设施建设提速，基础设施投资增长15.8%、占比超过30%。2017年，铁路运营里程新增140公里、累计2371公里；高速公路通车里程新增205公里、累计3023公里；轨道交通运营里程新增51公里、累计264公里。三是大力推进生态文明建设。持续实施"蓝天、碧水、宁静、绿地、田园"五大环保行动，黑臭水体整治等一批重难点环境问题得到有效解决，基本实现市级以上工业园区和乡镇污水处理设施全覆盖。2017年，长江干流重庆段水质为优，空气质量优良天数达到303天，PM2.5浓度同比下降16.7%。划定各区县生态保护"红线"。全面推行河长制。完成国家对重庆市能耗"双控"和控制温室气体排放考核目标。四是大力发展社会民生事业。积极做好高校毕业生等重点群体的就业工作。2017年城镇新增就业74万人，城镇登记失业率保持在3.4%。学前教育毛入园率和普惠率分别达到84.4%和77%，35个区县通过义务教育均衡发展国家督导认定。全面启动医药卫生体制综合改革，公立医院改革实现区县全覆盖。全部取消药品加成和药事服务费，实施药品采购"两票制"，区县域内就诊率90%。居民消费价格指数101.2%，物价稳定在合理水平。

第三章

加快推动城乡发展一体化

1997年重庆直辖以后，作为一个年轻的直辖市，集大城市、大农村、大库区、大山区和民族地区于一体，城乡区域发展差距大。2007年，国家批准重庆为全国统筹城乡综合配套改革试验区。加快统筹城乡综合配套改革，建立城乡发展一体化体制机制，促进城乡统筹协调发展，不仅是党中央赋予重庆的光荣使命，也是补齐重庆农业农村发展短板，确保如期建成全面小康社会的重大战略举措。重庆市在持续开展农村改革的同时，提出以解决农民工问题为突破口推进统筹城乡改革发展的战略思路，重点从体制机制入手，促进城乡资源要素互动，探索以工哺农、以城带乡发展的长效机制。同时，坚持重点突破与整体推进相结合，以构建城乡区域一体化发展体制机制为核心，着力抓好"三农"和渝东南、渝东北薄弱环节，加大农村扶贫力度，不断提升全市城乡一体化发展水平。

一、农村改革不断深入

党的十一届三中全会以来，重庆农村改革从改革土地经营制度入手，确立农民的主体地位，扩大农民生产经营自主权，发展农村商品经济，改革农产品流通体制，建立农村社会主义市场经济体制，并逐步构建统筹城乡发展的制度框架和强农惠农富农政策体系。

（一）推行家庭联产承包责任制

从20世纪70年代末到80年代中期，重点是废除人民公社，确立以家庭联产承包经营为基础、统分结合的双层经营体制，建立农村基本经营制度。

党的十一届三中全会确立解放思想、实事求是的思想路线后，重庆农村改革由此拉开帷幕，但并非一帆风顺，也经历一个曲折过程。1980年前，尽管出现安徽小岗村包产到户的典型，但由于受"左"的思想影响，对包产到户姓"社"还是姓"资"的认识分歧很大，推广的阻力较多。这一时期，主要是贯彻1979年党的十一届四中全会通过的《关于加快农业发展若干问题的决定》，在"三级所有、队为基础"的大集体下，围绕增强自主权和扩大社员的"小自由"，探索推行"分组作业、包产到组、联产到户"和扩大社员自留地，一些胆子大的村子也搞包产到户，具有明显的过渡性特点。1980年9月，中央下发《关于进一步加强和完善农业生产责任制的几个问题》，肯定包括包产到户在内的各种农业生产责任制的社会主义性质，指出农业生产经营可以"分别到组、到劳动力、到户"；重庆也围绕要不要普遍推行包产到户开展了一场激烈的讨论，并通过讨论解放了思想，农业生产经营自主权逐步由生产队推进到个体农户。特别是从1982年开始，中央连续5年发出关于农业发展的"一号文件"，高度评价广大农村建立的各类农业生产责任制，推动农村经济体制改革和农业发展，促进农业经营体制的废旧立新，使家庭承包经营责任制在重庆农村得到普遍推开。1983年，《中共中央关于下发〈当前农村经济政策的若干问题〉的通知》，在肯定家庭联产承包责任制基础上，决定对"人民公社的体制，要从两个方面进行改革。这就是实行生产责任制，特别是联产承包责任制，实行政社分设"，从而废除人民公社体制，确立家庭联产承包责任制。到1984年，全市以家庭承包经营为基础，统分结合的双层经营体制基本确立，农村99%以上的生产队都落实家庭联产承包责任制，承包期确定为15年以上。

（二）积极发展多种经营

从20世纪80年代中期到90年代初，重点是扩大农民生产经营自主权，发展乡镇企业和多种经营，实行有计划的商品经济。

以1984年10月党的十二届三中全会通过的《关于经济体制改革的决定》为标志，中国进入加快以城市为重点的整个经济体制改革时期。与此相适应，1985年1月，中央发出《关于进一步活跃农村经济的十项政策》，决定改革农产品统购派购制度，在国家计划指导下，扩大市场调节，使农业生产适应市场需要，促进农村产业结构的合理化，进一步把农村经济搞活。重庆农村改革由此进入第二个阶段。一是改统购派购为合同定购。从1979年起，中央大幅度提高18种主要农产品的收购价格，到1984年，工业品与主要农产品的比价，由接近3：1缩小到2.4：1。在此基础上，重庆逐步探索农村商品流通体制改革，鼓励农民经营个体工商服务业、长途贩运，允许农产品经营者雇临时工、请帮工、带学徒，对农产品购销体制实行"取消派购，自由购销，多渠道经营，价格全部放开"的改革。1985年，废除农产品统购派购制度，全部取消农产品统购派购和农业生产指令性计划，除对粮食等个别主要农产品实行合同定购外，政府不再向农民下达农产品统购派购任务，分别实行合同定购和市场收购。定购粮食按"倒三七"比例计价，定购以外的生猪、水产品等农产品全部放开、随行就市。农产品购销体制由统购统销走向"双轨制"，农业发展由计划经济转向有计划的商品经济。为推动农村商品经济的发展，全市还在80多个重点集镇规划建设集贸市场，并在主城区、县城、重点集镇和主要商品基地附近开辟农产品批发市场。到90年代初，全市基本形成由中心批发市场、区域性批发市场、专业批发市场和众多集贸市场组成的农村商品市场体系，极大地活跃了农村商品流通。二是积极发展多种经营。随着农村家庭联产承包责任制的建立、农产品购销体制改革和粮食连年丰收，重庆因势利导贯彻"决不放松粮食生产，积极发展多种经营"的方针，积极调整农业结构。在城郊区和工矿区，大力发展城市和工矿所需的各种农副产品，为城市和工业提供配套服务；在丘陵、河谷、平坝等中郊地区，稳步发展多种经营；在边远山区，积极开展综合利用，有计划地开发山区资源。创造再生稻、半旱式栽培、稻田养鱼重庆农业"三绝"，农业由单一的粮食型结构，逐步改变为以粮食为基础，农林牧副渔全面发展的新格局。到1990年，粮经作物面积比由以往的9.2∶0.8调整到8∶2左右，农业产值占农林牧副渔总产值的比重由1985年的65.5%降到62.8%，林牧副渔产值的比重由34.5%增加到37.2%。三是乡镇企业异军突起。1979年，国务院颁发《关于发展社队企业若干问题的规定》，肯定社队企业是农村经济的重要支柱和国民经济的重要组成部分。1984年，中共中央、国务院转发农牧渔业部和部党组《关于开创社队企业新局面的报告》，将社队办企业、部分社员（村民）合作企业、其他形式合作企业和个体企业称为乡镇企业。重庆市制定出台扶持乡镇企业发展的政策措施，鼓励"四个轮子"一齐转，明确支持户办、联户办企业与乡村集体企业共同发展，打破集体企业一统天下的格局。积极探索创新多种经济形式和经营方式，鼓励部分完成原始积累的企业向技术、质量、规模型转变，由"三就地"（即就地取材、就地生产、就地销售）逐渐向全国市场甚至是国际市场转变，由分散的企业经营向专业化、社会化协作生产的企业集团转变。这一时期，乡镇企业作为农村改革发展的一支生力军异军突起，带动了农村劳动力"离土不离乡"的大转移。

（三）推进农业产业化经营

从20世纪90年代到本世纪初，重点是深化农产品流通体制改革，推进农业产业化经营，建立农村社会主义市场经济体制。

1992年邓小平"南方谈话"和党的十四大提出建立社会主义市场经济体制的目标后，重庆农村改革由局部推进转变到全面推进、重点突破的重要时期。一方面，深入推进农产品流通体制改革，除个别农产品外一律实行市场调节。从1993年开始，积极稳妥地放开粮食价格和经营，探索粮食购销市场化的改革路子，实行"保量放价"，保留粮食定购数量，价格随行就市，取消食油收购计划和定量供应政策，建立粮食收购保护价格制度和粮食风险基金制度，彻底结束长达40年的粮食统购统销制度。1998年按照"四分开一完善"原则，推行"三项政策、一项改革"措施，实行按保护价敞开收购农民余粮、国有粮食收储企业顺价销售、粮食收购资金封闭运行。之后，陆续全面放开粮食购销市场和价格，实现粮食购销市场化。另一方面，推进农业产业化经营和农业结构战略性调整。从20世纪90年代初开始，重庆学习推广山东等地的农业产业化经验，积极探索创新农业生产经营机制，走以市场为导向、生产基地为基础、"龙头"企业为依托、经济效益为中心、科技服务为手段的产加销一体化路子，大力发展高产、优质、高效"三高"农业。1998年，中央提出农业结构战略性调整后，重庆相继实施柑橘、优质瘦肉型猪、中药材、优质粮、榨菜、草食牲畜、花卉、香料、优质蚕茧、黄籽油菜、笋竹等农业产业化百万工程，百个经济强镇工程和百万农村劳动力转移就业工程，全面发展农业农村经济。

同时，这一阶段农村各项改革全面推进。一是稳定土地承包权，放活经营权。家庭联产承包责任制不断巩固完善，在第一轮土地承包到期后顺利完成第二轮土地承包，并将承包期延长至30年。市人大颁布实施《农村土地承包法》办法，通过立法稳定农村基本经营制度。根据农用土地所有权、承包权、经营权适当分离的原则，在坚持集体所有制和农民承包权不变的前提下，本着充分自愿的原则，采取转包、租赁等多种形式，推进土地流转，发展适度规模经营。二是转换企业经营机制。采取包、租、转、股、卖等形式，深化区县直属企业和乡镇企业改革。对少数承包经营的企业，完善承包经营责任制；对条件好的经营者，实行租赁经营；对符合条件的企业，逐步转为股份制；对亏损严重、扭亏无望和资不抵债的企业，实行公开拍卖。全市农村只保留少数国有和集体企业，大部分转为个体私营企业。三是放宽对农民的转移限制。变"离土不离乡"为"离土离乡"，并针对农村劳动力大规模向城市流动和跨区转移实际，采取改革中小城市和城镇户籍管理制度等措施，引导农村劳动力有序转移就业。四是深化农业科研体制改革，促进科研与生产相结合。按照中央"稳住一头,放开一片"的方针,加强重点实验室建设,提高技术创新能力。重点建成蔬菜实验室、生猪遗传改良实验室和水稻、小麦、橘柑、茶叶、林业等实验室。以项目为手段,优化资源配置,基本建立起粮食、蔬菜、畜牧等特色专业学科的框架。有计划地实施农业科研机构归并,鼓励科研机构创办科研经营实体,实行"一所两制"。对中小农业科研机构实行股份制,实行企业化经营管理。

(四)建设社会主义新农村

党的十六大以后,重点是统筹城乡经济社会发展,探索构建强农惠农富农的政策体系和制度框架,推进社会主义新农村建设。

取消农业税,建立对农民的补贴制度。从2002年起,重庆全面开展农村税费改革,取消除烟叶以外的农业特产税、"三提五统"(公积金、公益金、管理费三项村提留,教育附加费、计划生育费、民政优抚费、民兵训练费、民办交通费五项乡统筹)和农村教育集资等专门面向农民的各种收费,逐年降低农业税税率1个百分点。2005年1月,市政府发布《关于全部免征农业税的通告》,决定从当年起,对在重庆市行政区域内从事农业生产的农民、农场职工、各类经济组织和个人全部免征农业税及其附加,各区县、乡镇和村级组织因此减少的收入,由国家和市级财政给予转移支付补助,较全国提前一年进入农业无税费时代。这次标志性的制度变革,实现对农业由"取"到"予"的历史性跨越,开启由农业为工业提供积累到工业反哺农业的划时代转变。在减负的同时,按照中央部署,重庆积极探索构建强农惠农富农政策保障机制。从2004年起,开展财政资金直接补贴改革,实行退耕还林和粮食折现、恢复摺荒地种粮、种植再生稻以及农村部分计划生育家庭奖励扶持等六项补助。以后又陆续实施种粮直补、良种补贴、农资综合补贴、农机具购置补贴等政策，并逐年扩大补贴范围、提高补贴标准，基本建立起包括农业生产、社会保障、救灾救助、设施建设、特定人群扶助、商贸流通、工商税费减免等宽领域、广覆盖的惠民政策体系。

创新农业经营机制，推进新农村建设。按照中央建设现代农业的要求，加大农业生产经营体制机制创新力度，着力培育新型经营主体，开展新型职业农民培训和发展农民专业合作社试点，对"龙头"企业、农民合作社、种养大户实行贷款贴息和补助政策，扶持其加快发展。构建新型农业社会化服务体系，将乡镇农技站、林业站、水利站等整合组建为农业服务中心，积极探索农业经营性服务。2006年，中央提出建设社会主义新农村后，重庆启动实施"千村推进百村示范"工程，以"三建"（建优势产业、基本农田、公共服务设施）、"四改"（改路、改水、改房、改环境）、"五提高"（提高农民收入、农民素质、社会保障水平、乡风文明程度、民主管理水平）为主要内容，整合相关部门项目投入，共建成市级新农村示范村207个、推进村2000余个、专业特色村501个。

二、率先探索户籍制度改革

2007年6月，重庆获批成为全国统筹城乡综合配套改革试验区，全面开始统筹城乡的改革探索。2009年1月，国务院《关于推进重庆市统筹城乡改革和发展的若干意见》明确提出"把统筹解决农民工问题作为重庆统筹城乡改革发展的突破口"。根据要求，重庆市于2010年8月启动以农民工为主体的户籍制度改革。

（一）重庆户籍制度改革的初步启动

重庆户籍制度改革推进中，按照"三分"的思路展开，即分阶段推进、分群体实施、分区域布局。

一是分阶段推进。2010年8月至2011年底，集中解决全市存量的300多万符合条件的进城农民工及新生代落户和户籍遗留问题。2012年进入常态化，建立完善土地、住房、社保、就业、教育、卫生支撑保障机制，进一步放宽城镇落户条件，形成合理流动、权益公平、城乡一体的制度体系。2015年，按照国家关于进一步推进户籍制度改革的统一部署，创新人口管理制度，继续推动有能力在城镇稳定就业和生活的农民工等其他常住人口有序落户。

二是分群体实施。把存量的300多万人，分成符合条件的农民工及新生代、各类历史遗留问题两个大类七个群体（第一类：农民工及新生代，包括主城区务工经商5年、区县城务工经商3年的农民工，农村籍大中专学生，农村退役士兵。第二类：历史遗留户籍问题，包括已用地未转非人员，大中型水利水电工程建设失地未转非人员，城中村、农村集中供养的"五保"对象），明确各个群体的落户条件和程序，有针对性地解决实际问题。

三是分区域布局。以适度放宽主城、进一步放开区县城、全面放开中心镇为原则，科学设置落户条件（主城务工经商5年、区县城务工经商3年，全面放开小城镇），避免落户人群过分集中在主城，合理城镇人口布局。

（二）重庆户籍制度改革的深化完善

2014年7月，国务院印发《关于进一步推进户籍制度改革的意见》，对新形势下全国户籍制度改革工作作出全面系统部署。为抓好中央决策部署落实，市政府印发《关于进一步推进户籍制度改革的实施意见》，进一步深化户籍制度改革。改革坚持以人民为中心的发展理念，以促进人的城镇化为核心，提高城镇化质量为导向，进一步调整完善进城落户政策、健全工作机制、统筹资源配置、优化公共服务，着力促进农业转移人口市民化。

立足重点群体，进一步放宽落户准入。制定实施《关于进一步推进户籍制度改革的实施意见》《重庆市户口迁移登记实施办法》《关于推动非户籍人口在城市落户的通知》，坚持就业前提，统筹市内外落户政策，立足各片区城市资源环境禀赋、产业发展实际情况，差别化设置务工年限，进一步放宽落户限制。总体上不设指标控制，不积分排队，市内市外转移务工人员落户同权、租购房屋同权，只要就业达到一定年限（最高5年，最低无年限要求）即可直接申请办理落户。同时，取消大中专毕业生、高职院校毕业生以及引进的专家、学者、留学回国人员、具有初级以上专业技术职称（含技能等级）人员等重点人群落户门槛。根据"大众创业、万众创新"的需求，对投资创业人员落户取消投资金额、纳税额度限制。

创新人口管理，夯实新型户籍制度基础。按照建立城乡统一、以人为本、科学高效、规范有序的新型户籍制度要求，扎实推进人口管理创新各项工作，不断提升服务管理效能。一是系统推进统一城乡户口登记。取消农业户口与非农业户口性质区分，统一登记为居民户口。在此基础上，全面梳理与原户口性质挂钩的福利政策共计33项，积极稳妥推动脱钩。截至目前，退役士兵一次性补助、义务兵家庭优待金、特困人员供养标准、个人身份参加城镇职工保险、职业培训补贴、生育政策等20余项政策已脱钩。二是全面实施居住证管理制度。开展常住人口公共服务与便利摸底调查，研究出台《重庆市居住证实施办法》，在教育、社保、民政、卫生计生、住房等方面，赋予持证人享有社会共治、社保共享、教育均等、便利同等、救助同权等类别共计38项权利事项，并建立动态增长提供机制。三是优化户口管理与服务。对接国家人口基础信息库，整合相关市级部门社会公共信息资源，建成全市自然人信息数据库。扎实推进户口清理整顿，注销重复户口5.2万个，保持身份证重号归零。切实解决无户口人员登记户口问题，为13.3万名无户口人员办理户口。将户口迁移等7项区县审批权限下放到派出所，办结时限由25个工作日缩短至15个工作日。开展跨省户口迁移信息网上流转备案，实现信息化监管。

农民工仔细研读转户政策

强化政策配套，切实维护农业转移人口权益。针对农村权益、城镇基本公共服务，以及城乡要素流动和提升城镇吸纳人口承载能力等重点问题和关键环节，以"出得了村、进得了城、能融入社区"为导向，继续优化配套政策，提高农业转移人口市民化质量。明细城乡权益清单，既允许保留与土地相关的权益，也允许保留与身份相关的权益。对进城落户农民工退出的宅基地，可通过"地票"制度实现财产收益。按照"城镇基本公共服务一步到位"的思路，继续推动进城落户居民在就业、养老、医疗、教育、购买住房税费减免、公租房保障等方面的政策待遇。就业方面，将进城落户居民纳入城镇就业服务体系，分类开展就业培训，予以创业扶持。养老、医疗方面，严格按城镇职工标准，由用工单位依法足额缴纳社会保险费用。教育方面，进城落户居民子女平等接受各阶段教育。住房方面，进城落户居民购买普通商品房同等享受相关税费减免或纳入公租房保障。凡年满18岁，有稳定工作和收入来源并符合住房困难条件者，均可申请公租房。

优化制度安排，促进人口与要素资源协调发展。着力发挥财政、土地等资源对引导人口布局的作用，实施差别化引导，推动人口有序转移。一是完善人口有序转移机制。以"点对点""点对片""片对片"方式，建立劳动力转移对口联系、定向招工激励、公共政策激励、工作协调等六大机制，优化土地要素配置等14个支撑措施，建立健全人口输入地与输出地的联动机制。通过区域优势资源互补，以市场化运作方式开展项目协作，促进进城落户人口总量平稳增长，落户区域合理分布。二是建立财政转移支付与农业转移人口市民化挂钩机制。出台《重庆市人民政府办公厅关于改革和完善市对区县转移支付制度的意见》，对人口集聚地以常住人口作为测算基础，并充分考虑其因承接转移人口在公共服务领域所增加的成本；对人口输出地则以户籍人口作为测算基础，确保两个生态发展区相关转移支付规模不减、保障更优；将城镇化率变动情况作为激励因素纳入转移支付测算，激励区县推进人口梯度转移。三是建立"人地挂钩"规划计划管理机制。出台"人地挂钩"土地规划计划管理办法，以区县年度吸纳转移人口落户数量为依据之一，差异化配置城镇建设用地规划空间指标。通过"人地挂钩"，为渝西城市发展补充配置2013年至2015年"人地挂钩"规划指标7平方公里。

（三）重庆户籍制度改革的成效

截至2017年底，全市已累计进城落户477.6万人，户籍人口城镇化达到48.3%，常住人口城镇化率达到64.2%，进城落户总量、年龄、区域分布基本合理，较好地满足城镇化及产业发展需要。同时，在优化制度设计、维护农民权益、推动城乡基本公共服务均等化、推动一体化要素市场发展、促进社会公平等方面取得明显成效，影响深远。

破除农村居民进城落户制度藩篱。前期以农民工为主体的户籍制度改革中，彻底改变农村居民之前只能通过购房、升学、参军、征地等方式转为城镇居民的情况，为农民工等其他农业转移人口进城落户开辟新的通道。同时，完全坚持自愿原则，农民工可以自行确定进城落户的时间和方式，选择更加多样化。按照国家统一部署，后期深化户籍制度改革中，统一城乡户籍登记，消除农村居民的身份烙印，为农村居民落户进城进一步破除制度藩篱。

既解决遗留问题又积累改革经验。户籍制度改革既是一场改革实践，也是一件重要的民生工作。改革推进中，一方面集中解决大中型水库失地居民等人员的身份问题，使40多万人享受城市居民待遇；另一方面又着力在落户条件、程序、对象及改革成本分担等方面进行积极探索，形成比较成熟的制度体系，发现并解决改革推进中的一系列问题，为进一步深化改革和推进改革有序铺开奠定良好基础。

促进社会公平和谐。进城落户居民和城市居民实现"五个一体化"，在就业、养老、医疗、住房、教育，以及创业资助等方面，同权同体系同待遇。特别是一大批留守儿童和空巢老人随农民工迁入城市共享天伦，彻底解决了城乡分离、两地分居状态，促进了社会和谐稳定。

增强经济发展内生动力。平均来算，重庆市城乡消费差距人均每年约1万元。一方面400多万农业转移人口进城落户，每年直接增加生活消费的同时，拉动公共服务、购房需求等投资，增强经济发展内生动力，促进自主协调发展；另一方面农业转移人口进城落户，稳定劳动力资源，避免沿海某些地区"钟摆式"转移，改善和促进生产力，客观结果也促进招商引资，推动进出口大发展。

促进城乡要素合理流动。改革启动以来，通过"地票"制度，大量闲置废弃宅基地复垦为耕地，实现"地票"交易，"地票"价款净收益全部反哺"三农"，既为城市建设提供大量建设用地，又较好地保护耕地"红线"，增加农民财产性收入，实现城乡互动，城市支持和带动农村发展。进城落户居民还可以通过农村产权抵押融资，流转承包地和林地，获得财产性收益，客观上也促进农村土地适度规模化经营。

三、统筹城乡土地制度改革

按照统筹城乡发展的要求,重庆围绕实现"人、地、财"三大要素的合理流动和优化配置,全面推进农村土地确权发证,夯实农村土地制度改革基础;建立宅基地退出机制,开辟以城带乡新途径;农村产权交易实现城乡要素合理流通,唤醒"农村沉睡资源"新价值;统筹城乡建设用地,探索建立城乡统一建设用地市场;坚持以人民为中心发展理念,完善征地补偿安置制度;助推乡村振兴,创新农业农村发展用地政策。

（一）全面推进农村土地产权制度改革

全面完成集体土地房屋确权发证。依托重庆土地和房屋行政主管部门合并设置这一体制优势,2004年出台《重庆市土地房屋权属登记条例》,率先在全国实行"城乡合一、房地合一"的登记制度,将原发放的集体土地所有证、集体土地使用证、国有土地使用证、土地他项权利证明、房屋所有权证、农村房屋所有权证、房屋他项权证、房屋共有权证等八种证书简化为房地产权证、农村集体土地所有权证两种证书,同时按照数据标准、业务流程、业务规则"三统一"原则,建立地房籍管理信息系统,形成地、楼、房图形数据整合叠加的基础数据库,对于保护不动产权利人合法权益、保障交易安全、更加便民利民发挥重要作用。2010年,出台《关于开展新一轮农村土地房屋登记发证工作的通知》,率先启动新一轮农村土地房屋登记发证工作。为确保任务如期完成,工作中做到五个坚持，即"坚持政府主导、部门协同；坚持调研先行、限期推进；坚持财政出资、免费颁证；坚持创新机制、方便群众；坚持严格程序、依法确权"。历时3年时间，重庆以"二调"成果为基础，以村民小组为主要权利主体，按照"镇、村、社"三级所有的规定，做到应发尽发。确权颁证工作的推进，赋予农民清晰的不动产产权，对推动农村市场化改革、激活农村发展活力起到重要作用，也为重庆开展"地票"改革和农房抵押试点提供关键的基础支撑。

全力推进不动产统一登记。2014年，市国土房管局建立不动产统一登记工作联席会议制度，并在全国率先实行"城乡合一、房地合一"的登记制度的基础上，以土地房屋登记为基点，加快将林权、农村土地承包经营权等纳入统一登记范围，推动不动产的登记机构、登记依据、登记簿册和信息平台早日实现"四统一"。同年8月，市编办印发《关于整合不动产登记职责的通知》，明确将农业、林业等不动产登记职责整合到市国土房管局，并在市国土房管局权籍处加挂重庆市不动产登记局牌子，重庆市为首个完成不动产登记职能整合的直辖市。2015年，重庆市不动产统一登记工作成效近10次在《国土资源报》《部内要情》等重要报刊和内部参阅资料上刊载。一是工作部署及时到位。研究制定《不动产统一登记工作实施方案》等政策文件近10项，召开专题会、全市推进会等大小会议20余次，累计培训人数达1000余人次，制作发放课程光盘800余张。二是职责机构整合完毕。按照先市级、后区县级的不动产登记职责机构整合"两步走"策略，重庆市于8月7日完成各级职责整合，10月23日完成各级登记机构体系建设，提前完成国家考核目标。三是信息平台初步建成。及时编制《重庆市不动产登记信息管理基础平台建设总体方案》，开发建成不动产登记、信息服务、接入、信息协同共享、统计分析五大功能的不动产登记系统并投入运行。四是国家试点稳步推进。长寿作为全国首批颁证地区之一，颁发出重庆市第一本不动产权证书；石柱县完成承包经营权、林权的登记数据整合入库实验；长寿区、石柱县、两江新区、渝中区不动产登记信息接入国家信息平台。2016年，在完成不动产登记职责机构整合、提前实现全部区县"停旧发新"基础上，扎实有效地推进不动产统一登记制度建立和实施。一是城镇区域新系统上线完毕。采取达标上线、排队上线、错峰上线和优化上线四项措施，于7月18日实现全部区县城镇区域顺利切换登记系统。二是全部区县顺利接入国家级信息平台。进一步推动地房籍数据清理完善，数据质量大幅提升，按照"上线一个、汇交一个"的频率，同步接入国家级信息平台实现数据汇交，在全国率先实现"国家、市、县（区）"三级登记信息实时共享。三是农村区域上线发证进入实质阶段。在丰都、长寿等试点基础上，积极协调农业、林业部门，于11月7日与市农委、市林业局联合印发《关于做好不动产统一登记与管理工作衔接的指导意见》，农村区域已具备上线发证基本条件。四是不动产登记地方依据得到进一步完善。形成《重庆市不动产登记条例》专家建议稿，纳入市人大2017年立法计划，不动产权籍调查规范、不动产登记档案移交利用管理等文件顺利出台，有效支撑登记工作开展。五是不动产登记信息平台基本建成。不动产登记系统农村板块得到进一步完善，信息服务、信息协同共享和统计分析系统基本开发完成。2017年，积极构建以地方性法规为核心、相关制度规范标准为配套的完整制度体系，《重庆市不动产登记条例》被确定为2018年立法审议项目。重庆市不动产统一登记工作走在全国前列，职责机构整合、信息平台建设、新证颁发、新系统上线、接入国家级信息平台、统一登记城乡全覆盖等六项工作全国领先。

（二）建立宅基地退出机制

建立"地票"制度。借鉴增减挂钩政策，2008年底，重庆创设农村土地交易所，开展"地票"改革试验。主要思路是：以耕地保护和实现农民土地财产价值为目标，建立市场化复垦激励机制，引导农民和农村集体经济组织自愿将闲置、废弃的农村建设用地复垦为耕地，形成的指标在保障农村自身发展后，节余部分以"地票"方式在市场公开交易，可在全市城乡规划建设范围内使用。累计交易"地票"23.86万亩、469.09亿元。经过9年多的探索，形成以自愿复垦、公开交易、收益归农、价款直拨、依规使用为核心内容的"地票"制度体系。一是自愿复垦。在住有所居前提下，农户或农村集体经济组织自愿申请复垦，不下指标，不搞大拆大建。配套的农民新村建设布局、户型设计充分尊重农民意愿。二是公开交易。按照建立和完善社会主义市场经济体制的总体要求，"地票"交易实行市场化定价，由重庆农村土地交易所根据市场供需情况统一组织，公开、公平、公正交易活动。"地票"成交单价由首场的8万元/亩，逐步提升并稳定在20万元/亩左右。三是收益归农。"地票"价款扣除复垦成本后全部收益归"三农"所有，其中，宅基地收益由农户和集体经济组织按85∶15比例分享；属农村集体经济组织使用的建设用地，复垦交易后的"地票"收益归集体经济组织所有。四是价款直拨。保障农民和集体及时、足额获取"地票"收益，由农村土地交易所委托银行直接将农户和集体应得价款直接拨付到其账户。探索建立"三公示两审核"直拨制度，有效防范"地票"收益被挤占、截留、挪用等风险。五是依规使用。"地票"制度与现行土地管理制度充分衔接，"地票"生产、使用各环节必须符合土地利用、城乡建设规划要求，城市规划区内的农村建设用地不纳入复垦，不在规划建设范围外使用"地票"，"地票"落地后仍按现行土地出让制度供地。实践证明，"地票"改革符合城镇化过程中"地随人走""带地进城"的总体方向，在保护耕地、保障农民权益、统筹城乡土地利用、促进新型城镇化发展等方面的作用日益显现，成为重庆统筹城乡发展的重要制度成果。

2008年12月4日，重庆农村土地交易所成立暨首场"地票"交易会现场

建立户改宅基地处置机制。顺应土地城镇化与人口城镇化步调相匹配的诉求，2010年重庆市启动农民工户籍制度改革农村土地处置工作，建立农村宅基地市场化退出机制，实现转户居民身份权

与用益物权相分离。重庆市明确，转户不与退地挂钩，进城落户居民可继续享受与农村土地相关的待遇，在对进城落户居民一步到位实现城镇医疗、养老、就业、住房、教育等"五件衣服"保障的同时，不将宅基地退出作为换取社会保障的前提条件。转户居民自愿决定保留、流转土地或退出宅基地，其中，自愿退出宅基地及附属设施用地的，可以"地票"方式变现财产。如遇征地情况，也可选择享受征地政策。这种人性化的政策设计，解除进城落户居民的后顾之忧，得到广大进城落户居民的拥护。

（三）农村产权交易实现城乡要素合理流通

2014年，重庆农村土地交易所积极稳妥推进农村产权交易区县机构建设和农村产权流转交易工作；与相关区县围绕共建农村产权流转交易平台进行调研磋商，在推进农村产权交易综合服务体系建设上形成共识，其中，合川等3个区县筹建工作进展较快，现已正式批复成立。拟定农村土地经营权、林权、养殖水面经营权、农业机械交易规则及制式文书，建立健全相关交易制度，促进农村产权流转交易的规范化、制度化，并组织开展首期农村产权交易业务培训。2014年，全市依托重庆农村土地交易所组织开展2.52万亩承包耕地经营权、5460亩林地经营权、1500亩"四荒"地经营权流转交易，惠及6262户农户，交易合同金额1.82亿元，交易后主要用于发展粮油作物、蔬菜、中药材种植等产业，在带动当地农民致富增收、加快农业适度规模经营等方面发挥重要作用。

2015年，经全国人大批准，重庆市永川、梁平、潼南等10个区县，江津、开县（现开州区）、酉阳3个区县分别获得农村承包土地经营权、农民住房财产权抵押贷款试点资格，依托重庆农村土地交易所建立全市农村产权交易平台体系，实现城乡要素合理流通。

2017年，重庆农村土地交易所印发农村产权流转交易、农村产权抵押融资交易鉴证业务指南，制定发布承包地经营权、林权、"四荒地"使用权及农村产权抵押融资交易鉴证等交易规则，形成31类制式文书，为农村产权流转交易标准化、规范化运行提供遵循。一是积极拓展交易品种。累计成交农村产权30.05万亩、17.99亿元。土地流转交易在带动当地农民致富增收、加快农业适度规模经营等方面发挥重要作用。二是加强工作组织领导。设立重庆市农村产权流转交易监督管理委员会，负责统揽全市农村产权流转交易工作。三是拓展流转交易分支机构。全市基本实现涉农区县交易平台全覆盖，部分区县与不动产统一登记机构一并设立。四是建立交易管理长效机制。印发《关于引导农村产权流转交易市场健康发展的实施意见》《重庆市农村产权流转交易管理办法》，提出农村产权流转交易市场建设的总体目标、主要任务及保障措施，为区县发展产权交易市场提供政策依据和指导。修改完善重庆市农村产权流转交易管理办法和农村土地经营权、林权、养殖水面经营权等专项交易规则，明确全市农村产权及专项品种的交易范围、期限、程序、行为规范及监管等事项。

（四）统筹城乡建设用地

继续推进缩小征地范围改革试点。2014年，在永川区青峰镇开展缩小征地范围改革试点的基础上，选定在永川区板桥镇、大足区智凤镇展开二期试点工作，其中，永川区板桥镇试点用地面积约210亩，大足区智凤镇试点用地面积约140亩。通过试点，力争做到试点经验可复制、能推广、利修法，维护好农民的合法利益。

深化宅基地审批制度改革。出台《关于做好乡（镇）村建设用地农用地转用审查报批工作的通知》，进一步简化宅基地审批方式，提高审批效率，下放审批权力。

（五）完善征地补偿安置制度

为与经济社会发展水平相适应，2005年、2008年、2013年重庆先后三次提高征地补偿安置标准，同时完善征地补偿安置费用前置审批等制度，较好地保证征地补偿安置费用及时、足额兑付给被征地农民。特别是2008年在全国率先出台《关于印发重庆市2007年12月31日以前被征地农转非人员基本养老保险试行办法和重庆市2008年1月1日以后新征地农转非人员基本养老保险试行办法的通知》，对补偿安置方式、程序等进行调整，在用地审批环节征收"被征地农转非人员社会保障统筹费"，全面建立被征地农转非人员基本养老保险制度。通过土地收益渠道筹集近100亿元，采取群众自愿、政府补贴、个人缴费的方式，将1982年以来90多万名被征地农转非人员全部纳入城镇企业职工基本养老保险体系，2008年以后做到"应保尽保"和"即征即保"，确保被征地农转非人员的长远生计。同时，按照新型城镇化以人为本的要求，改革土地房屋征收安置方式，加强保障性房源整合，研究出台《关于全面推进征地住房货币化安置有关工作的通知》，原则上停止新建安置房，集体土地征收和国有土地上房屋征收货币化安置率达90%以上。

（六）创新农业农村发展用地政策

2017年，按照中央决策部署和市委、市政府工作要求，综合应用相关政策，强化农业农村发展用地保障，促进农民不断增收。一是加快推进村土地利用规划编制与实施。印发《关于开展村规划编制示范工作的通知》，指导区县选择村规划编制示范点。印发《关于印发重庆市第一批村规划编制示范村名单的通知》，在全市明确50个示范点。出台《关于加快推进村土地利用规划编制工作的通知》，完成村土地利用规划编制的部署安排。截至2017年，已完成村规划审批34个，完成村规划编制1100个。18个深度贫困乡镇的174个村已全部完成规划初稿。二是对符合要求的及时办理用地手续。对乡村旅游、精准扶贫等农业农村发展用地纳入绿色通道优先进行审批，对区县农业农村发展用地审批情况进行专项统计，加强对区县用地审批工作的指导和监管。目前，市政府共审批农业农村发展用地114宗、3861亩。2017年度备案设施农用地项目464个，共使用设施农用地9932亩。

从改革实践来看，重庆在农村土地制度改革的系列探索取得较大进展，基本形成保护资源更加严格有效、保障发展更加持续有力、维护权益更加切实有效的新格局。一是有效保护耕地资源。重庆人均耕地仅有1.12亩，25度以上坡耕地占比达22.6%，后备资源缺乏，耕地保护压力大。为此，始终将坚持最严格的耕地保护制度，严守耕地保护"红线"作为改革工作的基本要求。如在"地票"制度设计中，实行"先补后占"，严格复垦工程实施及验收标准，所造耕地的地势平坦、土层厚度超过40厘米、工程设施配套齐全、与周边耕地集中连片，保障复垦耕地数量真实、质量可靠。二是切实保障区域发展。近些年重庆常住人口城镇化率以年均1.7个百分点的速度增长，用地需求强烈。为此，在改革中始终坚持将稳增长、调结构放在突出位置，充分发挥土地对全市经济发展的资源保障作用。如实行建设用地指标统一管理、分类安排，对全市重大工业项目、基础设施及公益事业用地项目和民生工程建设通过计划指标优先保障，对全市新增经营性用地主要使用"地票"予以保障，对小城镇建设用地则通过增减挂钩指标予以保障，这种差别化的用地政策有力地促进土地资源的科学配置。特别是"地票"制度以市场化方式引导农村建设用地"人走地减"，实现人地联动，促进区域协调发展。目前，已交易"地票"70%以上来源于渝东北、渝东南"两翼"地区；已使用"地票"95%以上落在主城区和渝西片区。三是切实保护农民权益。始终坚持以人为本的改革理念，始终把保护农民权益作为首要目标，着力解决群众最关心、最直接、最现实的利益问题，是重庆统筹城乡土地制度改革得以平稳推进并取得成功的关键。比如户改农村土地处置，坚持农民转户自愿、退地自愿，保留他们对宅基地、承包地、林地等土地相关的收益权、处置权。又如"地票"制度，坚持还权于民、收益归农，设定"地票"交易保护价，更好地维护农民和集体经济组织的土地权益。

四、统筹重庆区域协调发展

重庆直辖以后，市委、市政府根据重庆发展实际，先后提出"三大经济区""三大经济区、四大板块""一圈两翼"等发展战略。

（一）三大经济区战略

直辖后，西部大开发初，是重庆对"单列市的体制、直辖市的牌子、中等省的架构"形势的适应期和过渡期，也是深刻了解市情、发现问题、寻找问题突破口的积蓄期。经过几年的探索，市委、市政府提出"三大经济区"区域发展战略，即按照全市自然及经济地理特征和经济社会发展现状，遵循劳动地域分工和区域经济发展的客观规律，提出划分都市经济圈、渝西经济走廊和三峡库区"三大经济区"。

都市经济圈，范围包括渝中、大渡口、江北、沙坪坝、九龙坡、南岸、北碚、渝北、巴南等9个区。区域面积占全市的6.6%，是重庆主城区所在地，城市经济社会特征显著，人口密度和经济密度非常高，是全市基础较好、经济较发达的区域。通过形成对长江上游地区的基础设施支撑、生产要素配置、科教文化主导、市场流通集散等功能，使长江上游经济中心的主体承载能力强化巩固。通过承接劳动力转移，很大程度上缓解三峡库区的人口、环境、资源承载压力。

渝西经济走廊，范围包括万盛、双桥、綦江、潼南、铜梁、大足、荣昌、璧山、江津、合川、永川、南川等12个区县。区域面积占全市的22.8%，经济社会发展水平与全国的平均发展水平接近。通过大力建设产业密集带和中小城市连绵区，承接主城"退二进三"产业的转移。通过强化其与四川、贵州经济社会联系的纽带作用，促进重庆经济向西、向南、向北辐射，使之成为重庆经济增长的重要支撑。

三峡库区生态经济区，范围包括万州、涪陵、长寿、梁平、城口、丰都、垫江、武隆、忠县、开县、云阳、奉节、巫山、巫溪，以及黔江、石柱、秀山、酉阳、彭水等19个区县。区域面积占全市的70.5%，很多区县是国家扶贫开发工作重点县，任务是实现百万移民大搬迁，库区水环境治理、退耕还林等生态建设。作为重庆与我国东部和中部地区联系的要道，交通设施的逐步完善，对重庆促进东、中、西联合，共谋发展起到独特、重要的作用。

经过"十五"时期的实践，重庆区域经济发展水平和空间布局结构都出现新的变化，针对三峡库区生态经济区内渝东北、渝东南工作重点的差异性，"十一五"规划中提出"按三大经济区构建区域经济体系，按四大工作板块实行分类指导"的区域发展战略，将三峡库区生态经济区划分为渝东北、渝东南，加上渝西经济走廊和都市发达经济圈共"四大板块"。同时，针对重庆市城市经济不强的实际，提出重点推进万州、涪陵、黔江、江津、合川、永川建设成为区域中心城市发展战略。

"十五"以来，"三大经济区"在分类指导的基础上，经济社会发展取得明显的成就。2005年，都市经济圈、渝西经济走廊和三峡库区人均GDP总量比2002年分别增长45%、70%、80%，GDP年均增长分别达到11.8%、11.5%、11%，城市居民人均工资收入比2002年分别增长56%、43%、45%，农村居民人均收入比2002年分别增长34%、36%、39%。

(二)"一圈两翼"区域发展战略

"一圈"即"1小时经济圈"，是指以主城区为核心，1小时通勤距离为半径的范围，包括渝中、大渡口、江北、沙坪坝、九龙坡、南岸、北碚、渝北、巴南等23个区县，面积接近2.87万平方公里，约占全市总面积的35%，是重庆的经济主体和产业聚集区。按照区域经济学观点，"一圈"是"龙头"，在区域经济发展中能够起到"领头"作用或发挥"引擎"作用。

"两翼"即渝东北翼和渝东南翼。渝东北翼是指万州、梁平、城口、丰都、垫江、忠县、开县、云阳、奉节、巫山、巫溪；渝东南翼是指黔江、武隆、石柱、秀山、酉阳、彭水。渝东北地区是长江上游重要的生态屏障，环境承载力较弱；渝东南地区是重庆市绝对贫困人口高度集中、贫困发生率和返贫率最高的区域。"两翼"发挥自然资源、劳动力等独特优势，通过促进"一圈"产业升级，加快人口转移并疏解环境压力，提升可持续发展能力。

"一圈"加速领跑。一是总体经济发展水平极大提升。2009年实现地区生产总值5078.35亿元，比2000年翻了两番，占全市比重由2006年的77.6%提高到77.8%。二是产业体系日益完善，产业集群加快形成。"1小时经济圈"作为重庆市产业发展的主要载体，集聚全市80%以上的非农产业，2009年规模以上工业企业实现增加值2370.61亿元，占全市的81.3%。拥有齐全的工业门类，汽车摩托车、装备制造、仪器仪表、天然气化工等传统产业体系比较完善，芯片、软件、信息家电等新兴产业集群异军突起，形成长安集团、西南铝、重庆烟草等销售收入过100亿元的一批重点企业集团。三是城镇群雏形具备。"1小时经济圈"是西部地区重要的人口和城镇密集区，已基本形成1个特大城市、4个中等城市、10个小城市、200多个小城镇的城镇群框架，城镇密度约110座/万千米^2。2009年城镇人口1104.2万人，城镇化率达到64.3%，高于全市平均水平近13个百分点，处于城镇化加速阶段。四是基本形成西部地区综合交通枢纽框架。基础设施建设取得重大突破，形成"二环八射"高速公路网和"一枢纽五干线"铁路交通网，拥有主城、涪陵两个枢纽港和合川、永川、江津三个重大港，江北机场成功定位为国际大型门户枢纽机场。能源保障体系日趋完善，形成火电为主、水电为辅的电源结构，建成500千伏"日"字形环网，基本实现城乡居民用电同网同价。轨道交通二号线实现通车18千米。五是内陆开放高地雏形初现。形成一批重大开放平台，两江新区成为国家级开发新区，将建成内陆开放的示范窗口；"空港+水港"两路寸滩保税港区，西永综合保税区强力助推内陆开放；4个国家级开发区有力支撑内陆开放。形成对外开放集聚区，解放碑中央商务区汇集90%的驻渝外资银行、国内商业银行重庆分行及保险、证券公司等，50%以上的入渝世界500强的投资企业和分支机构。六是形成较完善的社会公共服务体系。基础教育、高等教育、职业教育保持协调发展的良好态势；县县有图书馆、文化馆，每个区县至少有一个青少年校外活动场所；医疗卫生总体实力稳步提高，形成由医疗、疾控、卫生监督、妇幼保健、医疗急救、传染病救治、职业病防治和精神卫生机构等构成的医疗卫生服务体系；形成以市、区县、街道（乡镇）、社区四级社会保障服务大厅为基础的社会保障服务体系和市、区县两级劳动力市场服务体系。七是社会主义新农村建设态势良好。产业发展特色鲜明，形成优质粮油、生猪、榨菜等特色优势产业，产值比重占全市的58%，形成涪陵榨菜、荣昌生猪等产业为代表的优势主导产业带和产业区。观光农业、旅游农业、休闲农业发展较快。2009年实现农业增加值357.63亿元，占全市农业增加值的59%。农民生产生活条件改善，水、路、机、电、气等为重点的农业农村基础设施建设加速，农村面貌和环境条件大为改观，农民人均住房面积超过33平方米。

"两翼"奋力追赶。一是综合经济实力极大提升。2009年，渝东北、渝东南地区分别完成地区生产总值1095.5亿元、354.8亿元，2000年至2009年，分别年均增长12.2%、11%，均翻了两番。二是特色产业体系初步构建。渝东北地区以柑橘、榨菜、中草药等产品开发为重点，初步形成一批特色农产品基地和农产品加工企业；巫山、奉节、巫溪"金三角"，云阳张飞庙，丰都鬼城等长江三峡国际黄金带旅游开发项目，带动整个区域第三产业的加快发展。渝东南地区大力发展山地绿色食品、林业经济、民俗生态旅游等，优先开发优势矿产资源，发展清洁能源，初步形成以烟草、绿色蔬菜、中药材为主的特色山地农业，以优势矿产为主的资源加工业和以民俗风情、生态体验为主的特色旅游业，非农产业比重较大幅度提高，工业化进程进一步加快，加快建成武陵山少数民族地区经济高地。三是基础设施建设极大改善。垫忠高速、渝宜高速（部分）、渝怀高速、渝怀铁路、渝利铁路、达万铁路、万州机场、黔江机场等一批重大基础设施项目相继开工建设或建成，交通建设取得较大突破，水利、能源和市政设施不断完善，"瓶颈"制约有所缓解，加快产业发展的支持条件进一步改善。四是劳务经济发展力度加大。打造劳务"第一"经济，加强转移就业培训，完善转移就业服务体系，农村富余劳动力转移加快，促进城乡居民收入提高。五是社会民生得到较大改善。农村贫困人口率由39.8%下降至11.9%；"普九""两基"任务基本完成，农村卫生三级服务网络初步建立，农村新型合作医疗参合率超过80%，公共文化服务体系有所完善，社会事业严重"短腿"的矛盾得到有效缓解。六是生态环境得到极大改善。开展巩固退耕还林成果和石漠化综合治理项目建设，以三峡库区消落区综合治理、支流综合整治、生态屏障建设、农村截污、城镇截污、生物多样性保护、泥沙冲淤治理和生态环境监测系统效能评估为主要内容的生态环保试点示范项目顺利启动，夯实生态建设成果，三峡库区水质总体稳定保持在Ⅱ类至Ⅲ类。

2009年4月,三峡库区首个花果同树柑橘林在
重庆市忠县涂井乡友谊村"忠县友谊柑橘专业合作社"正式引种成功

"圈翼"协调发展。2007年,重庆市政府印发实施《关于建立健全"一圈""两翼"对口帮扶机制的意见》,确定"一圈"20个区县对"两翼"17个区县实施"一对一"(或者"三对一")对口帮扶。2009年,市委、市政府要求"一圈"进一步加大帮扶区县的力度,每年按其本级财政一般预算收入1%的实物量支援受助区县,并建立对口帮扶绩效捆绑考核机制,形成"圈翼"帮扶、互动发展的良好氛围。通过对口支援异地办园、帮助引进产业项目等进行资金帮扶和项目帮扶,帮助培训和吸纳"两翼"地区结对区县人口就业。"1小时经济圈"和"两翼"地区人均GDP差距缩小到2.31∶1。

五、加大农村扶贫开发力度

改革开放以后,市委、市政府坚定不移地贯彻执行党中央、国务院关于扶贫开发的方针政策,并结合重庆实际,以基础设施建设为突破口,以科技扶贫、强化基层组织建设为保障,努力增加贫困户收入,着力改善贫困群众的生产生活条件,推动贫困地区经济和社会事业全面进步,扶贫开发工作取得卓有成效的成绩。

(一)农村扶贫工作的起步

党的十一届三中全会后,面对农村普遍没有解决基本温饱问题的状况,全市各地按照中央的要求,本着"效率优先""允许一部分人先富起来"与"先富帮后富"的原则,从解决平均主义、"大锅饭"入手,充分尊重农民的创造性和自主权,在试验示范的基础上,普遍地推行农民家庭联产承包制,较快地解决农村中大多数人的温饱问题。为扶持贫困地区发展生产,全市各地还按照国家规定,先后两次实行农业税起征点免征、减征与对连片贫困乡村几年不变的免税政策;在对农副产品的收购上,提高收购价格,减少不合理摊派,放活农副产品经营,增加农民收入;对贫困山区,通过减少农副产品收购量、扶持农村基础设施建设、增加平价农业生产资料供应等特殊政策,给予积极扶持;对仍十分贫困的农民,还通过发放救济金、救灾结余款、"两棉"赊销、减免农业税、建立扶贫周转金和集体自筹等方式,给予大力扶助;由民政部门牵头,对贫困农民给予经济上的救助,仅在1977年至1985年间,就筹措各类扶持资金2473万元，在各乡镇建立扶贫周转金612万元，累计对28.2万户、128.6万人进行扶持。通过多方面的努力，促进农村贫困面貌的改变。1985年与1978年比，全市农林牧渔业产值由89.8亿元，增至149.18亿元，增加59.38亿元，增长66.12%；粮食总产量814.71万吨，增至954.02万吨，增加139.31万吨，增长17.1%；农民人均纯收入由126.01元，增至352.24元，增加226.23元。在总结这一时期帮扶贫困人口与贫困山区发展经验的基础上，于1984年7月，在秀山县召开"秀山会议"，出台10条扶持贫困地区进行经济开发的措施，从而初步拉开重庆地区开发式扶贫的序幕。

（二）开发式扶贫

重庆各地从1986年起，按照开发式扶贫方针，继续沿着"秀山会议"的路子，切实把扶贫开发工作纳入国民经济和社会发展"七五"规划，以国定贫困县、省定贫困县和市定贫困乡镇为重点，展开有组织、有计划、大规模的区域性开发扶贫工作。在实施开发式扶贫工作中，各地以贫困乡村为落脚点，面向贫困户，围绕增强贫困地区的"造血"机能，依靠科技进步，坚持以市场需求为导向，以农业为基础，以养殖业和种植业为重点，加强水、电、路等基础设施建设，开发优势资源，大力发展区域性优秀产业、林果业和乡镇企业，以区域开发带动贫困户致富。为推进开发扶贫，全市各级多渠道增加扶贫开发投入，大力发动和组织党政机关、企事业单位和社会各界参与扶贫。经过扶持，全市范围内的国定贫困县、省定贫困县和市定贫困乡镇，都先后在1993年底前从整体上越过温饱线，有340万贫困人口基本解决温饱问题。

(三) 直辖后的扶贫攻坚

重庆直辖后，中央把扶贫开发作为"四件大事"之一交待给重庆，市委、市政府根据行政体制的变化和扶贫开发面临的形势任务，适时作出新的部署，采取新的举措。市委、市政府根据《国家八七扶贫攻坚计划》确定的目标任务，决定从1996年算起，用5年时间基本解决366万建档立卡绝对贫困人口的温饱问题。市政府制定《重庆市"五三六"扶贫攻坚计划（1996—2000）》。一是狠抓贫困地区乡村公路、基本农田、人畜饮水、小微型水利、贫困户住房改造为重点的基础设施建设，着力改善贫困户基本生产生活条件；二是大力帮助贫困户发展养殖业和种植业，着力帮助贫困人口增加收入；三是主要通过广泛动员和组织社会各界参与扶贫开发，以在贫困地区修建希望小学、乡村卫生院和实施广播电视村村通等项目，着力改善贫困地区基础教育、基本医疗、文化生活等社会事业条件。到2000年底，全市如期实现了经过撤并后的18个贫困区县按照当时的标准整体越温达标的目标，建档立卡贫困人口减少到82万人，18个贫困区县农民人均纯收入增加到1480元。帮助贫困地区修建乡村公路近1.3万公里，新增68个乡、2745个村通公路，解决360万人的饮水困难，使4.8万无房户和危房户的居住条件得到改善，完成高山移民1700户、6000人，贫困地区基础设施条件得到较大改善，经济发展明显加快，社会事业全面发展。

经过扶贫攻坚，截至2000年，全市还剩下原建档立卡贫困人口82万人，加上返贫人口和各种因素致贫的人口，共有绝对贫困人口140.11万人，另有相对贫困人口272万人。为尽快解决这些贫困人口的贫困问题，全市进一步围绕加强贫困地区基础设施建设，不断改善贫困地区生产生活条件和生态环境，提高贫困人口生活质量和综合素质，巩固温饱问题，逐步改变贫困地区社会、经济、文化的落后状态，为达到小康创造条件。

2001年9月，根据《中国农村扶贫开发纲要（2001—2010年）》确定的目标任务，市政府制定《重庆市农村扶贫开发实施纲要（2001—2010）》。一是大力实施产业扶贫，着力帮助贫困地区发展支柱产业；二是有计划地实施扶贫移民搬迁，着力帮助居住在生存条件恶劣地区的贫困人口改善居住条件和生产生活条件；三是加强乡村道路、自来水工程、农村电网改造、中小学危房改造、乡镇卫生院和村卫生室等基础设施建设，着力帮助贫困地区进一步改善基础设施条件；四是大力加强扶贫培训工作，着力帮助贫困地区干部群众提高素质和脱贫致富能力，以及新生劳动力的转移就业和有一定条件的劳动力的就地创业。到2005年，全市18个重点贫困区县的农民人均纯收入达到2160元，年递增9.1%。绝对贫困人口减少到55万人，相对贫困人口减少到151万人，绝对贫困和相对贫困的发生率，分别降到2.34%和6.42%。另外，还有841个行政村不通公路，550万人饮水不安全，452个行政村不通电话，32个村1880个社不通电，69%的行政村没有文化室。到2009年底，按照当时国家年人均纯收入1196元的贫困线标准统计，全市农村贫困人口减少到45万人。到2010年底，全市全面和超计划实现十年扶贫开发《纲要》确定的目标任务，18个扶贫开发工作重点区县农民人均纯收入增加到4235元，新修和改造公路7万多公里，解决400万人饮水安全问题，建成"农民新村"1728个、"巴渝新居"17.8万户，改造农村危旧房16万户，完成扶贫移民搬迁27.16万人，贫困地区社会事业又有新的较大发展。

2012年,根据《中国农村扶贫开发纲要(2011—2020年)》提出的新的政策措施和目标任务,市政府制定《重庆市(武陵山片区、秦巴山片区)农村扶贫开发规划(2011—2020年)》。按照国家制定的人均纯收入2300元的新的贫困线标准,全市2010年底有贫困人口145.3万人。一是大力发展贫困地区特色效益农业、特色旅游产业等支柱产业,着力促进贫困农户稳定增收;二是大力实施贫困地区教育资助、职业教育培训、乡村教师队伍建设等教育扶贫工程,着力开发贫困地区人力资源;三是大力加强贫困地区交通建设、水利建设、农村电网升级改造、乡村环境整治等基础设施建设,着力突破贫困区县发展"瓶颈";四是推进贫困地区高山生态扶贫搬迁、医疗卫生条件改善、农村文化建设、社会保障体系完善等基本公共服务项目,着力解决贫困群众民生问题;五是大力加大扶贫开发资金投入力度、完善扶贫资金管理制度、强化金融扶贫和金融机构服务,着力激发贫困区县发展活力。

(四)十八大后的精准扶贫

党的十八大之后,2013年按照"区域发展带动扶贫开发,扶贫开发促进区域发展"的基本思路,着力制定和着手组织实施重庆武陵山区和秦巴山区区域发展与扶贫攻坚规划。从2014年起进入全面实施精准扶贫方略的阶段,制定了一系列推进精准扶贫的政策措施。

2015年8月18日,市委、市政府制定出台《中共重庆市委、重庆市人民政府关于精准扶贫精准脱贫的实施意见》,正式提出限时打赢脱贫攻坚战的总体目标。围绕文件提出的政策措施,市委组织部、市财政局、市教委、市农委、市民政局、市人力社保局、市卫计委、市国资委、市扶贫办等9个部门，制定出台13个具体操作实施的配套文件，内容包括脱贫攻坚考核、发挥政府投入主导作用、动员社会力量参与脱贫攻坚、产业扶贫、教育扶贫、医疗救助扶贫、就业扶贫、低保兜底扶贫、建立贫困对象退出机制等方面，形成"1+1+13"的脱贫攻坚政策体系，为限时打赢脱贫攻坚战提供强有力的政策措施支撑。

除9个部门出台的13个文件之外，市级许多部门都结合部门工作职责和工作实际制定出台贯彻落实市委、市政府脱贫攻坚决策部署的文件，提出具体的措施。在全市脱贫攻坚强力推动、快速推进的过程中，市里仍然不断出台新的举措，市委、市政府通过各种会议强调脱贫攻坚工作，通过市委办公厅、市政府办公厅着重对脱贫攻坚工作中的关键问题、薄弱环节和保障机制不断出台新的措施。2016年4月和9月，市委办公厅、市政府办公厅先后联合印发《区县党委和政府扶贫开发工作绩效考核办法》和《重庆市脱贫攻坚督查巡查工作办法》；2016年6月、11月和2017年3月，市政府办公厅先后出台《关于支持贫困区县统筹整合使用财政涉农资金的实施意见》《关于健康扶贫工程的实施意见》《关于进一步加强农村最低生活保障制度与扶贫开发政策有效衔接的实施意见》。

2016年1月，习近平总书记视察重庆时讲到，"最担心、最揪心、最不托底的事情就是扶贫"，强调重庆脱贫攻坚"这个任务不轻"。市委、市政府为深入贯彻党中央、国务院关于脱贫攻坚决策部署和习近平总书记在2016年1月视察重庆时强调"脱贫摘帽要坚持成熟一个摘一个，既防止不思进取、等靠要，又防止揠苗助长、图虚名"的重要指示精神，全面深化和提升脱贫攻坚工作，确保到2020年实现高质量稳定脱贫，并根据国务院扶贫开发领导小组督查组在重庆开展脱贫攻坚督查时指出的"脱贫摘帽存在赶进度、短期突击脱贫色彩较浓"等问题,结合当时各有关区县脱贫攻坚实际,对全市脱贫攻坚工作作了新的部署。

2017年8月,市委、市政府结合全市脱贫攻坚实际,及时召开全市深化脱贫攻坚电视电话会,对全市脱贫攻坚工作进行再深化再动员再部署。出台《关于深化脱贫攻坚的意见》和调整贫困区县脱贫摘帽计划、深度贫困乡镇定点包干、脱贫攻坚问题整改等3个方案,以及领导小组成员调整通知与教育扶贫、健康扶贫、生态扶贫、易地扶贫搬迁等政策文件,初步形成"1+3+1+N"的深化脱贫攻坚政策体系,全市脱贫攻坚工作由整体全面向纵深推进,向深度贫困聚焦聚力,向最难啃的"硬骨头"精准发力。全市各级各部门严格对标对表中央决策部署,按照"到2020年,确保现行标准下,农村贫困人口、贫困村全部脱贫,贫困区县全部摘帽,解决区域性整体贫困"目标,以更加扎实有效的工作纵深推进脱贫攻坚。

在市委、市政府《关于深化脱贫攻坚的意见》出台的同时,市委办公厅、市政府办公厅联合印发《调整我市国家扶贫开发工作重点区县脱贫摘帽计划的方案》《深度贫困乡(镇)定点包干脱贫攻坚行动方案》《全市脱贫攻坚问题整改工作方案》。《调整我市国家扶贫开发工作重点区县脱贫摘帽计划的方案》,对原定"2017年基本完成,2018年全面扫尾"的脱贫摘帽目标进行调整,对14个国家扶贫开发工作重点区县脱贫摘帽目标的调整是:除万州区、黔江区、武隆区、丰都县、秀山县等5个区县作为2016年整体脱贫摘帽区县已接受国家评估检查外,到2017年底,开州区、云阳县、巫山县等3个区县整体脱贫摘帽;到2018年底,石柱县、奉节县等2个县整体脱贫摘帽;到2019年底,城口县、彭水县、酉阳县、巫溪县等4个县整体脱贫摘帽。《深度贫困乡（镇）定点包干脱贫攻坚行动方案》，决定在14个国家扶贫开发工作重点区县中确定18个综合排序最后的深度贫困乡（镇），作为脱贫攻坚"重中之重、坚中之坚"，采取市领导定点包干的方式，有针对性地实施脱贫攻坚行动。《行动方案》提出实施稳定脱贫提升行动、基础设施提升行动、产业扶贫提升行动、生态保护提升行动、人口素质提升行动、公共服务提升行动、村"两委"提升行动等七大攻坚行动；提出加强组织领导、强化规划引领、加大倾斜支持、加强监督管理、加强督查考核等五项保障措施。文件附件列出了市领导联系深度贫困乡（镇）脱贫攻坚名单。《全市脱贫攻坚问题整改工作方案》，主要是根据中央巡视组"回头看"、国务院扶贫开发领导小组督查组、贫困县退出国家第三方评估检查组反馈意见，提出整改落实方案。自此，全市脱贫攻坚工作进入更加切合实际、更加扎实、更加注重脱贫质量、更加重视深度贫困乡（镇）脱贫攻坚的最后冲刺期。

开州区长沙镇齐圣村贫困户领到分红现金

脱贫攻坚战打响以来，重庆市按照中央统一部署，扎实推进精准扶贫、精准脱贫，取得明显成效。根据国家确定的贫困退出标准，严格按照市里制定的扶贫开发工作对象退出机制的实施方案，严格遵照确定扶贫开发工作对象退出的程序，经过严格的验收，到2017年底，全市贫困人口已减少到22.47万人，贫困村减少到97个，扶贫开发工作重点县已减少到9个。5年中，全市农村贫困发生率已从2014年底的7.1%降到2017年的1.1%，主要按照"不愁吃、不愁穿，义务教育、基本医疗和住房有保障，家庭年人均纯收入稳定越过国家扶贫线"的标准，并结合贫困家庭脱贫前后的状况、收入来源、持续脱贫增收、住房医保教育等精准扶贫政策措施落实等情况验收确定，全市有194万农村贫困人口实现稳定脱贫；主要按照"每个贫困村贫困发生率降低到3%以下"的标准，并结合贫困村基础设施、产业发展、公共服务、社会保障等方面的变化情况验收确定，全市有1823个贫困村实现整村脱贫，14个国家扶贫开发工作重点区县中有万州、黔江、武隆、丰都、秀山等5个区县分批实现整体脱贫摘帽，涪陵、潼南、忠县、南川等4个市级扶贫开发工作重点区县全部实现整体脱贫摘帽。

第四章
建设内陆开放高地

重庆是西部大开发的重要战略支点，处在"一带一路"和长江经济带的联结点上，在国家区域发展和对外开放格局中具有独特而重要的作用。改革开放以来，重庆市把对外开放摆在发展经济的重要位置，坚持出口与进口、"引进来"与"走出去"并举，不断提升对外开放水平，建立完善内陆开放型经济体系，加快建设内陆开放高地。

一、对外开放不断深入

从党的十一届三中全会以后到1983年计划单列以前，重庆开始一般性地恢复对外经贸工作。1979年，重庆宣布实行对外开放。1980年8月重庆海关成立，开始对外开港，外贸收购规模逐步扩大。这一时期主要是为沿海口岸收购、调拨、转运出口货物。1982年开始有一些进口贸易。这一时期重庆市只有3项纺织业方面的直接利用外资项目，利用外资仅155万美元。重庆的对外开放可以说还没有真正起步。

（一）重庆对外开放的起步

1983年2月，中央决定在重庆进行经济体制综合改革试点，对重庆经济计划实行全面单列，重庆享受省一级对外经济贸易权限。在1980年恢复设立海关的基础上，相继设立商检、动植物检疫、外运、外轮代理、外汇管理等涉外机构，为发展对外经济贸易创造基础条件。特别是获得自营进出口权后，重庆对外贸易发生巨大变化，极大地调动外贸积极性，对外经济贸易以较大幅度增长，当年外贸收购额比上年增长18.4%。同时，利用外资、开展对外经济技术合作工作也开始起步。1983年，重庆在获得外贸自营进出口权的同时，也取得利用外资审批权，古老渝州大地迎来新的开放机遇。同年，重庆首家外商投资企业在万县注册。但此阶段，引进外资步伐相对缓慢，规模也比较小，外资企业主要为中小型企业。

1983年，经中央批准，重庆市成为独立对外的内河通商口岸，直接对外贸易

1988年实行外贸体制改革后，转换外贸企业经营机制，有力促进了对外经济贸易发展，进出口总额从1980年约0.7亿美元增加到1991年6.2亿美元。但受旧体制约束及经济发展水平的局限，到1992年前重庆对外贸易总量仍较小，发展步伐相对缓慢。1991年重庆进出口总额仅相当于上海1963年水平，差不多晚了30年。

1991年，全年新签利用外资项目105个，协议外资7937万美元，实际利用外资1609万美元；新办外商投资企业80家，协议外资4252万美元，实际利用外资921万美元。1983年重庆才开始引进外资，就比沿海地区晚了五六年；1991年重庆实际利用外商直接投资仅相当于上海1983年水平，晚了8年。

1991年，新签对外承包工程、劳务合作、海外合营项目22项，合同金额4679万美元；实施项目46个，完成营业额5931万美元；新增派往国外技术、劳务人员862人次，年底在国外人员901人。

（二）快速发展

1992年5月，重庆被列为沿江开放城市，获得在1995年底以前技术改造项目中引进技术、进口设备全免关税（增值税）等优惠政策，加之邓小平"南方谈话"发表后全国掀起的对外开放高潮的推动，有效刺激了重庆对外开放的发展。1995年，万县和涪陵也成为沿江开放城市。重庆对外贸易加快发展，进出口总额逐年递增，1992年至1996年短短5年实现翻番。进出口总额从1992年7.42亿美元稳步上升到1996年15.85亿美元；出口则从1992年4.09亿美元稳步上升到1995年8.47亿美元。

从1992年起，重庆利用外资迅速增长，实际利用外资从1992

年2.97亿美元增加到1996年4.42亿美元,并在1994年创下最高水平。1994年实际利用外资创造新纪录,为6.56亿美元,其中,外商直接投资4.5亿美元。同时,外商投资规模逐步扩大,进驻速度明显加快。5年间,国际上知名的跨国企业,如本田、五十铃、百事可乐、拉法基等12家世界500强企业先后在渝设立21家子公司。

经过几年的发展,到直辖前,重庆对外开放已经达到较高的水平。原重庆市和万县市、涪陵市、黔江地区,不论是进出口贸易,还是引进和利用外资及对外经济技术合作,都取得可喜成就。特别是各地的招商引资工作,更是成就辉煌,对外开放水平在西部领先。

(三) 加快发展

1997年重庆直辖后,重庆市委、市政府站在历史高度,充分认识中国加入世贸组织和实施西部大开发战略对于重庆发展的特殊意义,制定一系列指导开放型经济发展的纲领性文件,明确"大开放促大发展"的发展思路,开展"1+6""十个一批"等发展环境综合整治活动,调动各种积极因素扩大对外开放,确立开放型经济发展重要的战略地位。重庆把开放型经济发展的基点放在产业结构调整上,放在区县开放型经济建设上,充分调动全社会力量开展对外贸易、招商引资和对外经济技术合作,促进全市开放型经济持续健康发展,推动全市逐步形成全方位、多层次、宽领域的对外开放新格局。重庆对外贸易整体实力大大增强,进出口总额稳定快速增长,不断刷新历史纪录。进出口总值由1997年的16.78亿美元上升到2008年的95.21亿美元,其中,出口由1997年的7.8亿美元上升到2008年的57.22亿美元。

在此发展阶段，重庆对外贸易还出现两个重要变化。2000年，重庆对外贸易由长期逆差转为实现顺差2亿美元，到2008年实现顺差19.22亿美元。2003年起，重庆对外贸易驰入快车道，以一年上一个台阶的步伐快速发展。2003年到2006年重庆市进出口总额连续4年上了4个10亿美元台阶，2007年连上两个台阶，2008年再次连跨两个台阶。2003年到2008年6年累计实现进出口总值331.82亿美元，年均增长29.7%，占直辖12年累计进出口总值的78%。

1997年重庆直辖后，加大招商引资力度，利用外资进入良性循环，外商在渝投资规模稳步提高。实际利用外资由1997年9.82亿美元上升到2008年28.57亿美元，其中，外商直接投资由1997年3.85亿美元上升到2008年27.29亿美元。

2003年后重庆对外开放驰入快车道，实际利用外商直接投资以两位数增幅高速增长，逐年刷新历史最高水平，到2007年突破10亿美元大关，2008年更是飞跃发展，接近30亿美元的大关。2003年至2008年累计吸引外商直接投资57.42亿美元，占直辖12年累计总额的75.8%。

外商在渝投资质量和水平进一步提高。截至2008年底，世界500强企业累计有102家入驻重庆，其中，51家在重庆投资开办86家子公司，其余51家在重庆设立分公司、办事处或代表处。

随着重庆对外开放的逐渐深入，重庆与海外的经济技术和文化交流越来越频繁。重庆对外经济技术合作发展良好。对外经济技术合作签订合同金额从1985年2109万美元增加到2008年8.64亿美元；实际完成营业额从1985年572万美元增加到2008年3.07亿美元。直辖以后，重庆与海外的经济技术合作更加紧密。12年来累计签订合同金额22.75亿美元，是1985年至2008年累计合同额的83.2%；累计完成营业额12.86亿美元，是1985年至2008年累计营业额的82.1%；累计派出各类劳务人员3.58万人次。旅游业兴旺发达，逐渐成为新的经济增长点。国际旅游接待人次从1983年2.3万人次增加到2008年87.19万人次；旅游外汇收入从1983年26万美元增加到2008年4.5亿美元。直辖以后，重庆旅游业跃上新台阶。12年间累计接待海外游客507.85万人次，是1983年至2008年累计接待人次的81%；累计实现旅游外汇收入25.32亿美元，是1983年至2008年累计旅游外汇收入的87.3%；累计接待国内游客58407.45万人次，累计实现国内旅游收入2732.28亿元。截至2008年底，重庆已与21个国际城市建立友好合作关系，2008年出访交流考察6批共63人次，接待来访团组17批共163人次。

（四）建设内陆开放高地阶段

2008年2月，重庆市提出必须发展内陆开放型经济，提高对外开放水平，统筹对外开放与对内开放，统筹出口与进口，统筹出口与内销，分享全球、全国市场，使重庆成为全国开放程度较高、发展活力较强、富有竞争力的地区之一。

2016年年初，习近平总书记视察重庆，要求重庆发挥西部大开发的重要战略支点、"一带一路"和长江经济带的联结点的作用，建设成为内陆国际物流枢纽和口岸高地，建设内陆的开放高地。这既是对重庆的定位和要求，也是重庆自由贸易试验区建设的基本遵循。根据这一基本遵循，在加大西部地区门户城市开放力度方面，重庆市通过平台建设和通道建设，来强化"一带一路"和长江经济带联结点的区位优势，全面融入国家"一带一路"和长江经济带的建设。一是进一步完善航空、铁路、内河港三个集枢纽功能、保税功能和口岸功能于一体的开放平台，提升重庆的承载能力。二是充分发挥开放通道的作用。通道有三条：依托中欧班列（重庆），向西"一带一路"沿线国家和地区开展广泛而深入的经贸合作；依托长江黄金水道，向东促进长江经济带的协同发展；依托渝昆泛亚铁路大通道和南向公路物流通道，向南加强与东盟以及东南亚的经贸合作。依托这三大功能平台和三大开放的通道，探索多式联运的物流体系。

2017年，全年实现货物进出口总额4508.25亿元，其中，出口2883.71亿元，进口1624.54亿元。按美元计价，实现货物进出口总额666.04亿美元，其中，出口425.99亿美元，进口240.05亿美元。全市货物出口前三位国家是美国、德国和韩国，分别为781.72亿元、363.96亿元和137.37亿元。货物进口前三位国家和地区是韩国、中国台湾和马来西亚，分别为226.92亿元、166.91亿元和159.57亿元。全年服务外包离岸执行额21.3亿美元，其中，知识流程外包13.42亿美元。全年全市16个国际服务外包示范区累计执行额18.6亿美元。全市新签订外资项目238个，合同外资额38.32亿美元。全年实际利用外资金额101.83亿美元，其中，外商直接投资22.20亿美元。全年实际利用内资项目34644个，实际利用内资金额9682.36亿元。截至2017年底，累计有279家世界500强企业落户重庆。全年对外承包工程签订合同额21.12亿美元，完成工程营业额17.01亿美元。重庆与全球224个国家和地区开展经贸往来，在渝外国领事机构总数达10家，领馆数量居全国第四，与全球42个国际城市缔结友好关系，在经贸、文化、科技、教育等领域开展丰富多彩、富有成效的交流合作。支持重庆企业"走出去"开展海外并购和反向投资，长安、力帆等本土企业在欧洲、美洲、非洲、东南亚等地区投资建厂。

2017年，围绕融入"一带一路"建设，重庆推动匈牙利外交和对外经济部部长来渝考察，双方达成合作意向300余项；围绕21世纪海上丝绸之路建设，举办第四届中国（重庆）—东盟家具博览会，签订多个产品设计加工、进出口贸易代理等项目；围绕中美"百日"计划，举办中美投资论坛暨项目对接会，达成意向合作20余项；围绕国际物流产业，举办渝港物流业对接研讨和中国冷链物流万里行走进重庆暨2017泛国际冷链峰会，推动重庆物流产业中外合作；围绕重庆自贸试验区建设，举办第十二届市长国际经济顾问团年会，汇聚31位世界500强企业高管智慧，促成福特、ABB、ENGIE、巴斯夫与重庆签订战略合作协议及多个公司扩资意向等。

重庆作为内陆国际物流枢纽开始崛起。重庆向东，长江黄金水道的内河航运要素聚集能力正在提升，沪渝外贸集装箱已建立"五定"快班轮三峡船闸便利化通行机制。2017年，重庆港集装箱吞吐量突破100万集装箱。重庆向西，一马当先的中欧班列（重庆）2017年在全国率先运行国际行邮班列，积极拓展国外分拨点，实现班列常态化运行，累计开行超过1500列，约占中欧班列累计开行总量6000余列的1/4。重庆向南，"渝黔桂新"南向通道成为西南内陆地区最近的出海通道，开启国际陆海贸易新通道。"渝黔桂新"铁海联运、重庆—东盟公路班车常态化开行和兰渝铁路的开通，改变重庆乃至西部地区东西双向开放的历史，构筑南北纵向开放的新格局。重庆面向全球，随着T3航站楼的启用，江北国际机场成为西部地区第一个拥有3座航站楼、3条跑道同时运行的机场，开通国际航线68条。

大通道为重庆带来独特的铁、空、水、公"四位一体"国际物流通道网络，为重庆建设国际多式联运体系奠定坚实的基础。目前，重庆已建成18个口岸和具有口岸功能的场所，建成16项指定口岸或口岸拓展功能，包括汽车整车、冰鲜水产品、水果、肉类、毛坯钻石、食用水生动物、木材、粮食等8类特殊商品进口指定口岸。2017年10月，已经上线的重庆国际贸易"单一窗口"，获得国家口岸办"理念先进、思路超前、国内先进水平"的好评。

二、推进基础设施建设

改革开放以来特别是直辖以来，重庆紧紧抓住三峡工程建设和西部大开发等历史机遇，有力推动基础设施建设，加快建构便捷完善的立体综合交通运输网络，奠定长江上游交通枢纽中心的基本架构；交通建设、电力建设、信息建设、城镇建设取得重大进展，重庆旧貌换新颜。

（一）交通建设

直辖前，重庆交通发展非常滞后，地区发展极不均衡，出口通道不畅，严重制约着地方经济的发展。直辖以后，市委、市政府明确提出基础设施建设以交通为重点，交通建设以公路为重点，公路建设以高速公路为重点的发展思路，使全市交通建设以前所未有的规模和发展速度迅猛推进。重庆的交通面貌发生翻天覆地的变化。"半小时主城""8小时重庆"竣工投运，"二环八射"高速公路全面实施。高速路联动四方，立交桥纵横交错，跨江大桥横空飞越，

闹市区里的重庆轻轨

轻轨穿越城市，机场新航站楼投运，黄金水道畅通无阻。规模宏伟的立体交通，疏畅城市动脉，打造长江上游交通枢纽。

公路、水路、铁路基础设施建设突飞猛进，交通"瓶颈"制约明显缓解。2007年，全市公路通车里程达到37168公里（另有村道63131公里），比直辖之初增加10276公里。每百平方公里公路由直辖之初的32.6公里提高到45.1公里。全市高速公路里程已达到778公里，比直辖初增加664公里，基本形成"一环五射"的高速公路骨架。全市一、二级公路里程达到6146公里，比直辖初增加5406公里。2017年，全市高速公路通车总里程达到3023公里。公路路网密度179公里/百千米^2。铁路营运里程达到2371公里。轨道交通营运里程264公里，日均客运量203.6万人次。全年完成货物运输11.53亿吨，完成旅客运输量6.33亿人次。

水运建设项目快速推进，港口码头吞吐能力大幅提高，长江黄金水道优势逐步发挥。2007年，内河航道里程从直辖初的3112公里增加到4337公里，增加了1225公里；全市港口吞吐能力从直辖之初的3000万吨、5000万人次，增加到6600万吨、6000万人次。2017年，全年内河港口完成货物吞吐量19721.84万吨。

　　航空运输生产快速增长，航线网络日趋完善，机场通达性大幅提升。2006年，重庆江北国际机场旅客吞吐量突破800万人次，步入全国十大机场行列。2007年旅客吞吐量突破1000万人次，2009年突破1400万人次，稳居中国十大机场之列，并跻身世界百强机场。2012年旅客吞吐量突破2000万人次大关，成功迈入增长新量级。2016年完成旅客吞吐量3588.9万人次，货邮吞吐量36.1万吨，世界排名升至第55位。截至2017年8月，共开通国内外航线260条，通航城市达到155个，其中，国内城市110个，实现全国各省会城市及主要旅游城市全覆盖。国际（地区）航线达到61条，逐步构建起覆盖欧、美、澳、亚的客、货运航线网络，对重庆产业结构调整、经济社会发展起到积极推动作用。

重庆江北国际机场现为全国第九大机场、世界百强机场

运输市场日益繁荣，群众出行更加方便，保障社会经济的发展需要。全市机动车保有量，直辖之初为25.4万辆，2007年达到131.5万辆。船舶总载重，直辖之初为98万吨，2007年为308万吨，公路客运量、旅客周转量、货运量、货物周转量分别达到58179万人次、213亿人公里、36254万吨、173亿吨公里，比直辖之初分别增长55.5%、87.7%、79.4%、190%。水路货运量、货物周转量2007年分别达到4551万吨、553亿吨公里，比直辖之初分别增长141%、233%。港口货物吞吐量2007年为420万吨，比直辖之初增长121%，其中，集装箱达33.7万标箱。2017年，全市民用车辆拥有量567.5万辆，其中，私人汽车拥有量320.72万辆；民用轿车拥有量187.76万辆，其中，私人轿车172.80万辆；空港完成旅客吞吐量3966.01万人次，货物吞吐量36.89万吨，国际标准集装箱吞吐量141.76万标准箱。

固定资产投资增长迅猛。1997年固定资产投资仅为29.7亿元，到2006年达到271亿元，2017年全年完成固定资产投资总额17440.57亿元，其中，基础设施建设投资5659.12亿元，占全市固定资产投资的32.4%。

综合交通体系日趋完善，综合运输体系框架已经成型。2017年，全市高速公路通车总里程3023公里，铁路营运里程达到2371公里，轨道交通营运里程264公里；江北机场、万州五桥机场和黔江舟白机场形成"一大两小"的机场格局；以寸滩综合物流园区、重庆北站、江北国际机场以及公路客货运站场等节点建设顺利完成，各种运输方式之间的衔接日益紧密，换乘更加便捷。

（二）电力建设

40年来，重庆电网经历四次大调整，实现四次大跨越。

第一次大跨越：建成覆盖中西部地区的220千伏双环网。1978年，第二条川渝联络线220千伏自贡向家岭至綦江线路投运，重庆第三座220千伏变电站朱家坝变电站建成。1979年，220千伏长寿朱家坝至南充代市至华蓥山线路投运。1982年2月，220千伏贵州遵义至綦江线路建成，实现渝黔联网。20世纪80年代初，以主城区为中心的220千伏环网建设也拉开大幕。1987年10月，形成以220千伏为骨干网架的内环网。直辖后到2001年5月，重庆电网220千伏变电站达到25座，覆盖中西部地区的220千伏双环网形成。

第二次大跨越：建成横贯东西的500千伏骨干网架。1995年5月，川渝电网第一条500千伏线路——四川自贡至陈家桥线路竣工（降压运行）。1997年12月，三峡送出工程500千伏长寿至万县线路全线贯通。2001年12月，西电东送的"桥头堡"——500千伏万县变电站升压后正式"服役"。同时，500千伏3座变电站和3条线路全部投运，形成横贯东西的500千伏骨干网架。2002年5月，重庆电网500千伏正式与华中电网联网，一条全国联网西电东送的"大动脉"随之贯通。

第三次大跨越：建成500千伏"日"字形环网。从2005年起，一场建设500千伏"高速公路"的大会战打响。直辖十年间，建起了9座500千伏变电站，线路2240千米，其中仅2007年一年，就建成并投运4座500千伏变电站，仅用两年多时间就完成了规划6年的建设任务，实现骨干网架由220千伏到500千伏的升级转型，刷新了全国600万千瓦用电负荷水平上实现环网供电的纪录。2007年

12月，500千伏"日"字形环网提前3年建成，3个电磁环网成功解环，累计提高输送能力215.3万千瓦。

与此同时，与主网同步建设的各级输配电网络也加快步伐。从20世纪80年代初开始，市区主网将35千伏改造为110千伏网络。1997年，重庆电网110千伏站达到83座，供电能力提高4倍多。直辖后，重庆市电力公司迅速编制完成重庆市电力发展规划，作为全国第一批城网改造试点城市启动了史无前例的大规模电网建设与改造工程。1998年，万州地区第一座220千伏高峰变电站建成。1999年，第一座采用全密封GIS组合电器并建在繁华市中心的220千伏大溪沟变电站投运。2001年，贯穿渝东南的"6·30"工程如期竣工……重庆电网的落后面貌得到了根本性改观。2004年10月，220千伏奉节变电站、220千伏万（州）奉（节）线投运投运，开始履行向奉节县、云阳县、巫山县输送电力的职责，从根本上解决了三县电力供应"瓶颈"问题。2005年8月，黔江110千伏乌牙山变电站与220千伏黔江变电站连接，黔江电网实现与重庆电网并网运行。至此，重庆的区县电网全部与国家电网并网。2007年6月，500千伏板桥输变电工程投运。这是重庆电网第一次独立建设的首项500千伏输变电工程，工程量之大、时间之紧在华中地区输变电工程建设史上前所未有。12月，500千伏巴南变电站竣工投运，重庆500千伏"日"字形环网建成。

第四次大跨越：迈入建设坚强智能电网新时代。2008年12月，向家坝至上海±800千伏特高压直流输电线路工程（重庆段）开工仪式在重庆武隆县长坝镇举行。2009年12月，向家坝至上海±800千伏特高压直流示范工程奉贤换流站极I 800千伏直流系统和直流线路成功升压至800千伏，这标志着世界上输送容量最大、送电距离最远、技术水平最先进、电压等级最高的直流输电工程全线带电成功。2010年，重庆首座智能变电站110千伏杉树站投运，标志着重庆电网迈入了建设坚强智能电网的新时代。2011年12月，重庆电网首座220千伏智能变电站220千伏双桥变电站投运，标志着重庆市电力公司提前一年兑现了"一区（县）一座"220千伏变电站的承诺。2013年6月，重庆第一座220千伏全室内式智能变电站——龙头寺变电站成功投运。同月，川电入渝重点改造工程——500千伏洪板线改造工程正式投入运行，创造了国网重庆市电力公司同等规模线路改造最短工期。8月，220千伏黔巨线成功投运，标志着重庆电网与乌江电网并网工程顺利完成。2013年12月，220千伏聚城线路工程成功投运，有效改善渝东北电网单线供电结构，消除城口、巫溪、云阳等县单电源供电，提高了渝东北片区电网可靠性。同月，国家电网首座220千伏新一代智能变电站——大石变电站在重庆合川建成投运，开展了以"集成化智能设备+一体化业务系统"为特征的新一代智能变电站的建设实践。2015年4月，重庆首座500千伏智能变电站——玉屏变电站启动投运，标志着重庆电网发展迈入智能化新时代。9月，酒泉至湖南±800千伏特高压直流输电工程开工建设，这是国网重庆市电力公司首次承担建管任务的特高压项目。10月，国家电网公司首座户内新一代智能站扩大示范项目110千伏江北银盆站建成投运。2017年6月，酒泉至湖南±800千伏特高压直流输电工程建成投运，该工程对满足华中电网"十二五"及以后负荷快速增长的供电要求具有重大意义。同月，500千伏川渝第三通道线路工程建成投运，有效提高了四川交流电网外送能力。2018年3月，渝鄂直流背靠背工程开工建设，工程建成投运后将优化交流电网结构，提高电网运行可控性，降低电网安全稳定风险，充分发挥联络线输电能力，外送四川季节性水电，对于提高电网输送能力及区域电网稳定性具有重要意义。

（三）信息建设

直辖以来，重庆通信事业飞速发展，公用通信网综合能力显著加强，"村村通电话"工程全面完成；建成覆盖全市的宽带高速城域网和数字电视基础平台。现代化基础网络打造"数字重庆"，重庆已成为中国西部的信息枢纽。

直辖以来，按照国家的统一部署，重庆通信业围绕市政府提出的"全面推进富民兴渝、加快建设长江上游经济中心"的发展目标，经历政企分开、邮电分营、电信企业重组等一系列重大改革，取得长足发展。在基础通信网络建设方面，固定交换机容量由1997年的44万门达到2007年的1125.5万门，移动交换机容量由1997年的13.79万门达到2007年的1238.3万门，分别比直辖前增长约25倍和89倍；通信光缆线路长度由1997年的138公里达到2007年的10.1万公里，比直辖前增长约730倍；互联网出口总带宽达到72.62G；短消息中心容量达到1836万条；基站数达到11764个。在电话用户方面，固定电话用户由1997年的132.6万户达到2007年的725.5万户，增长约4.5倍；移动电话用户由1997年的19.14万户达到2007年的1064.6万户，增长约55倍；互联网用户由1997年的3154户达到2007年的140万户，增长约442倍；电话普及率由1997年的4.84部/百人达到2007年的64.6部/百人，增长约12.35倍，电话普及水平在全国的排名由19名进到11名，位居西部前列。2017年，全市电话用户3841.7万户，其中，固定电话用户566.8万户，移动电话用户3274.9万户。固定电话普及率下降到18.6部/

百人，移动电话普及率上升至107.4部/百人。三家基础电信企业固定互联网宽带接入用户866.93万户，手机上网用户2646万户，互联网用户3698.5万户，其中，移动互联网用户（不含WiFi用户）2831.6万户。

（四）城镇建设

直辖以来，重庆城市重大项目建设突飞猛进，城镇建设步伐加快。高楼商厦林立，街衢时尚繁华，广场绿茵缤纷，滨江路玉带环绕，新型社区鳞次栉比。一批标志性建筑、历史文化名筑和城市雕塑的崛起，展现现代化都市风貌。

2002年，重庆的城镇化率为39.9%，高出全国平均水平0.8个百分点。随着重庆社会经济的快速发展，城镇化水平进一步加快，到2006年，重庆的城镇化率达到46.7%，比全国平均水平高2.8个百分点。城镇人口由2002年的1123.12万人上升到2006年的

重庆夜景

1311.29万人，增幅达到16.8%。就增长速度而言，重庆城镇化率位居第二位，与其他发达地区的城镇化差距正在缩小。

直辖以来，重庆市坚持以人为本和可持续发展战略，集中力量抓好重大基础设施建设，城乡面貌焕然一新。全面完成"8小时重庆"通达工程和"半小时主城"道路畅通工程。渝怀铁路、达万铁路、遂渝铁路、轨道交通二号线、江北国际机场扩建、万州五桥机场、寸滩集装箱码头、龙头寺火车站等一批重大交通工程建成投入使用。实施高速公路"二环八射"规划目标，渝涪、渝合、渝黔、长万和环城高速公路建成通车。石板坡长江大桥复线桥、悦来嘉陵江大桥、朝天门长江大桥、嘉华嘉陵江大桥、菜园坝长江大桥、鱼洞长江大桥、千厮门大桥、东水门大桥通车，红岩村大桥、曾家岩大桥建设按计划推进。城市建设综合开发力度加大，一批新兴商圈、商业步行街、滨江餐饮休闲区成为城市亮丽的风景，一批危旧房得到改造，灯饰工程和绿化美化工程使重庆更加绚丽多彩。

三、完善开放平台体系

直辖以来特别是十七大以来，重庆把开发开放平台作为引领重庆扩大开放的"火车头"和"主载体"，着力构建平台开放功能体系。重庆市加快两江新区开发开放，建成内陆开放的重要门户。加快建设两路寸滩保税港区、西永综合保税区和国家级市级开发区、特色工业园区，不断完善开放平台体系。目前，重庆已形成"1+2+7+7"的国家级开放平台体系，即1个国家级开发区两江新区，自贸试验区和中新互联互通项目，1个保税港区、2个综保区、3个保税物流中心、1个国家级检验检疫综合改革试验区，3个国家级经开区和4个高新技术产业园区。

（一）两江新区

2010年6月18日，重庆两江新区挂牌成立。两江新区是重庆市下辖的副省级新区、国家级新区，也是中国内陆第一个国家级开发开放新区，同时是继上海浦东新区、天津滨海新区后，由国务院直接批复的第三个国家级开发开放新区。两江新区是中国（重庆）自由贸易试验区、中新（重庆）战略性互联互通示范项目、渝新欧国际铁路、重庆两路寸滩保税港区等项目所在地或实施地。

"十二五"期间，两江新区GDP从2010年的1001亿元增长到2015年的2020亿元。规模以上工业总产值从2010年的1626亿元增长到2015年4550亿元工业总产值；固定资产投资从2010年的692亿元增长到2015年的1978亿元；公共财政收入从2010年的141亿元增长到2015年的303亿元；社会消费品零售总额从2010年的433亿元增长到2015年的981亿元；实际利用外资从2010年的15.8亿美元增长到2015年的41.6亿美元；进出口总额从2010年的40.6亿美元增长到2015年的1964亿元。此外，有129家世界500强企业落户两江新区，占重庆市一半以上。

（二）两路寸滩保税港区

重庆两路寸滩保税港区于2008年11月12日，经国务院批准设立，是重庆两江新区的重要开放平台，规划面积40平方公里，由水港功能区和空港功能区两个部分组成，其中，海关特殊监管区

2008年11月12日，国务院正式批复设立重庆两路寸滩保税港区

8.37平方公里，是我国首个内陆型保税港区，首个空港加水港双功能区的保税港区，与主城区距离最近的一个保税港区。水港功能区位于江北寸滩，规划面积2.43平方公里，紧邻长江上游最大的外贸集装箱枢纽港——寸滩港，致力于发展国际口岸、保税仓储、物流和商品展示交易等功能。空港功能区位于渝北两路，规划面积5.94平方公里，无缝对接重庆江北国际机场，重点打造保税加工、航空物流、商品展示、国际贸易等产业集群。

截至2017年底，重庆两路寸滩保税港区累计引进企业超1800家，实际利用外资累计达到33亿美元，累计实现进出口贸易额4889亿元。经过多年的发展，保税港区已经成长为内陆开放高地，初步形成"大通关、大通道、大平台"的开放体系。

（三）西永综合保税区

重庆西永综合保税区位于重庆市沙坪坝区西永微电子产业园区

内，于2010年2月由国务院批准设立。园区规划面积10.3平方公里，分为A、B两个区块，之间由区内无障碍专用通道连接，是我国规划面积最大的综合保税区。西永综合保税区将成为重庆打造内陆开放高地的重要平台，目前该区已经吸引惠普、富士康、英业达、广达等一批IT巨头相继进驻，有力助推重庆建成中西部第一大加工贸易基地。该区重点打造外向型电子信息产业集群，至"十二五"末期，形成8000万台以上的笔记本电脑生产能力，包括一批关联项目在内，产值超过5000亿元。

（四）中新（重庆）战略性互联互通示范项目和中国（重庆）自由贸易试验区

中新（重庆）战略性互联互通示范项目是一个以重庆为运营中心，加速中国西部地区互联互通的中新两国政府间合作项目。从2016年1月8日正式启动以来，截至2017年8月，按照中新两国政府签署的各项协议，双方建立起三级合作机制，初步编制成型有关重点规划，相继出台中方57条支持政策和新方"8+3"等一批创新举措，项目已累计运行600余天，累计签约项目90个，吸引投资总金额达196.1亿美元。

2017年4月1日，中国（重庆）自由贸易试验区正式挂牌，标志着重庆市开放发展步入新的里程。挂牌后的中国（重庆）自由贸易试验区将有力推动重庆市内陆开放高地建设。自贸试验区的实施范围119.98平方公里，涵盖3个片区：两江片区66.29平方公里（含重庆两路寸滩保税港区8.37平方公里），西永片区22.81平方公里［含重庆西永综合保税区8.8平方公里、重庆铁路保税物流中心（B型）0.15平方公里］，果园港片区30.88平方公里。

全国最大内河多式联运枢纽港——果园港

2017年，重庆自贸试验区新增注册企业11695家，其中，外商及港澳台商投资企业220家。新增注册资本总额773.16亿元，其中，外商及港澳台商投资企业注册资本15.81亿元。重庆自贸试验区引进项目692个，签订合同（协议）资金总额3007.5亿元，涉及总部经济、智能制造、大交通、大健康等领域。

以制度创新释放改革的红利，优化营商环境，2017年重庆强化开放平台协同发展，推动自贸试验区和中新互联互通项目一体化发展。重庆出台141条创新措施，推进投资自由化便利化、贸易便利化、金融服务现代化和结算便利化以及深化"放管服"改革。出台14条出入境配套政策措施，促进高端人才引进。推进全口径跨境融资宏观审慎管理，统一中、外资企业外债管理政策，为大型跨国企业集团境内外业务拓展提供高效资金结算支持，截至2017年10月，全市共11家企业开展跨国公司外汇资金集中运营，累计资金收付545.6亿美元。

促进内外贸融合发展。重庆加快进口商品分销体系建设，包括进口商品展示交易中心，"龙头"进口商、经销商、零售商，示范商家和示范商店，打通内外贸融合硬件通道，盘活内外贸资源，打造内外贸融合发展示范平台。

同时，围绕建设现代化国际大都市目标，配套完善国际社区、国际购物中心、文体设施、公共交通体系等生活配套设施与教育、医疗等服务。对53个国家施行"72小时过境免签"，驻渝外国领馆数达到10个，构建起开放环境的有机整体。

（五）重庆经济技术开发区

1993年4月，经国务院批准，重庆经济技术开发区正式成立，成为中国西部第一个国家级经济技术开发区。自成立以来，特别是直辖以来，重庆经济技术开发区按照"三为主两致力一促进"的办区方针，通过精心营造投资环境，大胆创新管理体制，全力搞好招商引资，着力培植经济增长点，全区经济社会事业快速发展，综合实力不断增强，取得显著的成就。

经济技术开发区成立以来，主要经济指标以平均超过25%的速度增长，其中，地区生产总值、工业总产值、进出口总额、地方财政收入、入库税金、全社会固定资产投资的平均增速分别达到29.03%、34.64%、25.04%、50.42%、38.64%、36.42%。截至2006年底，共引进22个国家和地区的投资者，包括世界500强和国际知名企业在内的外资企业447家，合同投资总额35.25亿美元。兴办内资企业4152家，合同投资总额268.78亿元。全区累计完成基础设施投资141亿元，新征土地约5447公顷，通车道路120公里，竣工标准厂房近30万平方米、转非安置房92万平方米，建成绿地面积约104万平方米。竣工综合管网73万平方米，水、电、气及通信等综合管网建设的同步实施，确保投资者的生产经营需要。

2010年，重庆经济技术开发区完成地区生产总值340亿元，增长20%；工业总产值960亿元，增长23%；进出口总额20亿美元，增长31%。经过17年的快速发展，顺利完成近90平方公里的开发建设任务，培育形成汽车摩托车、电子信息、生物医药、精细化工及新材料、绿色食品、服装等六大产业，汇聚和记黄埔、嘉陵—本田、长安铃木、长安福特、爱立信、可口可乐、顶益集团等40余家世界500强和国际知名企业，香港嘉单集团、融侨实业、融科国际、民生实业、伟联股份等相继入驻。

（六）高新技术产业开发区

重庆高新技术产业开发区于1991年3月经国务院批准设立，是首批27个国家级高新技术产业开发区之一，先后被评为全国先进高新区、国家高新技术产业标准化示范区、国家知识产权示范园区、国家科技创新服务体系建设试点园区和全国首批科技服务业试点，是国家级软件产业基地、国家生物产业基地、高技术服务产业基地、科技兴贸创新基地。2016年，获批建设国家自主创新示范区，纳入中国（重庆）自由贸易试验区范围。

重庆高新区规划建设面积74.3平方公里，其中，东区石桥铺、二郎片区20平方公里，西区金凤、含谷、白市驿组团54.3平方公里。经过20余年的发展，高新区形成良好的产业基础、较强的科研实力和完善的配套体系。尤其是2010年10月以来，深入实施创新驱动发展战略，紧紧围绕自主创新、招商引资、产业发展、开发建设四大核心任务，提速打造重庆创新创业中心和重庆科学城，构建起石墨烯新材料、电子信息、生物医药、高端装备、高技术服务、现代商贸物流等新兴产业集群，发展质量效益有力提升，城市功能形象日趋完善，创新创业能力全市领先。

2017年，重庆高新区实现地区生产总值比上年增长9.7%，规模以上工业总产值增长26.5%，固定资产投资增长15.3%，社会消费品零售总额增长9.1%，一般公共预算收入增长9.5%。目前，重庆高新区全社会研发经费支出占地区生产总值比重达4.6%，是全市平均水平的2.6倍；万人发明专利拥有量达25件；近4年累计新增国家高新技术企业、高新技术产品数量位居全市第一。

（七）特色工业园区

重庆特色工业园区是重庆各区县结合地域资源优势和产业特色、经市政府命名的以工业企业为主体的市级产业园区。2002年9月2日，为推进重庆城镇化、工业化进程，推动工业经济跨越式发展，重庆市委、市政府发布《关于加快建设特色工业园区的意见》，成立特色工业园区规划建设领导小组及办公室。在坚持园区建设与城镇规划相结合、市场导向和体制创新，突出特色、因地制宜，优化和节约用地、促进生态环境，合理布局、有序发展原则的前提下，市政府批准设立30个特色工业园区。

截至2006年，园内入驻企业累计达2395家；实现工业销售产值810亿元，占全市规模以上工业总产值的25.2%；完成工业增加值242亿元，占全市规模以上工业增加值的27.2%；完成固定资产投资260亿元，占全市工业固定资产投资额的35.3%；实现税收37亿元，安置劳动力27万人。在搭建园区支持服务体系中，设立信用担保公司19个、技术成果产业化服务中心10个，25个园区实行全程代办服务，部分园区还建立博士后科研工作站、劳动力就业培训中心和园区综合配套服务社区等机构。园区经济占全市经济总量的比重已经达到25.2%，全市工业增加值增量的近1/2、GDP增量的近1/4均来自园区，园区工业已成为重庆市经济增长的重要支柱。

到2012年底，重庆已经形成以两江新区为"龙头"，西永、两路寸滩两个保税区为极核，高新、经开、万州、长寿4个国家级经开区以及北部新区、万盛、双桥3个市管开发区为中坚，36个市级特色园区为支撑的塔形开发区体系。千亿级园区实现零突破，百亿级园区达到25个。重庆工业园区面积达427平方公里，工业投产企业用地面积达到121平方公里，园区每平方公里产出提高到63.5亿元，产出强度接近上海开发区水平。园区已累计入驻企业7489家，正在成为重庆建设内陆开放高地的象征和旗帜。2011年，园区入驻世界500强企业累计达到152家，占全市的68%；实际利用外资27.3亿美元，占全市工业的68%，进出口总额220亿美元，占全市的75%。

四、深化跨区域合作

在对外开放中，重庆坚持把外引内联结合起来，积极发展地区间的横向经济联合，重点发展与周围一圈、西南一片、长江一线的联合，形成以专题项目为纽带，行业协作为网络的多层次、多内容的联合协作格局，在区域商品流通、资金融通、交通建设、能源开发等方面的联合协作取得明显效果。

（一）六省区市七方经济协调会

党的十二大召开以后，重庆从全国总体发展战略出发，特别是从自身和整个大西南地区经济发展现状和自然资源开发条件考虑，为扩大对外开放，加快经济发展，尽快改变西南地区的落后状况，向党中央汇报联合开发大西南的设想。在党中央、国务院主要领导的倡导和支持下，1984年正式成立由四川、云南、贵州、广西四省区和重庆市组成的全国第一个跨省区市的区域合作组织——四省区五方经济协调会。此后，1986年和1990年，西藏自治区和成都市先后加入，相继更名为五省区六方经济协调会和五省区七方经济协调会。1997年重庆直辖后，再次更名为六省区市七方经济协调会。从此，西南地区各省区市以协调会为主要组织形式和重要依托，以交通、流通、融通和能源建设为合作重点，对西南地区经济发展和生产要素区域配置进行高层次协调，促进区域内优势互补。

（二）西南经济区市长联席会

为更好地发挥中心城市作用，1986年，重庆、成都、昆明、贵阳、南宁等西南地区5个中心城市和协调会各方62个县以上城市联合组成西南经济区市长联席会。联席会设办事机构为联络处，联络处设在重庆。联席会按照自愿参加、民主协商、平等互利、共同发展的原则组成，是一个跨省区、开放性、松散型的横向经济联系的城市群体网络组织，在西南地区各城市之间建立起多层次、多形式的全方位经济联系，促进城市之间的全方位开放。

（三）长江沿岸中心城市经济协调会

1985年12月，由重庆、武汉、南京、上海等长江沿岸中心城市发起的长江沿岸中心城市经济协调会在重庆成立。同时，召开长江沿岸中心城市经济协调会第一次会议，由此揭开联合开发长江的序幕。1986年后，协调会逐步扩大到长江沿岸其他城市和长江三角洲地区的城市，先后吸纳攀枝花、宜宾、泸州、涪陵、万县、荆州、石首、岳阳、黄石、九江、安庆、铜陵、芜湖、马鞍山、扬州、泰州、镇江、南通、合肥、舟山、宁波等地区和城市入会，首开我国联合开发长江经济带的先河，为推动长江"巨龙"的腾飞奠定组织和物质基础。

（四）重庆经济协作区

1988年，万县、涪陵、遂宁、泸州、内江、自贡、乐山、攀枝花、达县、南充、宜宾、遵义、毕节、昭通等地区和城市在重庆成立重庆经济协作区。它是一个区域横向经济联合组织，不是一级行政机构。协作区按照自愿参加、平等协商、互惠互利、讲求实效的原则，充分发挥各自的优势，取长补短，共同发展。协作区的成立，使重庆发展区域经济网络有依托和基础，逐步加深互靠、互利、互补的紧密联系，充分发挥重庆作为区域中心城市的多功能辐射带动作用，促进周边地区的经济发展。

（五）拓展与周边地区的全面合作

重庆直辖后，继续高举区域经济合作的大旗，特别加强与相邻各省如四川、贵州的携手合作。2004年2月，重庆市与四川省签订

《关于加强川渝经济社会领域合作，共谋长江上游经济区发展的框架协议》以及6个专题合作协议（即"1+6"协议）。2007年4月，双方共同签署《关于推进川渝合作共建成渝经济区的协议》，6月，国务院批准重庆市和成都市设立全国统筹城乡综合配套改革试验区，双方进一步加强合作，为推动全国深化改革，实现科学发展与和谐发展，发挥示范和带动作用。

2008年，签署《关于深化川渝合作的协议》，推进川渝合作重大事项。举行泛成渝经济区商会合作峰会，签约项目近20个。成渝第3条高速公路、成渝城际铁路开工建设。川渝协同配合国家加快编制成渝经济区规划，成功举办第二届成渝经济区高层论坛。同年4月14日，重庆市人民政府与陕西省人民政府在渝签署《关于加强渝陕经济社会领域合作与发展协议》。双方约定，今后渝陕两省市将在农业、工业、旅游、科教、交通和能源等六大领域展开合作。渝陕推进落实"1+6"合作协议，深化交通对接和陕煤入渝合作，双方旅游部门商定共建西部"金三角"旅游合作区。广安、资阳、遂宁、达州等周边地区和城市竞相启动"融入重庆"合作战略。2008年9月12日，重庆市人民政府与广安市人民政府签署经贸合作备忘录，并在交通、教育、劳务、经贸、商贸、外经贸、科技、农业、城市规划和生态环境等十个方面签订框架协议。渝广（广安）推进"1+10"合作协议，广安将借助重庆两路寸滩保税港区发展开放型经济。资阳市与重庆市相关部门分别签署区域合作、重点产业战略合作、旅游产业合作协议。渝鄂湘黔四省市围绕构建武陵山经济协作区，拓展和深化双边合作，举办发展武陵论坛和投资武陵洽谈会。渝黔资源合作取得突破，渝鄂签署全面合作协议，渝湘党政高层在交通基础设施、无障碍旅游区建设等方面达成共识。

（六）加强与沿海省市的对接互动

东承长三角，牵手东部沿海地区搭建产业互动平台，渝沪浙苏合作提档增速。2008年，相继举办"重庆·佛山周""重庆·宁波周""重庆·广东经贸活动"等大型合作活动，签约合作项目405个，总投资额885亿元。市党政代表团走访上海、浙江、江苏，分别成功签约26个、24个、9个项目，总投资450亿、260亿、110亿元。重庆市与宁波市缔结友好城市关系，签署加强经贸合作框架协议，宁波产品重庆直销中心开业。筹备建立广东佛山名优产品重庆直销中心，潼南、巫山等县与佛山市部分区县有关部门达成战略合作协议。重庆市与上海市、四川省签署《沪渝川三省市口岸大通关合作框架协议》，实现三省市口岸功能延伸和互补，为企业营造低成本、高效率的通关环境。"龙头""龙尾"首尾互动、优势互补，带动长江经济带加快发展。

南引珠三角，渝穗深桂合作稳步推进。市党政代表团走访广东、广西，在广州、深圳分别成功签约14个、13个项目，总投资95亿、100亿元。与广州市签署《渝穗两地经贸合作框架协议书》，签约项目20个，总投资近20亿元。渝深两地经济合作部门签署《关于深化渝深合作的协议》。与广西的经济合作部门签署《关于深化渝桂合作的会谈纪要》，签约项目13个，总投资100亿元。

主动结对，承接产业转移成效初显。截至2008年底，已有37个区县与沿海发达省市的76个区县签署结对合作协议。通过结对推进合作项目61个，总投资716亿元。

第五章
推进民主政治建设

发展社会主义民主政治就是要体现人民意志、保障人民权益、激发人民创造力，用制度体系保证人民当家作主。改革开放40年来，重庆始终坚持党的领导，不断完善人民民主制度，积极稳妥推进行政体制改革，努力营造良好法治环境，取得了民主政治建设的显著成效。

一、全面加强人民民主制度建设

1978年12月，具有里程碑意义的党的十一届三中全会召开，作出把党和国家的工作重心转移到经济建设上来，实行改革开放的历史性决策。

（一）健全与发展人民代表大会制度

在中央和市委的领导下，在全国人大的指导下，市人大及其常委会突出法治主题，以加强民主法治建设为根本任务，认真行使立法、监督、重大事项决定、选举和任免等职权，在实现人民的民主权利，推进地方民主法治建设等方面发挥了重要作用。

一是完善选举制度。选举制度建设,是人民代表大会制度建设的基础。按照1978年和1979年五届全国人大一次、二次会议分别修改的宪法、选举法和地方组织法的规定,1980年3月,重庆召开了第八届人民代表大会第二次会议,设立了市人大常务委员会,恢复和重建了重庆市人民政府、市中级人民法院和市人民检察院。同年底,全市由点到面地依法选举产生了各区、县、乡人大代表及其国家机关的组成人员和领导人员。由于地方各级人民政府、人民法院和人民检察院的恢复和重建,地方各级行政、审判、检察工作得到很大程度的加强和改进。1984年上半年,根据国家宪法和地方组织法的有关规定,重庆市乡、镇一级由原来的政社合一体制改为政社分设,全部建立了乡、镇人民代表大会和乡、镇人民政府。从此,重庆市地方各级人民代表大会制度得以全部恢复,重庆的民主法制建设开始进入健康有序的发展轨道。

二是推进地方立法。1984年,重庆成为第一批国务院批准的"较大的市",拥有了地方性法规的制定权。1986年6月,市十届人大常委会第十八次会议制定并通过了《重庆市人大常委会关于拟定地方性法规草案的规定》,为重庆地方性法规的制定奠定了法律基础。7月23日,市十届人大常委会第十九次会议通过了重庆市第一个地方性法规《重庆市城镇房地产纠纷仲裁条例》。到1992年底,市人大常委会先后制定了25个地方性法规和3个规范性文件,初步形成了地方法规规章体系,开创了重庆法制建设的新局面。直辖后,市人大及其常委会拥有了完整的地方立法权。为了适应行政体制的变化,市人大及其常委会用5年时间,以"完善体制、打好基础、提高质量"的立法思路为指导,实施"急用先立、逐步完善"的工作步骤,取得了丰富的立法成果。首先是于1997年6月18

日，作出关于四川省和原重庆市地方性法规在新重庆市继续适用的决定，解决了直辖市法规适用的过渡性和执法工作的稳定性问题。其次是采取移植和新制定地方性法规的方式，加快立法步伐，解决了新兴直辖市有法可依的问题。2001年，市一届人大五次会议作出四川省和原重庆市地方性法规在重庆市终止适用的决定，全面结束适用法规的过渡期，立法步入新的发展阶段。党的十八大以来，重庆市在立法实践中有效推行了立法工作会、立法推进会、提前介入法规起草、表决前风险评估、立法后评估等措施，人大在立法工作中的主导作用充分发挥。

改革开放40年，重庆市人大及其常委会在地方立法方面勇于创新，积极探索，制定了多项具有重要意义的地方性法规。1986年，重庆市人大常委会出台《重庆市行政诉讼暂行规定》，这是全国首个支持"民告官"的地方性法规，为我国《行政诉讼法》的出台进行了有益探索。1998年6月5日，重庆市人大常委会与西南政法大学签订起草《重庆市司法鉴定条例》，开创了全国省级人大委托专门院校起草法规的先河。该条例成为全国第二部、重庆第一部司法鉴定的地方性专门法规，在全国具有独创性。2001年4月，重庆市人大常委会委托索通律师事务所起草《重庆市物业管理条例》，开创了全国省级人大首次委托专业机构立法的先河。2007年，重庆市出台了我国第一部有关教育考试的地方性法规《重庆市国家教育考试条例》。2014年，修订《重庆市产品质量条例》，取消定期检验产品及由被检企业承担费用的规定，增加规范检验行为的规定，既维护消费者的合法权益，又减轻了企业负担。2016年，制定《重庆市家庭教育促进条例》，这是我国大陆首部以家庭教育为主题的地方性法规，弥补了家庭教育缺乏法律规范的空白，对更好发挥家庭教育重要作用，促进青少年健康成长、成才具有重要意义。

　　三是重视监督审查。改革开放初期，随着宪法的修改和刑法、民法、行政法等一系列法律的制定，国家即开始就加快社会主义法制建设的问题在一些城市进行试点。1986年，重庆被国务院确定为全国首批法制建设和依法治市的试点城市之一。此后，为了推进依法治市工作，加快民主与法制建设进程，重庆进行了积极探索，初步建立了以人大监督为主体，司法监督、舆论监督和社会监督相结合的法律监督机制。40年来，市人大紧紧围绕重庆经济社会发展中的重大问题和人民群众关注的热点问题开展监督工作。重点加强了对城镇规划和建设、生态建设和环境保护、移民搬迁和发展、扶贫开发和农村经济社会发展、少数民族地区经济社会发展、提高人民生活水平和社会保障等工作的监督。为了强化对权力运行的监督，市人大常委会已对城市规划法、环境保护法、劳动法、义务教育法等法律法规开展了执法检查，有力地保证了法律法规在全市的贯彻实施，维护和实现了人民群众的合法权益。

　　规范性文件备案审查是宪法法律赋予人大的一项法定职责，对于维护国家法制统一、人大依法履职和保障公民权利都具有重要意义。1999年9月市人大制定了规范性文件备案审查的规定，推进了规范性文件备案审查的制度化、经常化和程序化。党的十八大以来，重庆市人大常委会按照党的十八届三中、四中全会要求，以开展对政府规范性文件备案审查工作的专项评议为抓手，持续用力，着力加强备案审查工作，在报备、审查、纠错和推动文件全面公开等方面取得良好实效。此外，市人大常委会在做好市人代会审查批准年初预算，常委会审查批准预算调整、决算，审议审计工作报告等工作基础上，紧扣全口径预算决算审查监督重点，探索创新，不断深化和完善预算审查监督工作。

四是强化基层民主建设。基层民主建设是我国社会主义民主政治建设的重要组成部分，重庆在加强企业民主管理、基层政权组织建立等方面进行了一些积极探索，主要表现之一是农村村民自治制度的不断建立和完善。

20世纪80年代初，重庆农村在实行家庭联产承包责任制的改革过程中，根据宪法和地方组织法的规定，在政治体制的管理上，对原有人民公社制度进行了政社分开、撤社建乡的改革。到1984年，各郊区县均建立了乡、镇人民政府。但在农村基层的管理上，由于生产队的消失，村级公共事务的管理问题凸现。同年，重庆一些区县农村村民自发组织起来建立村民委员会，管理村落公共事务。在全国其他地方也出现了类似情况。针对这一情况，为了加强规范和引导，1987年11月，全国人大常委会通过了《中华人民共和国村民委员会组织法（试行）》，标志着代表中国农村民主法制建设重大进步的村民自治制度应运而生。1991年2月，重庆市政府制定出台了《关于在全市农村开展创建村民自治示范村活动的通知》，这在一定程度上推动了重庆农村基层民主制度的发展，也培育和增强了广大村民的参政议政意识和民主法制观念，促进了农村社会风气的好转，推动了农村精神文明建设。而直选村委会及其委员，村民依法直接表达自己的意愿和行使自己的民主权利，进而参与社会公共事务管理这一事实本身，反映了重庆社会主义民主制度的历史性进步。

此外，在乡镇、社区和企事业、社会组织的基层民主政治建设也积极稳妥地推进，基层民主不断扩大。市人大通过调研、执法检查、邀请列席常委会会议、对口联系、业务培训等形式，加强对基层人大工作的业务指导和工作联系，共同推进基层民主政治建设。制定了《乡镇人民代表大会工作条例》，重视和支持乡镇人大依法行使职权，发展基层人民民主。制定《重庆市村民委员会选举办法》，在国内率先将"不确定候选人"的竞选方式纳入地方性法规，充分调动了人民群众政治参与的积极性。发挥企业职工代表大会和工会民主管理、民主监督的作用，推行厂务公开，保障职工的合法权益。

（二）充分发挥多党合作与政治协商

改革开放40年来，在中央和市委的领导下，在人民政协的指导下，市政协坚持和完善中国共产党领导的多党合作与政治协商制度，突出团结民主两大主题，围绕中心、服务大局，关注民生、促进发展，全面履行政治协商、民主监督、参政议政职能，开创了重庆政协工作的新局面，在促进全市社会主义民主政治建设中发挥了重要作用。

政治协商实效增强。改革开放以来，市政协围绕全市经济社会发展的重大问题认真搞好政治协商。通过全体会议协商讨论政府工作报告、计划报告、财政报告、移民工作报告、市人民法院工作报告、市人民检察院工作报告等。通过常委会议、主席会议、专题协商会议及专门委员会对口协商会议等，先后就制定国民经济和社会发展中长期规划、实施西部大开发规划、农村税费改革、社会保障制度改革、医疗制度改革、扩大对外开放、树立和落实科学发展观、构建社会主义和谐社会、建设社会主义新农村、库区产业发展移民就业和社会稳定等方面进行协商，对促进市委、市政府科学民主决策发挥了重要作用。十八大以来，市政协紧紧围绕重庆市决胜全面建成小康社会、开启社会主义现代化建设新征程履职尽责，积极作出新贡献。人民政协协商民主制度化、规范化、程序化建设继续深入推进，政协年度重点协商、通报、视察、调研计划选题机制不断优化，协商内容进一步拓展，协商程序逐步规范，协商形式不断完善，协商成果采纳、落实和反馈机制进一步健全，推动了提案、视察、调研、反映社情民意信息、文史资料、学习、理论研究、新闻宣传等工作的创新发展。

民主监督力度加大。市政协围绕宪法和法律的实施，重大方针政策的贯彻执行，市委、市政府重大决策的落实情况等，积极推进民主监督。通过组织视察考察活动，就全市经济、政治、文化、社会发展以及关系人民群众切身利益的问题提出了不少意见建议，得到市委、市政府和有关部门的采纳。在提案工作方面，建立了集体提案征集，全委会现场办理提案，"四大家"办公厅联合交办提案，市委、市政府领导牵头办理重点提案，市政协领导、专门委员会督办重点提案，提案点评，对提案者和承办单位"双走访"，"不满意"提案重新办理，提案年度表彰等项制度。在创新民主监督形式方面，按照市委审定的《关于开展民主评议市级有关部门工作的实施办法》要求，分别对市外经贸委等部门的工作进行民主评议，提出了内容实在的评议意见，有力地促进了部门工作的改进。十八大以来，市政协重点围绕中共中央重大方针政策和市委重要决策部署的贯彻落实发挥协商式监督的优势特色，切实做到敢监督不缺位、善监督不任性、真监督不应付。大兴调查研究之风，扑下身子沉到一线，全面了解情况，深入研究问题，把准事物本质规律，找到破解难题办法路径，监督议政建言质量进一步得到提升。

参政议政水平提高。市政协围绕贯彻党中央的重大决策和全市经济及社会发展中的重大问题，积极开展参政议政。在专题调研方面，先后就新重庆发展战略、三峡工程重庆库区移民工作、振兴重庆工业经济、实施西部大开发与重庆大发展、大城市带大农村、解决"三农"问题、加快区县经济发展、乡镇财政体制改革、推进城市化进程、加快非公有制经济发展、开发城乡劳动力资源、就业和再就业、科教文化事业发展、实施高校结构调整、文化设施建设、发展高新技术产业、文物抢救与保护、生态环境保护与建设、实施人才强市战略、加强民主法制建设、社会治安综合治理、加强民族宗教工作、民族地区经济社会发展、新华侨和海归人员创业等组织开展了专题调研，一些意见建议得到了市委、市政府的采纳。十八大以来，市政协按照习近平总书记对重庆提出的"两点"定位、"两地""两高"目标和"四个扎实"要求，聚焦落实市委五届三次全会的决策部署，切实把党的十八大和十九大精神体现到谋划工作、推进落实的具体措施中。围绕推动供给侧结构性改革、建设现代化经济体系、发展社会主义民主政治、推动文化繁荣兴盛、加强和创新社会治理、建设山清水秀美丽之地、扎实推进全面深化改革、深入推进全面依法治市等任务建言献策。围绕坚决打好"三大攻坚战"、大力实施"八项行动计划"开展调查研究、提出建议。深入贯彻以人民为中心的发展思想，为涉及群众切身利益的实际问题呼吁建言，为满足人民日益增长的美好生活需要献计出力。

第五章　推进民主政治建设

直辖以来，市政协围绕中心、服务大局，
参政议政富有成效，建言立论取得丰硕成果

　　自身建设成效显现。市政协自觉坚持和维护党的领导，不断加强自身建设。充分发挥政协党组在政协组织中的领导核心作用，充分发挥政协组织中国共产党员的先锋模范作用，坚定不移地贯彻执行党关于人民政协的方针政策，把市委的重大决策和工作部署扎扎实实地贯彻到政协的全部工作中去。充分发挥各民主党派和无党派人士在政协中的重要作用。支持各民主党派和无党派人士参与重大方针政策的讨论协商及其履行职责的各种活动，尊重和保障各民主党派在政协的各种会议上以本党派名义发表意见的权利，尊重和保障各民主党派和无党派人士开展视察、提出提案、举报、反映社情民意以及参与调查和检查活动的权利，保证民主党派成员和无党派人士在政协委员、常委和领导成员中占有较大比例，政协各专门委员会都有民主党派和无党派人士担任专职领导职务，并做到了有职、有权、有责。注意发挥界别的特点和优势，重视发挥委员的主体作用，通过举办委员培训班、"委员活动日"、知识讲座、形势报告会，为委员知情明政创造条件；组织委员广泛开展调研、考察、视察、联谊等活动，委员们提出的许多意见建议得到重视和采纳。

（三）不断加强各领域统战工作

改革开放以来，重庆的统战工作紧紧围绕党的中心工作，凝聚人心，汇集力量，锐意进取，巩固和发展了统一战线团结、稳定、开拓、创新的良好局面，为全市改革、发展、稳定作出了积极贡献。尤其是直辖后，面对领域拓宽、对象增多、任务加重的形势需要，按照市委提出的"重庆直辖市统战工作应当走在全国前列"的要求，全市各个领域的统战工作都取得了明显进步。党的十八大以来，全市统一战线紧密团结在以习近平同志为核心的党中央周围，在市委的坚强领导下，认真贯彻落实中央和市委关于统一战线一系列重大决策部署，各领域统战工作亮点纷呈、成效显著，统一战线围绕中心、服务大局的法宝作用进一步彰显，巩固和发展了团结、奋进、开拓、活跃的良好局面。

多党合作事业稳步发展。坚持中国特色社会主义政治发展道路，认真贯彻落实中央关于坚持、完善和加强中国共产党领导的多党合作和政治协商制度的相关意见精神，研究新情况、解决新问题，不断加强多党合作制度建设。建立了双月座谈会、暑期谈心会、情况通报会、市委常委与民主党派代表人士联谊交友等制度，并出台了《市委双月座谈会实施规则》《聘请特约人员工作办法》等文件，使政治协商、民主监督、参政议政更加规范有序、富有成效。支持民主党派和无党派人士更好履职，充分发挥多党合作制度效能：政党协商方面，制定并实施《关于加强社会主义协商民主建设的实施意见》《关于加强政党协商的实施办法》和年度政党协商计划，完善政党协商的内容和形式，有关调研成果得到及时转化。民主监督方面，物色推荐符合条件的民主党派和无党派人士担任特约人员，全市各级各部门共聘请特约人员3000多人。参加中国共产党领导的政治协商方面，深化与8个民主党派中央的合作关系，深化"党委出题、党派调研、政府采纳、部门落实"调研工作机制，支持民主党派参政调研，十八大以来各民主党派和无党派人士累计提出人大建议1732条、政协提案4265件。在全国率先实现民主党派内部监督委员会省级组织全覆盖，建立工作通报机制，对领导班子执行议事规则、履职情况、民主生活会、人事工作等进行全过程监督，为民主党派工作规范运行提供保障。

2005年重庆市各民主党派工商联负责人和无党派代表人士暑期学习谈心会

宣传和教育基地作用凸显。市统战部认真贯彻中央"两部一办"《关于大力加强统一战线宣传工作的意见》和《关于进一步加强中国共产党领导的多党合作和政治协商制度宣传的意见》，大力弘扬统一战线主旋律，坚持团结、稳定、鼓劲和正面宣传为主的方针，建立健全统战宣传工作制度，采取多种形式，扎实做好统战宣传工作。1999年，统战政协理论被正式列入市委党校主体班教学内容，党校成为统战政协理论宣传教育的重要阵地之一。市委统战部创办的《重庆统一战线》内部刊物扩大了统一战线的社会影响。为充分挖掘、利用重庆丰富独特的统战资源，继承和发扬统一战线的光荣传统，广泛宣传党的统一战线理论和方针政策，2004年3月，中央统战部确定在重庆建立集宣传、教育、培训、研究功能为一体的中国统一战线传统教育基地。2005年1月，统战传统教育基地在红岩革命纪念馆正式挂牌。此后，重庆统战工作依托教育基地，充分发挥中国民主党派历史陈列馆、中国民主建国会成立旧址陈列馆、中国农工民主党中央机关旧址陈列馆、中华职教社社史陈列馆、同心园等"四馆一园"教育作用，支持各民主党派深入开展"不忘合作初心、继续携手前进"主题教育，引导非公有制经济人士开展理想信念教育实践活动，创新开展"同心第二课堂"现场教学，广大统战成员进一步把思想行动统一到中央精神和市委要求上来，更加坚定地与党同心同德、同心同向、同心同行。

　　服务经济社会发展成效显著。一是积极开展建言献策。成立重庆统一战线智库，鼓励支持党外人士围绕重大决策部署深入调研、建言献策，一批高质量的意见建议得到习近平、李克强等党和国家领导人批示，为党委政府科学决策提供参考。二是积极促进非公有制经济"两个健康"。从2012年起开展年轻一代非公有制经济人士引导工作，到2017年底实现38个区县工商联青委会组织全覆盖，把近3000名青年企业家纳入统战工作视野；从2014年起连续开展4批次"干部进民企抓党建促发展"活动，并与市司法局共同选聘律师组建民营企业法律服务团，与市高级人民法院联合印发《关于民营企业商事纠纷诉调对接工作机制建设意见》，推动"企业减负30条"等优惠政策落地，协调解决民营企业的困难和问题，积极构建亲清新型政商关系，共同打造良好营商环境。三是积极助推内陆开放高地建设。连续7年举办"重庆香港周""重庆台湾周""知名华商重庆行"，为全市内陆开放高地建设引资引智。四是积极投身脱贫攻坚。组织引导无党派人士、新的社会阶层人士、留学人员、民族宗教界人士、港澳台侨爱心人士、爱心企业积极开展产业扶贫、教育扶贫、健康扶贫、就业扶贫和资金扶持，助力打好脱贫攻坚战，取得良好社会反响。

各领域工作制度化水平提升。一是关于党外知识分子和新的社会阶层人士工作。召开全市高校统战工作会议和国有企业统战工作座谈会，制定落实《关于加强新形势下高校统一战线工作的意见》的实施意见，出台《关于加强科技系统统一战线工作的意见》；加强和规范知联会建设，实现38个区县全覆盖和17所本科高校及科技、国企、卫生领域重点覆盖；重庆欧美同学会升格为副厅级群众团体，并发展团体会员12个、国别分会3个；召开全市新的社会阶层人士统战工作会议，7个区县成立新专联；成立市新专联新媒体分会、网络作家协会，出台加强律师行业、新媒体从业人员统战工作的意见，建立新的社会阶层代表人士名录，有针对性地开展政治引导和联系服务工作。二是关于民族工作。召开市委民族工作会议暨市第四次民族团结进步表彰大会，制定出台《关于加强和改进新形势下民族工作的实施意见》，认真落实差别化政策，采取定点包干方式推进民族地区7个深度贫困乡镇脱贫攻坚；推动民族文化与旅游产业融合发展，命名"重庆市少数民族特色村寨"62个，获评"中国少数民族特色村寨"22个，"一区四县"特色村寨

2017年接待游客678.8万人次，实现旅游收入10.64亿元，带动当地群众增收超过9%；深化民族团结进步创建活动，黔江、石柱、酉阳成功创建全国民族团结进步示范区县；设立少数民族流动人口管理办公室，建立少数民族群众维权服务站，实施少数民族群众流出地、流入地对接合作。三是关于宗教工作。召开全市宗教工作会议，制定出台重庆市《关于加强和改进新形势下宗教工作的实施意见》，38个区县和万盛经开区实现宗教工作"三级网络两级责任制"全覆盖；开展第三届"和谐寺观教堂创建活动"，186个宗教活动场所被评为市级和谐寺观教堂，15个宗教活动场所被中央统战部、国家宗教局表彰；支持宗教界加强自身建设，连续20年举办宗教界代表人士暑期学习谈心会，连续7年举办五大宗教同台讲经比赛；推进解决宗教领域重点难点问题，坚决防范和抵御境外势力利用宗教进行渗透。四是关于港澳台地区和海外统战工作。坚持人心、力量、平台"三位一体"格局，做好来渝参访团组接待，组团赴港澳台参访；深化开展海外侨胞故乡行、渝台同名乡镇同名村互访等活动，铜梁火龙连续两年赴台展演；开展同香港公务员互派交流工作，推进政党专项工作，探索建立海外工作站，加强对港澳工商界人士、中产专业人士、青年、基层民众的宣传引导。

党外代表人士队伍建设加强。推动出台贯彻中共中央《关于加强新形势下党外代表人士队伍建设的意见》的实施意见，会同组织部门在全国率先出台《党外干部培养选拔工作暂行办法》，为全市党外代表人士工作提供坚实政策保障。构建政治培训、实践锻炼、交友帮带、安排使用、考核评价并突出个性化培养的"5+1"工作体系，完成首个"5年4万人"培训目标，并连续7年实现党外代表人士政治培训全免费。构建1个全国基地、10个市级基地、38个区县基地和若干市外渠道"1+10+38+X"党外代表人士实践锻炼新格局，选派优秀年轻党外干部到渝东北、渝东南区县任职。

二、深入推进行政体制改革

改革开放以来，重庆行政体制不断变革。20世纪80年代，重庆成为国家首个经济体制综合改革试点大城市，拥有省级经济管理权限，并辟为外贸口岸。90年代，为了进一步发挥重庆的区位优势和中心城市带动作用，同时解决四川省太大、人口过多、不便管理和三峡库区移民等问题，中央作出设立重庆直辖市的决定。1996年9月，经国务院批准，重庆市代管原四川省管辖的万县市、涪陵市和黔江地区。1997年3月14日，经第八届全国人民代表大会第五次会议审议批准，撤销四川省重庆市，正式设立重庆直辖市。

新诞生的重庆直辖市，集大城市、大农村、大山区、大库区和少数民族地区为一体，不沿边、不靠海，底子薄、困难多，没有现成的发展模式可循。面对突出的矛盾和问题，市委、市政府根据中央设立直辖市的战略意图，先后确立了做好"三篇大文章"、打好"两张牌"和建设内陆开放型城市的总体工作思路。围绕总体思路，重庆以转变政府职能为核心，创新行政管理体制，各级党委和政府为建立新的行政体制和运行机制做了大量富有成效的工作。

（一）调整行政区划

重庆直辖市是在原重庆市及万县市、涪陵市和黔江地区基础上组建的。20世纪中后期，原重庆市及"两市一地"都经历过较为频繁而复杂的体制演变，使得体制基础十分复杂。原重庆市在20世纪50年代初曾经是中央直辖市，后改为四川省辖市，到1983年与永川地区合并为中央计划单列市；万县市原为四川省的一个老地区，1992年撤销地区设立地级市；涪陵市20世纪50年代初与酉阳专区合并，80年代末与黔江地区分离，至1995年撤销涪陵地区设地级市；黔江地区1988年由5个少数民族自治县合并为地区。复杂的体制基础，使重庆直辖市在设立之初形成了"一市多制"的行政管理构架。1997年直辖，重庆包括了一个中央计划单列市、两个地级市和一个地区。所辖的43个区县是级别不相同的行政单元，其中，既有正厅级的区，也有副厅级的区；有县级区、县级市，还有一般县和少数民族自治县。另一方面，对这些区（市）县的管理又分为直管和代管，其中，由重庆直管的区（市）县有21个，由"两市一地"代管的区县（自治县、市）有22个。为了构建规范的直辖市行政管理新体制，重庆市委、市政府先后几次进行了行政管理体制调整。

1997年12月，重庆市委、市政府按照中央提出的"思想领先，平稳过渡"的要求，根据《中共中央办公厅国务院办公厅关于万县市、涪陵市、黔江地区行政体制调整的批复》精神，撤销了万县市，设立重庆市万县区（后更名为万州区），管辖原万县市3个区的行政区域。同时设立重庆市万县移民开发区（后更名为万州移民开发区），作为重庆市委、市政府的派出机构，代管有移民任务的忠县、巫山等6县；没有移民任务的梁平县、城口县由重庆市直接管理。撤销了涪陵市，设立重庆市涪陵区，辖原涪陵市两个区的行政区域。原涪陵市所辖4县（市）由重庆市直管；撤销了黔江地区，设立重庆市黔江开发区，作为重庆市委、市政府的派出机构，代管原黔江地区所辖的5个少数民族自治县。经过撤并调整，全市区县级行政管理单元由原来的43个减少为40个，即13区4市23县，其中，市直管29个区县，万州、黔江开发区代管11个县。行政机构的初步调整，对确保重庆直辖体制的平稳过渡发挥了积极作用。

2000年7月，市委、市政府在中央指导下，对全市行政管理体制进行了第二次大规模调整。这次调整重在取消中间管理层，构建规范的直辖市行政管理体制。调整撤销了万州移民开发区，原代管的6县由市直接管理；撤销了黔江开发区和黔江土家族苗族自治县，设重庆市黔江区，管辖原黔江县的区域。原黔江开发区代管的4个民族自治县由市直接管理。至此，全市40个区县均由市直接管理，解决了行政管理体制中存在的"直管"与"弯管"的矛盾和"一市多制"的问题，理顺了区县干部的职级待遇，标志重庆直辖市行政管理体制基本形成。

此后，重庆市委、市政府继续有步骤、有目标、多途径地不断完善直辖市行政管理体制。2001年，重庆市撤销了12个区县的107个区公所，从而将行政管理层级减少为三级。2005年4月，随着移民任务的基本完成，重庆市撤销了万州区龙宝、天城、五桥3个移民开发区，自2000年7月开始实行的"两级政府、三级管理"的特殊行政管理体制宣告结束。至此，重庆市完全实现了"市—区县—乡镇"三级政府管理体系和市直管区县、区县直管乡镇的行政管理体制。2006年，经国务院批准，重庆市下辖的江津市、合川市、永川市、南川市撤市建区，其管辖范围不变，解决了重庆长期存在的"市中市"问题。由此，形成了一个比较规范的、适应经济社会发展需要的直辖市行政管理体制。

（二）转变政府职能

转变政府职能是深化行政管理体制改革的核心。重庆着力理顺行政内外关系，在行政外部，进一步理顺政府与企业、政府与市场、政府与社会的关系。直辖以来，先后撤销了对企业进行直接微观管理的相关工业经济专业管理部门，全面实施行业管理机构改革，区县政府也不再保留类似机构，取消了政府部门与企业的行政隶属关系，实现了政企分开；政府把资源配置等市场能做的事交给市场，发挥市场、社会中介组织和事业单位的作用，职能得到进一步转变。2003年，全市减少行政审批项目58%，40个区县均设立了行政审批服务大厅，56个具有行政审批权的市级部门建立了统一的对外服务窗口。2006年，在"执政为民，服务发展"学习整改活动中，进一步取消、调整、暂停实施第六批行政审批项目312项，规范行政事业性收费32项。出台《重庆市"执政为民服务发展"考核办法（试行）》，将考评权力大部分下放给服务对象，组织考核、社会考评权重分别为30%、70%。创新和完善了区县行政审批服务大厅运行机制。这些行政服务性机构推行"一站式办公、一条龙服务、并联式审批、阳光下操作"的运行模式。区县还将行政审批服务大厅的功能延伸到乡镇（街道），大多数乡镇（街道）建立了综合性的"便民服务中心"，实行全程代理制。市级部门完善部门内部行政服务窗口，推行首问制、公开承诺制。民间组织培育力度加大，管理更加规范。

第五章　推进民主政治建设

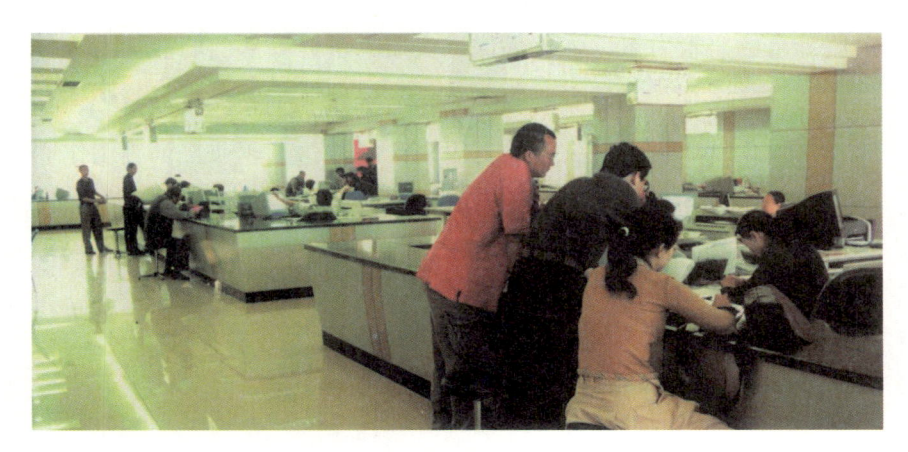

江北区行政审批服务大厅

在行政内部，市进一步下放权力给区县，区县相应地进一步下放权力给乡镇，部门职能交叉重叠的问题基本解决，市与区县、区县与乡镇、职能部门之间的关系进一步理顺，政府的执法监管和社会服务职能得到加强。在纵向方面，为加快区县经济社会发展，直辖之初市委市政府就出台《关于进一步下放权力加快区县经济和社会发展的意见》，1998年出台《关于进一步加快区县经济发展的决定》，2000年出台《关于进一步加快区县经济发展的若干意见》，下放了50多项经济、社会管理权限。2006年市政府常务会议通过《关于创新行政管理培育六大区域性中心城市的决定》，下放给这些城市91项行政管理权，包括许可审批权、处罚强制权、征税权和人事编制权。2007年又将其中的83项权力下放给了其他区县。2013年向区县简政放权，取消和下放行政审批事项405项，并赋予两江新区行政主体资格和部分市级管理权限。在横向方面，依法适时调整了200多项部门职能，较好解决了长期存在的职能交叉重叠的问题。强化市场监管和社会服务职能。加强工商、质监、税务、药监等市场监管力量,强化环保、安监、审计等部门职能。大力推进社会保障体系、基层农业服务体系、进城务工农民服务管理体系建设,强化就业再就业、公共卫生、义务教育、职业培训等工作职能,强化农业和农村工作、移民工作、移民开发等工作职能。积极推进文化体制、基层农技服务体系、渝西地区水务管理体制改革。在文化、交通、农业、城市管理等领域和部分区县开展综合行政执法试点。处长实行竞争上岗,部分厅局级领导职务实行公招,进一步强化了公务员的公开、平等、竞争、择优机制。调整党委、政府与人大的关系,凡属应该由人大决定的地方性事务,交人大决定。加强党对政府工作的领导,同时改进了领导方式。加强人大自身建设,强化人大的立法、监督职能。加强统战工作和人民政协工作,强化人民政协的政治协商、民主监督、参政议政职能。党委、人大、政府、政协关系进一步理顺,形成了团结稳定的政治局面。

(三)创新行政管理

2005年,市政府从地方政府运行的三大主体职能(政府决策、许可审批、处罚强制)入手,出台了《重庆市政府重大决策程序规定》《重庆市建设领域行政审批制度改革试点方案》和《重庆市人民政府关于坚持以人为本创新和规范行政执法的决定》三部政府规章,创新政府管理。"三大管理创新"是对地方政府管理的一次系统变革。一是宏观层面创新行政决策。《重庆市政府重大决策程序规定》确立了科学、民主、依法决策的"七项制度"(决策议决、决策公开、决策评审、决策听证、决策反馈、决策评估、决策追责)和"五类责任"(决策责任、承办责任、执行责任、专家责任和其他责任),明确了领导集体及其成员决策的权限、方式、类别、责任、监督等，形成了"政府统揽、部门承办、专家评审、公众参与、科学决策"的决策机制，致力于增强各级政府科学、民主、依法决策的能力和水平。二是中观层面创新行政审批。《重庆市建设领域行政审批制度改革试点方案》把占地方政府行政审批总量70%左右的建设项目审批分为立项、规划、用地、设计、验收五大环节，由市发改委、市规划局、市国土房管局和市建委分别牵头，通过实行"五大环节并联审批"、确立主办部门最终决定权、推行协办部门超时默许制等措施，使建设项目审批时间缩短一半以上，"审批关口"精减4/5，从而较好地解决了建设领域审批环节繁多、审批手续复杂、部门职能交叉、行政效率不高等传统行政体制的弊端。三是微观层面创新行政执法。《重庆市人民政府关于坚持以人为本创新和规范行政执法的决定》通过创新执法理念、改革执法体制、完善执法制度、健全执法机制等措施，致力于形成"行为规范、程序公正、制度完善、保障人权"的执法机制，着力解决行政执法中存在的职能交叉、扯皮推诿、效率不高、粗暴执法、监管缺位等问题。

为进一步推进政府职能转变和管理创新，2006年，市政府着手制定完善直辖市行政体制"三级联创方案"，即市级行政机关整合执法资源实施执法联动试点方案、区县行政机关完善行政管理培育区域性中心城市实施方案、乡镇行政机关改革执法监管强化公共服务试点方案。2007年1月1日，"三级联创方案"全面启动。重庆启动执法联动改革试点，在公共安全监管、市场秩序监管、城市环境监管三大领域强制实施执法联动。区县则把万州、涪陵、黔江、江津、合川、永川等六地建成区域性中心城市，使重庆成为以主城为中心，"一中心、多组团、城镇群集合"的现代化大都市。

全面实施《重庆市人民政府关于改革乡镇执法监管强化公共服务试点工作的决定》，转变乡镇政府职能，推进农村综合改革；改革乡镇执法监管，创建法治型政府；强化乡镇公共服务，创建服务型政府。通过三级行政机关的联合创新，进一步完善了直辖市行政体制，深入推进政府自身改革和建设。

（四）深化机构改革

改革开放以来，重庆围绕全市经济社会发展大局，不断深化机构改革。尽管每次改革的背景不同，任务不同，成效有大小，但总体上适应了生产力发展的阶段性要求。特别是直辖以来，市委、市政府坚持把推进政府机构改革、调整政府职能体系作为建设服务型、法治型政府的核心问题来抓，全方位推进市、区县、乡镇和事业单位改革，基本建立起适应特殊市情的政府组织体系。

党政机构改革。2000年至2001年，根据中央关于全国地方政府机构改革和全国市县乡机构改革的部署，先后进行了市级机构和区县乡机构改革。市委设工作机构11个，精简15%。市政府设工作机构45个，精简17%。市政府内设机构减少23.1%，裁并部门32个。人员编制市委精简10%，市政府部门精简25%。局级领导职数精简16%，正副处长职数精简10%。区县党政机构由原来的40个至50个减少为23个至38个，乡镇和街道办事处设立1个至2个或5个至6个综合办事机构，行政编制平均精简20%以上。人大、政协、群团机关、事业单位、法院、检察院也进行了相应改革。2003年9月，重庆市新一轮政府机构改革启动。其重点是进一步转变政府职能，方向是建设服务型政府。此次改革市级机构除设立直属特设机构国资委外，主要致力于职能转变和制度创新。2006年，全市以乡镇机构改革试点为主要内容的农村综合改革顺利推进,全市70%的乡镇已完成机构改革,基本建立了行为规范、运转协调、公正透明、廉洁高效的管理体制。

2009年12月,重庆市以转变政府职能、厘清职责关系、明确和强化责任、调整优化组织结构为主要任务再次进行机构改革。2010年,全市加快大部门制改革步伐,将市经济委员会和市信息产业局合并,组建市经济和信息化委员会;市人事局、市劳动和社会保障局合并,组建市人力资源和社会保障局;市外事办公室、市侨务办公室合并,组建市外事侨务办公室;市粮食局并入商委,保留市粮食局的牌子。另外,市建设委员会更名为市城乡建设委员会,其职能也作了部分调整;市环保局由市政府直属机构调整为市政府组成部门。2014年,按照党中央、国务院《关于地方政府职能转变和机构改革的意见》精神,市委、市政府完成市卫生计生委、市文化委、市食品药品监管局的组建工作。对市发改委与市交委、经济信息委等部门,在铁路民航重大项目建设协调等方面职责分工进行调整和明确。进一步调整和优化了市级垂直管理部门体制,理顺了责权关系。与此同时,区县政府机构改革方案全部完成。2015年,重庆市全面完成区县政府机构改革,政府工作部门、挂牌机构分别精简94个和37个,取消不规范的机构名称22个。

事业单位改革。直辖后,市政府将部分市属医院、城管监察、公园、房管所、市政设施、公路养护等设在区县的100多个市属事业单位下放区县管理。2003年,市编委办出台《关于深化事业单位机构改革的指导性意见》,按照政事分开、资源合理优化配置和区域设置、重组联合等原则,先试点、后推开,有重点分步骤地启动了事业单位改革。一是先后选择大渡口、万盛、江津、永川、合川、梁平和市农业、计生、质监、药监等地区和系统开展深化事业单位机构改革的试点工作。二是以投融资体制改革为突破口，完善基础性公益事业投入的体制机制，将政府多年来在基础公益事业等领域形成的固定资产、财政资金、土地等资产，注入到城投、建投、开投、水务、高发、高投、地产、水投八大投资集团公司，形成规模优势，以投资集团融资为主、运用企业化的管理模式，实现资源优化配置，大大加快了社会公益设施项目建设。三是探索事业单位转企改制的途径，推动开发类科研事业单位和事业性中介机构转企改制，将29个技术开发类和工程勘察设计类的科研机构实行企业化转制，将240个事业性质的中介机构与主管部门脱钩，转制为企业性质的中介机构。四是深化文化事业改革，将重庆电视台等25个事业单位合并组建重庆广播电视集团（总台），壮大重庆日报报业集团，相继组建了重庆新华书店集团、重庆出版集团、重庆红岩联线文化发展管理中心等一批影响大、亮点多的集团。其他行业和部门、区县也相继开展了部分事业单位改革试点。通过改革调整，全市事业单位总数由直辖之初的2.5万个调整到1.8万余个，实有人数由52万人减到47万人。通过改革，初步建立起公益目标明确、布局结构合理、投入机制完善、治理结构规范、微观运行高效、监管制度健全的现代事业单位管理体制和运行机制；不断扩大公益类事业单位的范围、种类，满足人民群众和经济建设对公益服务日益增长的需要。

2008年，市编委办根据中央关于事业单位分类改革试点精神，拟定《重庆市事业单位分类改革试点的实施方案》，在全国首家上报中央编委办备案。对全市700多个市属事业单位8个方面5600多项机构编制事宜进行梳理、完善，形成《市属事业单位模拟分类目录》。2010年，重庆市按照"先清理后分类、市和区县同步推进、与行业改革相衔接、与绩效工资改革相配套"的工作思路，率先启动事业单位分类改革试点。将全市事业单位分为行政类、公益类和经营类，其中，公益类事业单位又分为公益一、二、三类。按照"撤销一批、合并一批、规范一批"的工作思路，对市属事业单位进行清理规范，完成631个市属事业单位分类工作，其中，公益类事业单位超过90%。2012年，成立以市长为组长的市事业单位分类改革工作领导小组，各区县相应成立工作领导机构，形成"市区（县）联动、三专保障"的事业单位分类改革工作推进机制。2013年至2014年，启动并完成公益三类事业单位类别调整工作，撤并整合机构1052家，收回事业编制2964名，其中，撤并整合市属单位15家，收回市属事业编制434名。2016年，重庆市大力推进公益类事业单位改革，争取中央支持将重庆市纳入城市三甲公立医院编制管理创新的试点；完成466个市属事业单位宗旨职责任务重新界定工作；完成渝富公司、商业故事杂志社、旅游新报社等8家市属经营类事业单位转企改制，区县完成改革任务21家。有序推进承担行政职能事业单位改革试点工作，选取沙坪坝区、大足区、梁平区开展改革试点；对除学校、医院、科研院所及经营类事业单位外的事业单位职能进行清理，为改革工作作好准备。

三、努力营造良好法治环境

改革开放40年，尤其是重庆直辖以来，全市认真贯彻落实中央关于依法治国的一系列重要部署要求，不断探索实践，扎实推进法治建设，取得了积极成效。

（一）法治政府建设

加强组织领导。市政府高度重视法治政府建设，不断完善法治政府建设领导体制和推进机制，切实提高政府依法治理能力。认真贯彻落实《中共重庆市委关于全面推进依法治市的意见》，按照市委全面依法治市领导小组部署，切实抓好深入推进依法行政各项工作。2014年12月，重庆市成立了深入推进依法行政专项小组。每年召开专项小组会议，谋划一批法治政府建设重点专项任务，切实抓好任务推进落实。市政府将法治政府建设作为加强自身建设的重要内容，将政府工作全面纳入法治化轨道。历年市政府工作报告均对法治政府建设的重点领域和关键环节进行工作部署。每年召开全市政府法制工作会议，市领导对全市依法行政及政府法制工作提出要求，印发全市政府法制工作要点以推进重点工作。建立区县法治政府建设工作片区会议制度和市级执法机构联席会议制度，形成纵横联动、共同推进的法治政府建设工作合力。此外，市政府还进一步完善法治政府建设情况考核及报告机制。优化依法行政考核指标体系，按年度制定依法行政考核指标和评分标准，加强依法行政工作"硬约束"。2016年，市委、市政府联合印发《重庆市建设法治政府实施方案（2016—2020年）》，明晰了法治政府建设的总体目标、衡量标准、工作举措，提出7个方面44项举措186项具体措施。进一步强化组织领导和责任分工，建立完善工作推进和考核督察机制，明确工作重点和实施进度，建立任务清单和工作台账，开展定期检查和专项督察，一级抓一级，层层抓落实，推动《纲要》各项任务有效实施，全市法治政府建设呈现出全面提升、纵深推进的良好态势。

深化"放管服"改革。一是推动行政权力规范高效运行。突出清权、核权、配权、减权、确权、晒权六大环节，纵深推进市级行政权力清理规范工作，进一步理顺了政府与市场、部门与部门、上级与下级之间的权力边界。二是稳步推进行政审批制度改革。坚持"放管服"相结合，围绕投资、创业创新、生产经营等重点领域，取消和调整了一批行政审批项目并取消了一批职业资格认定事项。推动行政许可"五位一体"标准化建设，将审改工作重心从解决"审批多"向破解"审批难"转变。三是推进科学民主依法决策。认真贯彻执行《重庆市行政决策听证暂行办法》《重庆市政府重大决策程序规定》，完善重大决策合法性审查机制，市政府法制机构负责人、市政府法律顾问固定列席市政府常务会议，参与市政府重大行政决策，提出合法性审查意见，积极参加立法论证、政府规范性文件清理等重点专项工作，为党委、政府依法科学决策提供了高质量资政意见，取得了良好的社会、政治和法律效果。四是优化政府组织结构。积极推进政府机构、职能、权限、程序、责任法定化，推进市政府部门职能职责精细化管理，修订完善区县政府工作部门"三定"规定。探索实施大部门制改革，创新两江新区市场监管体制，完善市对区县转移支付制度，促进区县间基本公共服务的均等化。五是不断加大调控监管治理力度。切实转变政府投资管理职能，每年制定并公开《重庆市企业投资项目核准目录》，按照能放则放、应放尽放、放则真放的原则，向市场和区县下放一批投资审批事项。优化投资项目在线审批监管平台，实现与全市网上行政审批平台融合对接，与国家平台纵向连接。继续深化商事制度改革，推进"三证合一""五证合一"登记制度改革和注册登记全程电子化。对教育、进出口、涉企收费等领域开展专项检查，进一步减轻社会和企业负担。强化环境监管执法，深入推进社会治安综合治理，健全公共安全体系，有序推进食品药品监管体制改革，"三级机构、四级网络"的监管体系进一步健全并发挥作用。六是政务服务事项清单编制有序推进。2017年以来，按照党中央、国务院关于加快推进"互联网+政务服务"的工作部署和市政府工作安排，编制了政务服务事项清单，为提升政务服务智慧化、精准化、便捷化水平奠定坚实基础。七是"放管服"改革法制保障有效强化。加强政府立法与"放管服"改革决策的衔接，把全面深化改革急需、优化营商环境等项目作为重中之重，推动制定了《重庆市科学技术投入条例》《重庆市行政规范性文件管理办法》《重庆两江新区管理办法》《重庆市促进企业技术创新办法》《重庆市企业信用信息管理办法》等地方性法规和政府规章，为进一步深化"放管服"改革、优化营商环境提供有力的法制保障。

提供制度保障。一是制订好立法计划。紧扣全市中心工作，服务改革、发展、稳定大局，每年根据国务院立法计划和市委、市人大常委会的部署安排，科学确定年度地方性法规草案和政府规章制定计划。这些法规规章涵盖了重庆市政治、经济、文化和社会生活的方方面面，为促进全市经济持续健康发展和社会和谐稳定提供了坚实的制度保障。二是提高立法质量。在加强针对性、系统性、民主性、可操作性、时效性"五性"上狠下功夫，努力使提请审议的地方性法规草案和制定的政府规章在实践中立得住、行得通、能管用。积极推进开门立法，健全专家论证咨询制度，加强立法后评估工作。三是加强规范性文件审查备案。2013年，建立全市规范性文件统一发布制度，方便了公众查询和监督。2015年，市政府印发《重庆市行政规范性文件管理办法》，进一步规范了行政规范性文件的制定程序，实现行政规范性文件管理监督的全覆盖。2015年底，重庆市被确定为规范性文件合法性审查机制全国试点单位之一。四是对规章和规范性文件开展定期清理。圆满完成涉及企业法制环境、创新政策与提供政府采购优惠挂钩、"放管服"改革、生态文明建设和环境保护等六项专项清理和每两年一次定期清理工作。2014年，采取第三方清理形式委托西南政法大学对全市现行有效的176部政府规章进行了全面清理，在全国率先开创了委托第三方清理政府规章的工作机制。2015年，对直辖以来市、区县政府和市级各部门制发的2万余件规范性文件进行了全面清理，彻底摸清了规范性文件底数，优化了改革发展的制度环境。经市人大常委会评议，对市政府规范性文件备案审查工作满意率为100%。2016年，对现行有效的地方性法规配套规章规范性文件情况进行全面清理，对已经配套的总结工作经验成效，对未配套的加快推进制度配套，进一步推动了地方性法规有效实施。2017年，完成"放管服"改革和生态文明建设涉及的法规规章、规范性文件专项清理工作。

规范执法行为。一是大力推进综合执法体制改革。拟定了重庆市《关于深化行政执法体制改革加快推进综合行政执法的意见》，对综合行政执法改革进行制度设计。市委、市政府出台《关于深入推进城市执法体制改革改进城市管理工作的实施意见》，整合相关部门城市管理职能，组建重庆市城市管理委员会，在城市管理及相关领域相对集中行政处罚权，实现跨部门综合执法。推进行业内综合行政执法改革，将农业、城乡建设、安全生产、交通运输等领域部门内综合执法纳入全市综合执法改革整体安排，全面推进部门内综合执法。二是加大严格规范文明执法力度。认真执行《重庆市行政执法基本规范（试行）》《重庆市规范行政处罚裁量权办法》《重庆市规范涉企行政执法若干规定》等制度，针对行政执法不作为、乱作为等突出问题，加大对执法行为的规范，为企业营造良好的发展环境。2016年，全面推行行政执法全过程记录、重大执法决定法制审查、行政执法公示"三项制度"工作，在市、区县、乡镇（街道）三级同步开展行政执法主体的资格清理审核及行政执法人员清理工作，认真执行《重庆市行政执法人员管理办法》，制定全市通用的行政执法文书规范格式文本，解决执法不规范、文书不标准的问题。三是全面推行"双随机一公开"。2015年，市政府印发《重庆市推广随机抽查规范事中事后监管实施方案》，规范市场执法行为，创新政府管理方式，着力解决行政检查中的不作为、乱作为和执法扰民、执法不公、执法不严等问题。2016年，市政府法制办印发《关于全面推开"双随机一公开"工作的意见》，先后组织全市各地区各部门进行轮训。38个区县的主要执法部门、40个涉及行政检查的市级部门建立了"一单两库一细则"，基本实现"双随机一公开"监管工作全覆盖，得到了国务院的充分肯定和市领导的批示表扬。

畅通行政复议渠道。充分发挥行政复议主渠道作用。积极畅通行政复议"入口关"，进一步明确了立案审查要件和标准，提高了审查效率。认真执行《重庆市行政复议工作基本规范》《行政复议工作规则》，加强实地调查、公开听证、专家评议，坚持重大、复杂案件集体研究，积极推进"阳光复议"，提升了行政复议公信力。在全国率先推行行政复议立案和审理分离制度，积极探索相对集中行政复议权改革试点。推进行政复议规范化建设，探索生效行政复议决定公开，对市政府一级的复议案件拟选择典型案例予以网上公开。加大行政复议依法调解力度，力争做到案结事了、定纷止争。积极推进约谈区县、部门负责人机制建设，通过办理行政复议应诉案件，发现并有效解决了部分部门和区县依法行政当中存在的不作为、乱作为等突出问题，有效规范了行政行为。每年定期开展行政复议案件专项检查，加强对区县行政复议工作的监督指导。

重庆市人大法制委员会《重庆市物业管理条例（草案）》立法听证会

（二）司法体制改革

司法体制改革的顺利推进离不开市委的坚强领导、政法委的统筹协调、各部门的大力支持和各区县的积极配合，以及法院主体作用的发挥。

首先是市委统一领导。市委按照中央全面深化改革的要求和部署，紧密结合重庆实际，紧紧盯住中央交办的重大改革任务，成立市委全面深化改革领导小组统筹推进全市改革工作，下设司法体制改革与社会治理专项小组，具体推进司法体制改革。重庆市司法体制改革工作形成了"专项小组提出落实中央决策具体方案—全面深化改革领导小组统筹把关—市委常委会审议决策—专项小组推动落实—市级政法各单位具体实施"的工作格局。市委高度重视司法体制改革，市委常委会多次专题听取司法体制改革工作情况汇报，研究法院、检察院改革方案和人财物市级统管等配套制度，并对"一把手"提出了"对标对表抓改革，亲力亲为抓改革，敢作敢为抓改革，善作善成抓改革"的要求。

其次是市政法委协调推进。作为重庆司法体制改革的牵头单位，市委政法委强化对司法体制改革的组织领导，在凝聚改革共识、突出改革重点、总结改革经验、形成改革合力上发挥了重要作用。改革推进中，多次前往法院、检察院开展调研，统一研究部署改革具体任务，明确改革推进节奏，统筹协调相关职能部门共同形成改革合力。先后组织召开司法体制改革专项小组全体会议10余次、专题会议70余次，逐条研究制定改革方案和配套制度，逐项协调解决改革推进中的疑难问题，确保了司法体制改革各项任务推进符合中央精神和要求，司法体制改革稳步有序推进。目前，法检两院四项主要改革已基本完成，公安机关警务体制、执法权力运行机制、公安行政管理制度、人民警察管理制度改革取得重大进展。市国安局深入贯彻中央《关于全面深化国家安全机关改革的框架意见》，坚持自上而下、有计划、有步骤地推进国家安全机关改革。司法行政改革方面，社区矫正制度、律师制度改革等取得较明显成效。

再次是法院系统具体落实司法责任制改革任务。2015年7月，重庆被中央确定为第二批改革试点省市后，按照市委、市委政法委统筹安排，市高级人民法院选择市二中法院、渝中、荣昌、梁平、黔江作为首批司法体制改革试点法院，并于2015年10月率先启动试点。在首批试点改革的基础上，2016年初，市高级人民法院就对全市法院全面落实司法责任制改革作了全面部署，实现"让审理者裁判，让裁判者负责"在重庆法院率先落实。在5家首批试点法院基础上，2016年9月，市委统一部署在全市推开法院司法责任制改革，年底顺利完成了包括市高级人民法院在内的其余40家法院员额制法官的选任，并同步推进司法责任制、司法人员职业保障、省以下地方法院、检察院人财物统一管理工作。

（三）公安法制建设

随着改革开放、经济体制改革深入发展，社会治安出现许多新情况、新问题。1988年，重庆市公安局建立公安新闻发布制度、社会协商对话制度、派出所公开办事制度，提高公安工作透明度，公安工作逐步由封闭式转向开放式。各级公安机关结合工作实际，开展法制宣传教育和公共安全咨询活动，有效提高人民群众法律意识和安全意识。1990年3月，重庆市公安局设立法制处，成立法制建设领导小组，在公安业务处、队和分、县局设立法制科，配备专职法制干部，加强公安法制领导工作。1990年至1996年，重庆市公安局法制部门共起草地方性法规、规章和规范性文件50余件。直辖后，尤其是十八大以来，市公安机关为适应改革开放不断深化和经济社会高速发展的需要，进一步强化法制建设，为营造全市良好的法治环境作出了积极努力。

推进执法规范化建设。2008年9月，重庆市公安局成立深化执法规范化建设领导小组，组织全市公安机关推进执法规范化建设。2014年，公安部开展全国公安机关执法规范化建设阶段成效检查验收，通报肯定重庆公安执法规范化建设成果。2015年，编制《重庆市公安机关执法规范化建设三年规划（2015—2017年）》，围绕健全执法制度、执法管理、执法责任三大体系以及改进公安行政管理等内容设定的11大项84小项建设任务基本完成。2016年8月，推动市委、市政府办公厅出台《重庆市深化公安执法规范化建设的实施意见》，系统部署涉及立法决策、制度机制、监督管理、保障培训以及信息化等方面共66项任务，奠定执法规范化建设在整个公安工作中的全局性、基础性地位。

强化执法制度和监督。党的十八大以来，积极适应以审判为中心的诉讼制度改革，制定非法证据排除、受案立案工作规定和消防、出入境、网络安全管理行政处罚裁量基准等执法标准、规程、指引等执法制度726项，其中，《冤假错案责任终身追究规定》《毒品收缴、封存、称量、检材提取及送检工作规定》等12项制度被公安部评选为优秀执法制度，并向全国推广。紧盯批捕、起诉等反映办案效能和质量的关键指标，每年定期开展执法质量考评。强化如实立案、依法办案，严格规范公正文明执法。严格案件评查，有效遏制执法突出问题。狠抓办案质量，实行受案立案网上全程监督管理。2016年，出台《重庆市公安机关执法监督管理委员会工作规定》，建成两级执法监督管理委员会，实现执法问题联席管理；修订出台《重庆市公安机关人民警察执法过错责任追究规定实施细则》，严格过错认定及责任追究，构筑规范执法刚性底线。

加强法制队伍建设。自2011年公安部部署启动执法资格考试以来，重庆市公安局建立执法资格等级管理机制，组织民警参加执法资格考试共计10.23万人次，累计通过高级执法考试1809人，取得高级资格民警数位居全国前列。将民警执法资格考试信息导入执法办案系统，实现执法资格与执法办案权限挂钩，未取得基本级及以上的不得从事执法活动。加强执法源头管理，在全市开展法制员派驻制试点，建立派驻法制员与专（兼）职法制员相互衔接机制，有效解决法制员履职独立性不足、职责不清晰、审核把关效果不佳等问题。加强队伍教育培训，2012年以来，围绕新法新规，针对执法热点难点，多次开展法制大讲堂、专业培训、技能竞赛等。

执法权力运行机制改革。积极适应以审判为中心的诉讼制度改革，不断强化证据意识、程序意识。2014年以来，制定出台办理刑事和解案件实施办法、刑事案件管辖若干问题的意见、刑事案件证据收集规定、处理违法犯罪嫌疑人辩解（申辩）申诉控告工作机制的指导意见、民警出庭说明情况与出庭作证暂行规定、依法保障嫌疑人及律师诉讼中的合法权益等。2017年，在执法办案系统中研发受案立案监督模块，实现对接报警信息受案立案情况实时网上巡查，有效解决人民群众反映强烈的"有案不受、受案不立、立案不侦"问题。健全完善刑事案件"两统一"工作机制，制定《重庆市公安机关推行刑事案件统一审核统一出口工作机制实施意见（试行）》，对采取拘传、取保候审、监视居住、刑事拘留等刑事强制措施，以及提请批准逮捕、案件侦查终结移送审查起诉等刑事诉讼关键节点和重要措施决定由法制部门统一审核统一出口。

保障被羁押者合法权益。党的十八大以来，重庆市公安局认真贯彻落实宪法、刑事诉讼法和《国家人权行动计划》，保障被羁押者的权利与人道待遇。一是对"三类人员"即女性、未成年人、严重传染病被监管人员进行分类集中羁押管理。二是开展监所医疗卫生专业化建设。出台《重庆市公安监管场所医疗卫生专业化建设工作实施方案》，形成集69个驻所医疗机构、42个监管病房、1个监管医院于一体的监所医疗卫生体系。三是进一步规范监所伙房管理。在全国率先出台监所伙房建设技术标准，纳入新所建设设计要求。四是开展监所对社会开放。2012年起，全市公安监管场所推行对社会开放活动，拓展监所对外沟通交流渠道，展示公安监管场所良好执法形象。通过领导公开电话、公开信箱接受被监管人员家属及社会各界监督，主动邀请人大代表、政协委员视察监所，全市监所建立特邀监督员不定期巡查监所工作机制。

（四）全民普法教育

"文革"结束之后，改革开放及其带来的社会全方位的变化，使得社会主义法制建设被提到议事日程上来。从1986年开始实施"一五"普法规划以来，重庆市按照中央在各个时期的具体要求，结合本地实际积极开展全民普法教育，宪法和国家基本法律得到广泛普及，群众遵纪守法和依法维权意识显著增强，领导干部学法、农村普法、青少年法治教育等多项工作成绩突出，政府依法行政和社会治理法治化水平明显提高。进入新时代，全市上下认真贯彻落实市委关于全面推进依法治市的意见，把全民普法守法作为全面依法治市的长期性基础性工作来抓，以法治促发展，靠法治保稳定，用法治惠民生，大力推进全民普法守法各项工作任务，为维护社会和谐稳定营造了良好的法治环境。

普法教育机制更加完善。全市普法守法工作机制不断健全和完善，各级全民普法守法专项小组和普法工作办公室得到进一步加强。坚持贯彻和严格执行全民普法专项小组议事制度，将普法工作纳入市级党政机关目标管理绩效考核、社会治安综合治理和平安建设考评的重要内容。"谁执法谁普法"的工作格局初步形成。2017年，市委、市政府印发了《关于进一步贯彻落实国家机关"谁执法谁普法"普法责任制的实施意见》，进一步明确了落实普法责任制的总体要求和具体措施。市级单位健全了本系统的普法责任机制，全市3000余个区县级部门和镇街纳入了普法责任机制管理。《人民日报》《法制日报》等中央媒体进行了专题报道，司法部将渝北区确定为全国唯一的"谁执法谁普法"工作联系点。

普法教育内容日益丰富。普法内容以宪法为核心，以专业法为重点，坚持围绕中心服务大局，结合各个历史时期的工作重点，有针对性地对主要法律进行普及教育。如"七五"普法规划就对深入学习宣传贯彻党的十九大精神作出了相关要求，并根据新修订的宪法，作出突出宣传宪法的规定。从总体上来看，从"一五"普法到"七五"普法规划，其内容不断丰富完善，涵盖法律知识、法律原则、法治观念、法治精神、法治思维、法治文化等诸多方面，具体涉及宪法、刑法、刑事诉讼法、民事诉讼法、婚姻法、继承法、经济法、治安管理条例、义务教育法、未成年人保护法等领域，并就食品药品安全、教育就业、土地流转、拆迁安置、社会保障等各项重点工作，开展各类法律现场宣传和咨询活动。

普法教育以人为中心。全市普法工作坚持以人为中心，突出重点对象、重点领域，由"大水漫灌"向"精准滴灌"逐步转变。一是高度重视青少年这个重要群体，开展法治教育课程资源工程建设，建立完善中小学法治教育课程、法治教育地方教材和考试考评三大体系。广泛开展法治实践教育，把实践教育作为课堂教育的延伸和补充，以"法律进学校""莎姐进校园""校园庭审"等活动为载体，组织开展丰富多彩的青少年法治实践教育活动。二是拓展城乡居民法治教育平台载体，开展了一系列有温度、有力度、接地气，能够解决实际法律问题或预防重大法律风险的普法教育活动。三是大力推进领导干部尊法学法守法用法长效机制建设。强化以考促学，每年分春秋两季组织新提任领导干部参加法治理论知识考试；组织党政机关、国有企业和高校的国家工作人员参加年度法治理论知识考试。深化学习培训，开办各类专题法治培训班，举办全市普法干部素能提升培训班，加大全市行政执法人员法治轮训力度。经过30多年持续不断的普法教育，全市干部群众的法律意识和法律素质得到了明显提高。

普法教育载体多样化。普法教育除了培训、授课等传统的宣传教育手段外，普法的形式和载体越来越多。重庆市尤其注重突出文化引领，持续推进法治文化建设取得显著成效。全市公共法治文化服务体系逐渐形成，特别是市级媒体普法专栏和网络新媒体普法联盟等法治文化传播集群成为亮点。创立了"点赞公民——千万市民学法律"以及"十大法治人物"评选、"12·4"网络晚会等一系列有影响力的法治文化品牌。"拍案说法""大律师在线"等法治栏目屡获全国殊荣。在第十三届全国法治动漫微电影作品征集展播活动中，共有17件作品获奖。2017年，市委、市政府印发《关于进一步把社会主义核心价值观融入法治建设的实施意见》，推动法治教育与道德教育的有机结合，增强了法治的道德底蕴。举办"最美法律志愿者"评选活动，有效调动了社会各界参与法律志愿服务的积极性。此外，全市广泛开展"法治区县""民主法治村（社区）"等创建活动，实施民主法治"五百"示范工程，实现了村居法律全覆盖。严格落实以案释法责任，充分运用典型案例，广泛开展以案释法宣传教育，增强普法宣传教育的生动性和实效性。经过长期努力，全市普法守法各项工作取得长足进步，普法工作服务全市大局取得明显成效，人民群众安全感和执法司法公信力指数增加，为全面依法治市奠定了坚实基础。

2003年，重庆市在杨家坪广场举行"12·4"全国法治宣传日纪念活动

第六章

推动文化大发展大繁荣

文化是民族的根和魂。改革开放以来，重庆市坚持中国特色社会主义文化发展道路，努力建立和完善公共文化服务体系，加大重大文化基础设施建设，深入推进文化体制改革试点，建设社会主义核心价值体系，弘扬主旋律，提倡多样化，遵循文化发展规律，增强文化自觉自信，大力建设文化强市，推动文化大发展大繁荣，为科学发展、富民兴渝提供强大的精神动力。

一、深入推进文化体制改革

党的十一届三中全会以来，重庆市文化体制改革，重点在理顺文化管理体制、深化文艺院团改革、文化供给侧结构性改革、构建公共文化服务体系等方面进行探索，取得实质性进展。党的十八大以来，重庆作为全国文化体制改革试点地区，在中央的科学决策和正确领导下，文化体制改革由点到面、逐步推开，文化管理体制逐步理顺，文化发展活力明显增强，改革阶段性任务基本完成。

（一）重庆文化体制改革的历程

1978年，十一届三中全会的召开标志着我国进入改革开放和社会主义现代化建设的新时期，文化领域也逐步实现由以阶级斗争为纲向以经济建设为中心的转变。1983年2月，中央批准重庆为全国第一个实行经济体制改革综合试点的大城市。随着经济体制改革的全面展开，重庆文化也进入一个较快发展的时期，而推动重庆文化发展最大的动力就是体制改革，这一阶段文化体制改革在以下方面取得进展。

艺术剧团改革率先启动。1985年，中共中央办公厅、国务院办公厅批转文化部《关于艺术表演团体的改革意见》，要求改变全国专业艺术表演团体数量过多、布局不合理的状况，在大中城市，专业艺术表演团体要精简，重复设置的院团要合并或撤销。1988年，重庆市区县剧团调整布局、减团减人工作基本完成，相关体改方案和相应配套措施的出台为市属艺术表演团体全面改革工作取得突出成绩，通过对剧院的新机构设置，调整专业艺术队伍结构，组建新的艺术生产经营实体。通过改革，剧团数量和人员得到精简，艺术生产、创造、演出、文化经营活动呈现出勃勃生机。

经济文化联合体受到全国文化界肯定，并在部分中心城市得到推广。在艺术表演团体体制改革过程中，重庆市探索出企业与艺术团体挂钩组成经济文化联合体的发展模式，在全国引起较大反响。1985年1月，重庆市属8个专业艺术表演团体与9个大型企业联姻，建立9个经济文化联合体。联合体确定原有的隶属关系和所有制不变，国家对剧团事业经费拨款基数不变，专业剧团面向社会服务方向不变的原则，并制定一系列管理办法。到1988年1月，

9个经济文化联合体圆满结束首轮协议履行期。在这期间，联合体剧团方面为配合企业体改演出634场，观众达6万多人次，企业方为剧团提供演出等报酬共计133.05万元（相当于同期国家财政给市属院团拨款总额的10%），其中，80%以上直接用于剧团艺术建设。经济联合体的经验得到全国文化界和企业界的普遍关注和认可，并在全国部分中心城市得到推广。

文化事业单位"以文补文"成效显著。文化事业单位"以文补文"活动最早出现在广东等经济较为发达的省份，后来这一经验逐渐被推广，并从群众文化事业延伸到剧团、影剧团、图书馆、博物馆、文化馆等文化事业。1980年，中宣部等部门在《关于活跃农村文化生活的几点意见》中，第一次使用"以文补文"的提法。重庆的"以文补文"的形式多种多样，包括编印各种文化科技艺术资料、书画展销、文物修复、乐器维修和租赁、艺术摄影、广告装潢等。1987年，全市群文单位"以文补文"总收入达388万元，为同期国家拨款178万元的1.1倍多；1988年，全市文化事业单位"以文补文"纯收入达433万元，用于"补文"的金额为369万元。"以文补文"多种经营和有偿服务，弥补国家经费的不足。

涌现出一批改革典型。重庆市新华书店由管理型向管理经营型转变，各区县书店实现经理聘任制；在广播电视新闻界，出现重庆经济广播电台、重庆电视二台这样的自筹资金、自收自支、独立核算、自负盈亏、企业化管理的改革典型。中宣部在1990年第71期《宣传信息》中肯定两台的改革，指出："这种改革突破了广播电视部门传统的管理体制，在全国广播电视系统当属首例。"

直辖后，随着社会主义市场经济体制的逐步确立，重庆文化产业的发展开始进入起步阶段。全市初步形成文艺演出、电影、广播电视、文博展览、文化旅游、文化娱乐、艺术教育、文化经济等产业门类。文化产业的一些主要经济指标如固定资产、从业规模、总产出、增加值、纯利润等，都呈现出稳步发展的态势。文化产业的发展速度快于重庆社会经济发展速度，成为继重工业、商贸、运输、金融保险业之后又一快速发展的行业。

文化产业管理体制逐步形成。随着文化产业的发展，重庆初步形成文化产业管理体制，重庆市文化局成立文化经济处，各区县相继成立文化经济科，市属单位设立相应的实体管理机构。1998年，沙坪坝区文化局按照《公司法》和现代企业制度的要求，成立沙坪坝区文化国有资产经营有限责任公司，在完善国有文化资产运营监管、构建规范科学的公司法人治理结构以及建立有效的国有文化企业激励与约束机制等方面实现新的突破。

国有文化企事业单位改革步伐加快。直辖后，国有文化事业单位改革步伐明显加快。1998年，重庆新华书店有限责任公司和重庆新华书店组建集团，通过对资产的优化重组，盘活存量资产，建立适应出版物市场发展的管理体制和经营机制。2000年，重庆日报社整合市内报业资源，形成"七报一网站"的格局，集约化经营能力显著增强。重庆市电影发行放映公司自1992年起，就建立起与供片商和区县公司、非直属影院之间的经营伙伴关系，调整经营结构和内部组织结构，成为名副其实的文化企业。

2003年，重庆被确定为全国文化体制改革综合试点地区后，主要是推动政事、政企分开和管办分离，理顺宏观管理体制，转变行政职能，探索建立和完善文化宏观管理体制，如实现广播电视的局、台分开，新闻出版的局、社分开，建立起文化市场综合执法机构，等等。

2005年12月，中共中央、国务院发出《关于深化文化体制改革的若干意见》，对进一步推进文化体制改革的指导思想、原则要求、目标任务作了全面部署。重庆在这一阶段加大事转企步伐，着力推进事企分开，积极培育合格的文化市场主体，加大广播电视的台企分离、台网分离和非时政类报刊的转企改制，并实现重庆市文物局相对独立办公。

2007年10月，党的十七大明确要求深化文化体制改革，完善扶持公益性文化事业、发展文化产业、鼓励文化创新的政策，营造有利于出精品、出人才、出效益的环境。按照中央的统一部署，这一阶段的改革工作重心由试点探索向全面推进迈进，由市级向区县、由改革宏观管理向微观领域深入。从宏观管理方面，主要是实现市级文化、广电两局合并和区县文、广、新三局合一，并推动事转企改革，如成立四大国有文化集团、将歌舞团划转广电集团，以及推动事业单位改革，如成立红岩联线管理中心。

2011年10月，党的十七届六中全会召开，明确提出"文化引领时代风气之先，是最需要创新的领域"，要求改革永不停步，创新永不止步，以此来激发文化创造活力，推动文化大发展大繁荣。经过前三阶段的改革，重庆主要剩下院团改革、电影领域改革没有全面突破。为此重庆在这一阶段的文化体制改革工作，重点攻坚院团改革，全面推动电影行业改革，并对提升公益文化单位的公共服务能力进行积极探索，基本实现相应的改革任务。

理顺文化管理体制，提高宏观管理能力，积极探索大文化的管理体制，加快转变行政管理职能，增强文化治理能力，组建成立重庆市文化委员会，实现重庆市文化广电、新闻出版两局合并。深化文化供给侧结构性改革，构建现代公共文化服务体系，加快媒体深度融合。

（二）文化体制改革取得的成效

理顺文化管理体制，提高宏观管理能力。在全国率先实行文化大部门制，从"办文化"转向"管文化"、从"管脚下"迈向"管天下"。完成174家国有经营性文化事业单位转企改制，整合33个区县有线电视网络，实现发展规划、技术标准、业务平台、市场拓展、运行维护"五统一"。推动公益性事业单位法人治理结构试点，组建市图书馆理事会，完善理事会运行机制，在文化部组织的专家评审中名列全国第三。加快政府职能转变，进一步降低文化市场准入门槛，2013年启动行政审批改革以来，取消市、区县两级行政审批事项46项，下放市级行政审批12项，清理规范中介服务32项，确立市级权力清单事项89项，取消非行政许可项目10项，网上行政审批率实现100%，压缩审批总时限35%。实施文化市场"黑名单""红名单""警示名单"制度，13家文化企业被纳入"黑名单"重点管控。推行"双随机一公开"监管机制，2016年联合市文化行政执法总队开展检查36次，抽查从业主体65家，市场监管执法事项抽检率达100%。

深化文艺院团改革，推动"两个效益"相统一。取"保留一批、转企一批、合并一批、划转一批、撤销一批"方式，完成8家市级文艺院团、19家区县文艺院团改革，并针对人员安置、财政投入、剧目补助、创作奖励等问题，出台"5+5"的政策体系。改制后，文艺院团创新活力不断凸显，实现出人、出戏、出效益的转变，8家市级国有文艺院团年收入为14978.05万元，比改制前2009年的年收入5699.9万元增长1.63倍，演出场次也大幅增加，仅重庆歌舞团有限责任公司一家，改制后年均演出200场。坚持乙方变甲方、存量换增量、时间换空间的思路，撬动渝中区政府投入3亿多元，在黄金口岸的解放碑魁星楼兴建2.5万平方米团场，彻底解决市歌舞团、市京剧团、市话剧团、市曲艺团4个院团"一团一场"的遗留问题，院团发展面貌焕然一新。

深化文化供给侧结构性改革，扩大和引导市场消费。重庆市获批全国首批扩大文化消费试点城市，成功举办首届重庆文化惠民消费季，筛选1300家文化企业组建重庆文化消费企业联盟，评选100个传统文化消费新领地和100个新兴文化消费新领地，开展文化活动1500余场，直接拉动文化消费13.8亿元，实现综合效益48亿元。探索实施"文化企业营销创新以奖代补计划"，鼓励企业大胆运用新手段，促进文化企业提供有效供给、畅通供给渠道、对接市场需求。鼓励文化企业上网销售，评选100名文化电商和10个创新型营销优秀案例，以以奖代补方式给予补助350万元。参评企业2016年实现线上销售35亿元，95家参评创新型营销企业增加销售收入1.3亿元。推进"三去一降一补"，清理54家僵尸和空壳文化企业，清理兼职（任职）人数60人，着力补短板，突出强主业，精准防风险。

2016年12月12日，首届重庆文化惠民消费季启动仪式在观音桥步行街举行

第六章　推动文化大发展大繁荣

构建现代公共文化服务体系，进一步增强人民群众的文化获得感和幸福感。创新推行"群众点单、政府配送"的方式，线上线下联动推进公共文化服务标准化、均等化、数字化，建立21个市级部门参与的全市公共文化服务体系建设协调机制，不断提高服务效能。成功申报国家公共文化服务体系示范区3个、示范项目6个，国家公共文化标准化试点城市1个，国家公共文化单位法人治理结构试点单位1个，全国基层文化队伍培训基地1个。实施流动文化服务进村民生实事，从2014年开始，累计投入资金1.79亿元，购买10万场演出进村，惠及群众3000余万人次。实现公共文化物联网区县全覆盖，建成市级总平台1个、区县分平台40个、乡镇（街道）基层服务点960个，年配送2万余次，服务群众700余万人次，实现政府配送与群众"点单"有机结合。在全国率先开展文化馆、图书馆、博物馆3馆总分馆制，形成市馆带区县馆，区县馆带乡镇文化中心的资源共享格局。

繁荣文艺创作生产，推出一批精品力作。立足"高原"攀登"高峰"，积极整合创作资源，鼓励跨地区、跨行业、跨体制联合，紧扣重大时间节点、围绕现实题材、聚焦重庆地域特色，创作一大批有筋骨、有道德、有温度的文艺精品，截至2017年底，共创作电影43部、电视剧38部、动画片15部，新创排演舞台艺术剧目15部，出版图书26288种、音像电子1946种、期刊135种、报纸46种，其中，获得"五个一工程奖"、文华优秀剧目奖、梅花奖、鲁迅文学奖等国家级大奖100余项，10部影视剧在央视播出，13部电影在院线公开上映，10余台优秀剧目参加国内外展演，在全国文学类核心期刊发表作品100余篇（首）。京剧《大梦长歌》、川剧《鸣凤》、话剧《幸存者》、歌剧《钓鱼城》、舞剧《杜甫》、芭蕾舞剧《追寻香格里拉》获得国家级奖项，《出山》等3部电影获得国际大奖，《海棠依旧》等2部电视剧入选建党95周年献礼片，《中华大典·天文典》等17种出版物获国家级大奖，《重庆日报》等8种报刊入选全国"百强报刊"，《西南大学学报》《中华肝脏病》获得"百种中国杰出学术期刊"，《少年先锋报》《课堂内外》获得全国优秀少儿报刊，《改革》杂志影响力指数排名全国经济学期刊第一。

发展壮大市场主体，培育文化产业发展新动能。坚持"抓大、强中、扶小"的思路，充分发挥统筹指导协调作用，建立全市文化产业重大项目季度推进机制。截至2017年底，新增投资超过2000亿元，成功引进万达文旅城、美国六旗乐园等一批文化产业重大项目，皇庭珠宝城、华侨城欢乐谷、京渝文创园等建成投用，全市特色文化集聚区达37个，集聚文化企业近5000家，文化产业呈现出集群集聚发展的良好态势。创建文化部、新闻出版广电总局授牌的文化产业基地9个，命名市级园区10个、基地75个，聚集文化企业超过2500家。全市老旧厂房退出改造成文创园区的建筑体量超过60万方。猪八戒网上榜第九届"全国文化企业30强"提名企业，实现历史性突破。重庆文博会连续举办5届。西部动漫节连续举办8届，成为与杭州、东莞齐名的三大动漫节。文化企业"新三板"挂牌上市15家，重数传媒创业板IPO申报获证监会受理，重庆有线、新华传媒上市方案已经中宣部批复。全市文化市场主体总数达9.39万家，注册资本金3200亿元。2016年全市文化产业实现增加值618.68亿元，GDP占比3.52%，比2007年的114.19亿元增长441.8%，年均增速20.66%，比同期GDP年均增速高5%，呈现出快速增长的态势。

传承弘扬中华优秀传统文化，推动创造性转化和创新性发展。

认真贯彻"保护为主、抢救第一、合理利用、加强管理"的方针，坚持在保护中发展、在发展中保护，真正让文物"活起来"。完成全市第一次全国可移动文物普查，建立覆盖165家收藏单位、148万余件可移动文物、91万余张文物照片的文物资源数据库，自然博物馆晋升为国家一级博物馆、国家4A级旅游景区。完成各类文物保护项目218个，实施大足石刻文物保护、革命遗址保护利用、抗战遗址保护利用、大遗址和古建筑保护、三峡后续工作文物保护等五大文物保护重点工程，其中，大足石刻千手观音造像抢救性保护工程列为全国石质文物保护一号工程，获评"全国十大优秀文物维修工程"，自然博物馆、三峡博物馆同获全国博物馆十大陈列展览精品奖。5条传统风貌街区文物保护取得突破性进展，完成渝中区法国领事馆旧址修缮。合川钓鱼城申报世界文化遗产取得阶段性进展。公布第五批市级非遗项目123项，总量达511项。新增全国重点文物保护单位35处，历史文化名镇2个、名村1个，传统村落63个。新发现文物点17244个，增幅全国第一。新增博物馆31家，总量达到94家。非遗保护不断加强，新增国家级非遗项目15个，武陵山区（渝东南）国家级文化生态保护实验区成功获批国家级文化生态保护区。

加快媒体深度融合，打造现代传播体系。争取国家10亿元改革政策资金支持，实施23个报网融合项目，重庆日报报业集团在全国报界率先建成全媒体互通"中央厨房"技术平台，形成16网、243个微博微信公众号和客户端的立体传播格局，年用户数达9000多万户，初步实现移动互联网领域弯道超车。重庆广电集团（总台）在西部地区率先获得互联网电视内容牌照和手机电视牌照。重庆网络广播电视台自主开发新媒体产品，构建起较为完善的新媒体矩阵，旗下视界网、重庆手机台、IPTV、"渝眼"等七大新媒体平台用户数达500余万户，日均点击量超过520万次。重庆手机台注册用户超过30万户，月均点击量达到1200万次。重庆广电集团（总台）移动客户端《第1眼》上线，用户数达10万户。加大互联网出版监督管理力度，国别化（泰国）汉语教学资源库及中华文化传播平台、基于大数据的中国抗战大后方历史文化知识库等九个项目入选国家新闻出版改革发展项目库。

加强对外交流合作，拓展文化开放格局。立足文化外交大局，积极服务"一带一路"建设，截至2017年底，完成对外对港澳台文化交流项目200项、2579人次，接待来访1098项、12918人次。赴31个国家和地区执行国家文化部"欢乐春节"任务28次，在部市合作框架内执行与墨西哥、法国、日本、新加坡4个中国海外文化中心年度合作项目，与俄罗斯、白俄罗斯、新加坡、越南、爱沙尼亚、捷克、匈牙利、罗马尼亚等"一带一路"沿线国家开展广泛交流与合作。在德国、西班牙、美国等国家举办"重庆文化周"活动。以文化交流推动文化外贸，重庆演艺集团在西班牙设立全资子公司，业务范围辐射欧洲和非洲。重庆杂技艺术团实现海外商演2279场，铜梁龙舞赴海外32个国家表演展示，非遗产品荣昌夏布及其制品出口额达到3.4亿美元，重庆动漫出口东欧、东南亚、西亚、中国香港。引进"俄罗斯文化节""以色列现代舞大师班"等大型国际文化交流项目来渝展演。三峡博物馆入选海峡两岸文化交流基地，抗战遗址博物馆入选对台文化交流基地。2013年，重庆市被文化部表彰为对外文化交流先进省市。

二、加大文化基础设施建设

文化设施作为文化展示展演、公众开放、收藏研究和宣传教育的载体和平台，对建设文化强市具有重要意义。改革开放以来特别是党的十八大以来，伴随国家中心城市定位和文化体制改革进程加快，重庆市委、市政府高度重视文化设施建设，不断提升文化设施建设水平，坚持实事求是、量力而行、适度超前、统筹兼顾、填遗补缺的原则，坚持以大项目带动大投入推动大建设，着力夯实文化阵地，实现市、区县、乡镇（街道）、村（社区）四级文化网络服务全覆盖，更好地服务城市发展，满足人民群众精神文化需求。

改革开放以后，在20世纪五六十年代兴起的文化基础设施建设高潮的基础上，一批标志性文化建筑如重庆剧场再次改建扩建，市图书馆在两路口扩建新馆，歌乐山烈士陵园扩建及烈士群雕工程竣工。

重庆直辖以后，于2004年、2008年兴起两轮（十大社会文化设施、十大公益性项目）文化设施建设热潮，总计建成大型项目13个，总建筑面积约53.04万平方米，总投资约51.67亿元。重大文化设施建设不断完善，在重庆图书馆、重庆中国三峡博物馆、重庆大剧院等已有重大文化设施基础上，新建成国泰艺术中心、川剧艺术中心、群众艺术馆新馆、大足石刻陈列总馆、自然博物馆新馆、文化艺术职业学院一期、重庆国际马戏城、文艺家活动中心、重庆美术馆、罗中立美术馆、王琦美术馆等市级大型文化设施。推进院团团场和文艺创作基地建设，促进文艺延伸基层、融入基层。文艺院团团场得到有效解决，渝中区魁星楼调团场的建成，彻底解决文艺院团团场建设落后的根本问题。持续十年的重大文化设施建设活动贯穿"十一五""十二五"时期，奠定了重庆市文化设施规模格局，在传承城市文明、完善城市功能、展示城市形象、丰富市民生活方面发挥重大作用。

改革开放以来特别是党的十八大以来，坚持以基层为重点，一手抓传统文化阵地提档升级，一手抓数字文化阵地拓展覆盖，加快推进标准化、均等化建设，覆盖城乡、惠及全民、便捷高效

2013年1月，重庆国泰艺术中心建成投用

的公共文化设施网络进一步完善。实施区县电视台标准化建设，建成一级台5个、二级台21个、三级台12个。升级乡镇（街道）文化站、村（社区）文化室，建成829个乡镇（街道）、4598个村（社区）综合文化服务中心；建成乡镇惠民电影固定放映厅382个。重庆市每万人拥有"三馆一站"面积达到568平方米，高于全国平均水平（549平方米）。建成数字图书馆43家、数字文化馆7家、数字农家书屋580个；建成重庆网络电视台，用户数达500余万户，日均点击量超过520万次；建成IPTV集成播控平台，用户数达200余万户；进行有线网络数字化双向改造，在册用户数达到688万户。

目前，仍在推进的有重庆市少年儿童图书馆、重庆国际马戏城、重庆广播电视发射塔和三峡文物科技保护基地等重点项目。截至2017年底，全市建有文化馆41个、公共图书馆43个、博物馆95个（含非国有）、乡镇（街道）综合文化站1026个、村文化室8126个、社区文化室3052个、农家书屋8318个，覆盖率均为100%。

三、建立完善公共文化服务体系

改革开放以来特别是党的十八大以来，重庆市全面落实公共文化服务基本标准，以满足人民群众基本文化需求为出发点，实施重大文化惠民工程，打造文化活动品牌，让人民群众享受更多文化实惠。按照公益性、基本性、均等性、便利性的要求，完善覆盖城乡的公共文化服务体系，推进城乡文化一体化发展。

（一）文化活动频频

改革开放以后，全市宣传文化工作拨乱反正，开展批判"四人帮"、冲破"两个凡是"、学习十一届三中全会精神和十一届六中全会《关于建国以来党的若干历史问题的决议》等重大活动。这一时期，举办的雾季文化节影响较大。第一届1985年以纪念抗日战争胜利40周年为主题；第二届1989年以庆祝重庆定名800周年、建市60周年、解放40周年（简称"三庆"）为内容；第三届1991年主要展示重庆专业艺术表演成果。重庆出版社出版的三大书系在国内出版业产生广泛影响。《中国抗日战争时期大后方文学书系》1989年出版，获第四届中国图书奖一等奖；《中国解放区文学书系》1991年出版，获全国第一届国家图书奖提名奖，美国国会图书馆受赠留存；《世界反法西斯文学书系》1995年出版，获全国第二届国家图书奖提名奖，其苏联卷部分获第三届全国外国文学图书奖一等奖，江泽民总书记在参加纪念苏联卫国战争胜利52周年活动期间将该卷赠送俄罗斯总统叶利钦，叶利钦回赠图书并向重庆出版社颁发卫国战争纪念证。

直辖以后特别是党的十八大以来，以品牌活动吸引群众参与公共文化建设、享受公共文化服务，不断增强人民群众的文化自信、文化自觉，提升人民群众的文化获得感、幸福感。专业艺术方面打造重庆演出季、"渝州大舞台"送演出进基层、舞台艺术之星选拔比赛、声乐比赛、舞蹈比赛；群文艺术方面打造重庆市社区文化节、乡村文艺会演、戏剧曲艺大赛、美术书法摄影联展、广场舞大赛；全民阅读方面打造重庆读书月、"红岩少年"读书活动、"全民阅读推广大使"和"全民阅读示范单位"评选活动；文化遗产方面打造重庆文化遗产宣传月、民间文化艺术之星选拔赛、非遗博览会；文化产业方面打造重庆文化产业博览会、中国西部动漫文化节、重庆文化惠民消费季；广播影视方面打造重庆公益广告扶持项目、微视频大赛、电影剧本征集评选资助项目、"农民工电影周"；新闻出版方面打造印刷技能大赛。培育出三峡移民文化节、武陵山民族文化节、巫山红叶节等20个区县文化品牌，年均开展活动1.5万场，参与群众3000万人次。

2017年3月14日，第五届重庆市社区文化节在潼南开幕

重大文化活动影响广泛。成功举办第十二届亚洲艺术节和第十二届中国戏剧节，37个国家和国际组织、490位中外要客嘉宾、120个中外文艺团队和机构、3300名中外职业艺员会聚重庆，演出66台111场剧（节）目，在全市14个场地举办3大论坛和5大系列展览；成功举办第六届全国话剧优秀剧目展演，汇集全国各省、自治区、直辖市23台既具思想性、艺术性、观赏性，且形象鲜活、内涵丰富、具有独特艺术表现力和感染力的优秀话剧作品，在各大

剧场同时上演近50场；成功举办首届中国西部交响乐周，包括开幕音乐会，中国西部交响乐发展论坛，中国西部交响乐团团长联席会，中国西部交响乐团展演，中外交响乐经典赏析，"进广场、进学校、进社区"演出，闭幕音乐会等7大主题活动，13场交响音乐会、9场交响乐进基层演出，全面展示西部交响乐发展成果；成功举办第九届全国杂技比赛，共有来自全国17个省、自治区、直辖市的43个杂技团的53个国内顶级杂技（魔术）节目来渝参加比赛，圆满完成本次比赛的各项服务工作；成功举办第五届中国（重庆）交响音乐季，历时3个月，辐射观众近30万人次，有力地丰富市民的文化生活，促进重庆市交响乐事业的发展；成功举办6届重庆演出季活动，包括国内外优秀剧目展演、演艺推介会等活动内容，为市民奉上一道文化大餐；成功举办2015年中国文化馆年会，有工作会议、主题论坛、博览会三大板块活动，分为10个展区，国际标准展位3500个，全方位展示近年来全国文化馆（站）行业发展的最新成果，推动重庆文化事业与文化产业、文化科技融合共享。"渝州大舞台"送演出进基层活动，每年组织优秀艺术表演团体为基层群众送演出1000场，极大地丰富广大群众的精神文化生活，受到广泛欢迎和好评。

（二）文艺精品力作不断涌现

改革开放以后，全市宣传文化工作者在思想上得到极大解放，在艺术上不断追求创新，成果丰硕。重庆杂技团团长何天宠，1993年组织参加第二届全国杂技"新苗杯"大赛，结束重庆在全国杂技艺术比赛中与金奖无缘的历史；1994年《舞流星》赴法国参加第八届"未来"世界国际杂技比赛，获唯一金奖，实现重庆杂技在国际比赛中金奖零的突破。在美术界，1980年罗中立的油画《父亲》问世，1981年获国家级金奖。著名雕塑家叶毓山的作品《毛主席全身雕像》安放在毛主席纪念堂，《谊涉重洋》安放在加拿大多伦多市政厅，《举杯邀明月——李白》在美国西雅图落户。文学方面，黄济人的《将军决战岂止在战场》1983年获全国首届军事文学奖，1984年获全国优秀畅销书奖，1988年获郭沫若文学奖。中国当代著名女诗人傅天琳出版诗集《绿色的音符》。重庆新诗评论的代表人物吕进，创办中国新诗研究所，在国内诗评界与北大的谢冕合称"北谢南吕"。电视剧创作方面，涌现张鲁、何为、潘小杨、陈浚中为代表的重庆电视台"青年创作集体"，他们奠定20世纪80年代中国"电影看西安、电视看重庆"的地位。电视剧《希波克拉底的誓言》获第七届全国电视"飞天奖"单本剧一等奖，并被德国电视二台、伦敦电视周选中展播，成为最早进入欧洲国家主流电视频道的中国电视剧。重庆卫视的《雾都夜话》与杭州电视台西湖明珠频道的《阿六头说新闻》齐名，是重庆地区收视率和收视份额唯一进入全国栏目总排名前十的栏目。重庆方言剧引领全国风潮，有"西有麻辣烫北有马大帅"之说，出现《傻儿师长》《山城棒棒军》等一批著名方言电视剧。在音乐界，由著名诗人梁上泉作词的歌曲《小白杨》，1985年经著名歌唱演员阎维文首唱后，红遍大江南北，并入选全国高等师范院校音乐教材。著名作曲家金砂与羊鸣、姜春阳合谱的歌曲《红梅赞》唱响全国。1987年，郭文景用李白的同名诗篇创作出交响合唱曲《蜀道难》，被评为20世纪华人音乐经典。在舞剧、话剧、歌剧方面，大型舞剧《三峡情祭》获文化部第五届文华奖新剧目奖、编导奖和男女主角表演奖。话剧《沙洲坝》1994年获中宣部"五个一工程奖"、第二届西南话剧节优秀剧目奖。《巫山神女》是重庆市第一部具有西洋大歌剧风格的原创歌剧，曾获文华新剧目奖、中宣部"五个一工程奖"。

　　直辖以后特别是党的十八大以来，全市文化系统深入学习贯彻习近平总书记关于文艺工作系列重要讲话精神，全面落实中共中央《关于繁荣发展社会主义文艺的意见》和市委《实施意见》，坚持以人民为中心的创作导向，把创作优秀作品作为中心环节，深入实施舞台艺术、影视剧、出版、美术等系列精品创作计划，重点扶持重大革命和历史题材、当代题材、现实题材剧目创作，推出一批讴歌党、讴歌祖国、讴歌人民、讴歌英雄的文艺作品。川剧方面有《金子》《李亚仙》《江姐》《灰阑记》《鸣凤》《白露为霜》，京剧方面有《金锁记》《张露萍》《大梦长歌》，话剧方面有《幸存者》《河街茶馆》《朝天门》《三峡人家》，歌剧方面有《巫山神女》《钓鱼城》《辛夷公主》，舞剧方面有《邹容》《杜甫》，芭蕾舞剧方面有《追寻香格里拉》《死水微澜》，音乐剧方面有《城市丛林》，杂技剧方面有《花木兰》《魔术情缘》，曲艺剧方面有《啼笑姻缘》，儿童剧方面有《小萝卜头》，大型民族管弦乐方面有《大地悲歌》《山水重庆》等，共有舞台艺术重点剧目37台。审查发行电视剧242部5433集，其中，直辖以来157部5176集。2012年至2016年，共备案电影161部，完成55部。

　　全市文艺作品获得全国性重点奖项175项，舞台艺术作品获得全国性重点奖项77项，歌剧《钓鱼城》、话剧《幸存者》、电影《走过雪山草地》等21部作品获中宣部"五个一工程奖"。川剧《金子》荣获首届"国家舞台艺术精品工程"十大精品剧目、"首届优秀保留剧目大奖"和"文华大奖"等奖项，话剧《三峡人家》、杂技剧《花木兰》、歌剧《钓鱼城》获国家舞台艺术精品工程前十强，京剧《金锁记》、话剧《河街茶馆》等6台剧目获中国戏剧节奖，舞剧《杜甫》获中国舞蹈"荷花奖"舞剧奖。《大进攻序曲》《乘警李小咪》《山城棒棒军》《新华方面军》《赵世炎》《突出重围》《西圣地》《周恩来在重庆》《国家行动》《解放大西南》《刘伯承元帅》《原乡》《毛泽东》《聂荣臻》《绝命后卫师》等15部电视剧和《默默流淌的爱》《宝贝回家》等2部广播剧先后获得中宣部"五个一工程奖"，《巴桑和她的弟妹们》《希波克拉底誓言》《山月儿》《黑豹突击队》《大进攻序曲》《乘警李小咪》《新华方面军》《西圣地》《国家行动》《山青青水清清》《周恩来在重庆》《突出重围》《解放大西南》《医者仁心》《刘伯承元帅》《原乡》《聂荣臻》等17部电视剧获"飞天奖"，《民主之澜》《母亲，母亲》等2部电视剧获"金鹰奖"，《海棠依旧》获上海电视节"白玉兰奖"组委会特别奖。电影《将离草》获第三届温哥华华语电影节"红枫叶奖"最佳摄影奖和最佳美术奖，《黄连有点甜》《小题大做》参加第十八届香港国际影视展。纪录片《大后方》入选"星光奖"，《最后的棒

话剧《幸存者》获中宣部"五个一工程奖"

棒》获得首届金树国际纪录片节最佳短纪录片奖。电影《血战湘江》荣获全国第十四届精神文明建设"五个一工程奖"和第二十六届中国金鸡百花电影节第三十一届中国电影金鸡奖组委会特别奖，取得社会效益与经济效益双丰收。

谐剧《一分不能少》、小品《占座》2部作品荣获第十一届中国艺术节"群星奖"。市川剧院院长沈铁梅荣获文华表演奖并成功摘得"梅花大奖"，成为川剧历史上和西部地区的首位"梅花大奖"得主，马文锦、黄荣华、孙勇波、张军强、张礼慧、谭继琼、周利、吴熙相继荣获"梅花奖"，程联群夺得"白玉兰戏剧表演艺术奖主角奖榜首"，程联群、王弋、吴熙、刘广先后荣获中国戏剧节优秀表演奖，刘广、车璐荣获中国艺术节优秀表演奖。

全市目前共有3家图书出版社和6家音像电子出版社，图书出版社的数量居全国第28位。图书出版社年均出版图书近6000种，其中，新版图书2000余种，年均总印数上亿册，年均销售码洋约15亿元。音像电子出版社年均出版电子音像产品近400种，年均发行总量750万张，年均销售收入近400万元。"十二五"期间全市累计出版图书26288种，总印数约6.45亿册，销售总码洋74.15亿元，销售总收入约40.92亿元，销售利润约5.75亿元。累计出版电子音像出版物1946种，总发行3739余万片（盘），销售收入1.96亿元，利润2230余万元。共有12个主题出版项目获得国家出版基金资助，《布哈林文集》《廉政文化丛书》《日本远东战争罪行丛书》《领导人手迹故事丛书》《逐梦他乡重庆人》《全球正义研究丛书》《纪念改革开放40周年·中国大战略丛书》等30多个优秀主题出版选题获重庆市出版资金资助，《马恩列画传》《历史的轨迹》《中国特色社会主义"五大建设"丛书》《中国特色社会主义道路研究》

等多个主题出版选题入选国家主题出版重点选题目录,《中国特色社会主义理论体系研究》《三农续论:当代中国农业、农村、农民问题研究》《忠诚与背叛——告诉你一个真实的红岩》《重庆之眼》等30多个主题出版项目获国家级和市级奖励。获国家出版基金资助项目44个,资助资金近亿元,40种图书和音像电子出版物获"五个一工程奖""中国出版政府奖""中华优秀出版物奖"等国家级大奖,省部级以上奖励500多种。2种图书入选中国文艺原创精品出版工程项目,10种图书入选中国"三个一百"原创图书出版工程,30多种图书和音像电子出版物入选全国系列优秀出版物推荐名单。期刊期发量增至260万册,8种报刊入选"全国百强报刊"。全市版权登记数突破10万件,总量居全国第六位。

(三)公共文化服务日趋完善

公共文化服务是政府基本职能,既是文化工程,更是民生工程。改革开放以来特别是党的十八大以来,重庆市以提升公共文化服务效能为核心,以群众满意为目标,从完善阵地功能、实施重大工程、强化内容生产、保障服务供给、打造服务品牌等方面着手,加快推动现代公共文化服务体系建设,取得一定成绩,群众的文化获得感明显增强。成功申报国家公共文化服务体系示范区3个、示范项目6个,国家公共文化标准化试点城市1个,国家公共文化单位法人治理结构试点单位1个。

实施系列重大文化惠民工程,惠及更多群众。广播电视向户户通和数字化延伸,完成90万农户直播卫星户户通工程和50座无线发射台站中央广播电视节目无线数字化覆盖工程;农村电影惠民放映向社区拓展,每年在社区放映1.2万场,面向农民工放映600

场，年开展惠民电影放映约12万场，惠及群众约2000万人次。试点推行乡镇数字影院与惠民电影放映结合，年购买4万场商业片，启用金属银幕1000套；农家书屋纳入村（社区）文化中心，打造为基层全民阅读点，每年续配图书55万余册。实施流动文化服务进村民生实事，从2014年开始，年购买3.3万场演出进村，成为重庆市民最关注的民生实事。"渝州大舞台"在10所高校、100所中学、100所小学试点开展戏曲进校园活动。实施公共数字文化地方资源项目64个，数字资源总量已达118.45TB。

十八大以来，累计放映公益电影76.7万场，惠及民众1.76亿人次，连续9年达到国家"一村一月看一场电影"的农村电影放映工程目标，保证义务教育阶段农村中小学生每生每年看6场爱国主义教育电影。每年安排不少于200万元专项资金用于放映社区电影；不少于200万元专项资金用于购买商业片，确保商业片比例达到1/3以上；不少于290万元专项资金用于放映设备采购及维修。2013年，重庆市全国首创在主城9区776个社区实施公益电影免费放映，当年即完成公益电影放映14万场，受惠3290万人次。2014年7月31日，"品味光影·幸福社区"——重庆市公益电影社区行暨科普电影季在渝北区龙脊广场启动，标志重庆市2573个社区公益电影放映全覆盖开启。2015年，在国家新闻出版广电总局主办的全国广播影视行业职业技能竞赛（决赛）中荣获"优秀组织奖"；綦江区放映员邓顶川获得由国家人力资源和社会保障部授予的"全国技术能手"荣誉称号；云阳县、铜梁区电影公司被中宣部、文化部、国家新闻出版广电总局评为"服务基层、服务农民"全国先进单位。2016年，重庆市以群众满意为"指挥棒"，五项举措推进电影惠民的经验在全国农村电影发行放映工作会上作经验发言。2017

年，丰都县和潼南区入围全国服务农民、服务基层文化建设先进集体。截至目前，全市已建成惠民电影室内固定放映厅446个，积极引导公益电影从站着向坐着、从室外向室内、从分时段向全天候观看过渡。

制定市级公共文化服务实施标准，市民读书看报、看电影、看电视、看展览、听广播、搞活动等文化权益得到保障。流动舞台车（含流动舞台）、流动图书车年惠及群众210万余人次。全民阅读活动广泛开展，重庆图书馆与主城九区图书馆实现"一卡通"，重庆市2015年、2016年连续两年荣获"中国十大数字阅读城市"，市民综合阅读率达85.9%。通过直播卫星提供58套电视节目，43套广播节目，通过无线模拟提供15套电视节目，均高于国家和重庆标准。公共文化物联网年配送2万余次，服务群众700余万人次，实现政府配送与群众"点单"有机结合。特殊群体文化服务进一步加强，蒲公英梦想书屋、共享工程农民工服务联盟、农民工网络购票、文化大礼包、困难群众子女艺术培训等服务活动持续开展，年惠及100万人次。

（四）文化遗产保护全面加强

重庆是国家第二批历史文化名城，文化底蕴深厚，文物资源丰富。改革开放以来特别是党的十八大以来，市委、市政府始终把文物保护提升到保护重庆人民共有精神家园、保护城市历史文脉的高度，与经济社会发展同步推进。全市文物系统深入学习领会习近平总书记关于文物工作的重要指示精神，认真贯彻"保护为主、抢救第一、合理利用、加强管理"的方针，坚持在保护中发展、在发展中保护，努力探索走出符合重庆市情的文物保护利用之路。2011

年11月，市政府批准成立重庆市文物局，2013年12月，重庆市文物局调整为重庆市文化委员会内设机构。同时，区县文物保护管理机构实现全覆盖。2016年5月，市委、市政府成立重庆市历史文化名城保护委员会。2012年和2016年，市政府召开全市文物工作会议，出台《关于进一步加强文物工作的通知》《关于进一步加强文物工作的实施意见》，专题研究新时期全市文物工作。2005年11月1日，《重庆市实施〈中华人民共和国文物保护法〉办法》施行，2017年6月1日《重庆市大足石刻保护条例》施行。基本建立以地方性法规、市政府规章、规范性文件为主体，符合重庆实际的文物保护制度体系。

全市在分别开展第二次、第三次全国不可移动文物普查，第一次全国可移动文物普查后，基本廓清文物资源家底，登录备案机制更加完备。目前，全市共有不可移动文物25908处，居西部第3位、全国第11位。世界文化遗产1处（大足石刻），列入中国世界文化遗产预备名单2处（涪陵白鹤梁题刻和合川钓鱼城遗址），全国重点文物保护单位55处，市级文物保护单位282处。完成第一次全国可移动文物普查，全市165个国有收藏单位共采集登录文物470234件（套）[实际数量1482489件（册）]。全市有中国历史文化名镇18个、中国历史文化名街1个、中国历史文化名村1个、中国传统村落74个。全市文物保护工程资质单位达62家，其中，甲级、一级资质单位8家。为加强三峡文物保护，1992年至2011年累计投入资金9.28亿元，完成文物保护项目787处，出土文物14.3万件（套），推动白鹤梁题刻、张桓侯庙、石宝寨、白帝城等成为全国重点文物保护单位，三峡文物保护工作全面完成并顺利通过国家验收。2011年以来，实施三峡后续文化遗产保护项目149个、总投资79554万元。

全市395处抗战文物保存状况显著改善，其中，市保以上抗战遗址194处，保存较好的占98.5%。川渝石窟寺及石刻保护列入国家文物局"十三五"规划重点专项，大足石刻千手观音造像抢救性保护工程全面修复、对外开放，并获评第三届全国十大优秀文物维修工程。潼南大佛本体保护修复工程、渝中区老鼓楼衙署遗址分别获得全国十佳文物维修工程、十大考古新发现，钓鱼城遗址列为国家考古遗址公园。自然博物馆、三峡博物馆同获第十四届全国博物馆十大陈列展览精品奖，全国首个国家文物保护装备产业基地落户重庆。

大足石刻千手观音抢救维修工程获评全国十大优秀文物维修工程

博物馆、纪念馆总数达95家，其中，免费开放的有78家。现有国家等级博物馆12家，其中，国家一级博物馆3家。重庆中国三峡博物馆（重庆博物馆）于2005年6月正式对外开放，2008年5月成为首批国家一级博物馆，2009年11月进入全国11家央地共建博物馆行列。重庆红岩联线文化发展管理中心（重庆红岩革命历史博物馆）于2007年1月成立，由红岩革命纪念馆、歌乐山革命纪念馆、中国民主党派历史陈列馆三大主体馆及其所辖的革命遗址群所组成，2012年成为国家一级博物馆，先后荣获"全国百个爱国主义教育示范基地""全国十大红色旅游景区""全国首批研学旅游示范基地"等荣誉。重庆自然博物馆前身为"中国西部科学院""中国西部博物馆"，藏有地质矿产、古生物、动物、植物、土壤和旧石器等标本9.488万件，是全国规模最大的自然科学博物馆之一。大足石刻博物馆建成开馆、重庆工业博物馆等专题博物馆建设加快推进，区县博物馆覆盖率达82%。重庆中国三峡博物馆《抗战岁月基本陈列》获得第十二届全国博物馆十大陈列展览精品奖，重庆自然博物馆基本陈列《地球·生物·人类》，重庆中国三峡博物馆《革命理想高于天——中国工农红军标语展》获第十四届全国博物馆十大陈列展览精品奖。在全国率先出台《关于推进文化文物单位文化创意产品开发的实施意见》，三峡博物馆、红岩联线、自然博物馆成功申报"全国博物馆文化创意产品开发试点单位"，全市各博物馆开发文创产品近1000种。

全市目前有市级非遗代表性传承人711人，市级非遗传承教育示范基地109个，市级非遗生产性保护示范基地87个。成功创建夏布传统工艺工作站，完成渝东南文化生态保护实验区总体规划，文化保护利用的认知力度、呈现力度、保护力度全面增强。

(五) 文化产业发展提质增效

改革开放以来特别是党的十八大以来，市委、市政府将文化产业作为战略性新兴产业来培育，加大政策扶持力度，优化文化产业环境，纳入区县政府目标考核，有效推进文化领域供给侧结构性改革。先后编制出台《重庆市文化产业"十三五"发展规划》等一系列文化产业发展规划，建立招商引资、融合发展、集聚发展、转型升级四个项目库，储备103个项目，总投资2000多亿元。

从2015年开始，市财政每年设立1个亿的文化产业股权投资引导基金，建立起规模3个亿和15个亿的两只文化产业的股权引导基金，市政府注资10个亿专门成立文投集团，目前已有65亿元的资产，实现文化产业扶持由"补"向"投"的转变。截至目前，全市有市级文化产业示范园区17个，市级文化产业示范基地总数已达84个，总产值超过200亿元，入住的企业已经超过6000余家。建成綦江农民版画、巴国城、洪崖洞、猪八戒网等7个国家级的文化产业示范基地，建成两江新区数字出版基地、出版传媒创意中心2个国家新闻出版产业基地。南滨路文化产业园区经过文化部专家现场检查、北京集中答辩等多轮角逐，最终获得国家文化产业园区创建资格，拿到获得国际文化产业园区入门票，实现零的突破。

创新文化产业项目的策划、包装、招商、推介等方面工作，争取到"文化部第六期文化产业精品项目对接会"在重庆市举行，先后策划迎龙湖特色小镇、中国土司城、凤凰山寨、伏羲农耕文化产业园、中华龙凤宫、三峡老街等一批文化产业项目，引进中交、中咨、国旅、北新、新华广联等大型国有企业投资重庆，总投资额近1700亿元。目前，深圳华侨城欢乐谷已经建成开园，山水小镇·

六旗乐园、万达文旅城、1898榨菜小镇等一批超大文旅综合体项目加快推进。抢抓文化部布局国家首批文化消费试点城市机遇，举办重庆文化惠民消费季，在重庆首届文化惠民消费季期间，全市共开展活动1500余场，参与群众450万人次，直接拉动消费13.6亿元。2017年成功将第二届文化企业消费联盟扩展至3000家，参与人数突破500万人次，直接拉动消费19.8亿元。

深入实施"互联网+""文化+"战略，促进文化创意、动漫、数字出版等新兴文化业态发展，以数字创意等新技术、新模式为特征的新兴行业发展迅猛。2017年成功促成完美集团在重庆出资逾10多亿元设立13家网络游戏和影视公司；猪八戒网成为国内最大的文化创意交易平台，在全国首创的"网络平台+孵化园区"模式，已推广复制到50多个城市，成功进入"2017年度全国文化企业30强"提名名单，实现"零"的突破，等等。截至2017年，全市文化创意和设计服务类产业实现增加值实现142.94亿元，占比21.6%，较2016年同期增速高2.1个百分点，取代文化用品生产门类成为贡献最大的行业。全市共培育快速成长小微文化企业800余家、文化企业"小巨人"83家、"龙头"文化企业17家。

截至目前，重数传媒创业板IPO申报获证监会受理，重庆有线、新华传媒上市方案获中宣部批复，全市上市文化企业总数已达16家，重庆四平塑料包装股份有限公司、重庆必然传媒股份有限公司、重庆软岛科技股份有限公司等文化企业先后成功在"新三板"挂牌。全市文化产业增加值达到662.94亿元，年均增速高达16.24%，文化产业增加值占全市GDP比重上升到3.5%左右。2017年，全市文化企业实现营业收入1993.44亿元、较2016年同期增加2.16个百分点，全市主营业务范围属文化产业的企业注册数达

100902家，首次突破10万家，同比增长13.82%，注册资本金总额3703.02亿元，同比增长32.8%，文化产业发展整体迈上新台阶。

（六）媒体传播格局加速重构

改革开放以来特别是党的十八大以来，全市加快新型主流舆论阵地建设，构建满足互联网时代舆论传导和主流文化传播需要，形态多样、覆盖广泛、技术先进、反应敏捷的各类传播渠道和各类用户终端的全媒体传播能力，巩固和加强广电媒体在互联网时代的有效传播力和核心影响力。《重庆日报》《改革》等8种报刊入选全国百强，《商界》等发行量居全国同类前茅。图书年出版规模近6000种，期刊年期发量增至260万册。打造出全国数字出版转型示范单位7家、文化出口重点企业5家、百强印企和网站各3家，新增互联网出版、视听机构20个，绿色印企24家。每年开展版权贸易300余项，"重庆文化周"取得良好反响。

全市广播、电视信号综合覆盖率分别达到98.62%和99.07%。建成重庆网络电视台，重庆卫视频道、新闻频道实现高清播出。互联网视听节目服务机构达到21个，互联网出版单位达到17家。累计投入10亿元完成区县电视台标准化建设。全市有线电视在册用户622万户、数字电视用户512万户。影视制作机构188家、城市电影院线24条、城市影院175家、银幕数1173块，银幕覆盖率2.73万人/张，比全国3.56万人/张的平均水平高出23.31%。全市广播电台、电视台36座，公共广播频率29套，公共电视频道90套。中短波发射台5座，调频、电视转播台62座，有线传输干线总长15.16万公里。

全市现有公开报纸46种、期刊136种、区县报37种。推动媒体单位实施报网融合等23个发展项目。全市报刊单位创办APP客户端33种，用户装机量341.5万人，微博、微信公众号206个，订阅用户数1962万人。重庆日报报业集团基本建成新闻内容生产的"中央厨房"，重庆广电集团建成高清制播系统，正在建设全媒体制播系统。

四、建设社会主义核心价值体系

改革开放以来，重庆市注重以建设社会主义核心价值体系为引领，夯实全市人民团结奋斗的思想道德基础。

宣传"两个文明一起抓"，推动城市精神文明创建。1982年9月党的十二大召开，确立社会主义物质文明和精神文明一起抓，全面推进社会主义现代化建设的战略方针。1983年，市政府成立"五讲四美三热爱"委员会，下设办公室，1985年，"五讲四美三热爱"办公室划归市委，设在市委宣传部，改名为重庆市精神文明办公室（简称"文明办"）。1986年9月党的十二届六中全会召开，通过《中共中央关于社会主义精神文明建设指导方针的决议》。根据十二大及十二届六中全会确立的"两个文明一起抓"的战略方针和市委的工作部署，全市宣传文化部门开展各项宣传教育活动，相继开展"文明礼貌月"活动，"五讲四美三热爱"活动，"做文明市民，兴文明家庭，创文明单位，建文明城市"活动，在农村开展的评选遵纪守法户、五好家庭户和双文明户的"三户"活动等群众性精神文明创建活动，以及"四职"教育和"文明在山城，山城处处有雷锋""重铸红岩魂"等教育活动。同时在社会公德教育活动、"五个一工程"、未成年人思想道德建设等方面开展一系列活动。文明行业、文明单位、文明社区、文明村镇、文明机关等基础性创建活动在全市广泛深入开展，形成全方位、全覆盖的精神文明创建体系，全市基础性文明创建向规范化、科学化、制度化方向发展。社会公德、职业道德、家庭美德教育和志愿服务活动取得良好成效，涌现出一大批全国全省标兵单位、文明单位、先进单位和先进个人。全市文明社区、文明村镇创建活动蓬勃开展，城乡环境卫生日益改善，公共设施不断完善，文化生活日益丰富，居民素质显著提高，村容村貌、村风民风也得到明显改善。

1996年10月党的十四届六中全会召开，审议并通过《中共中央关于加强社会主义精神文明建设若干重要问题的决议》后，市委发出《关于认真学习和贯彻十四届六中全会精神的通知》，召开市委七届七次全委扩大会议，研究部署新形势下重庆市加强精神文明建设的任务和措施，努力开创重庆社会主义精神文明建设新局面。会后认真组织好学习和宣传，在全社会形成贯彻落实六中全会精神的良好氛围。1997年7月，在全市范围内开展以重点解决文明言行、环境卫生、服务质量和交通秩序四个方面存在的突出问题为主要内容的"讲文明、树新风"活动。

市委、市政府把公民道德建设作为社会主义精神文明建设的一个重要方面，在社会公德教育、"四职"教育、未成年人思想道德建设等方面开展一系列活动。在社会公德教育方面，先后开展"怎样做一个新时代的重庆人"的讨论、以《市民公约》为主要内容的社会公德教育活动和以"八荣八耻"为主要内容的社会主义荣辱观教育活动。在城市精神文明建设中，重庆市集中开展"三职"（职业道德、职业责任、职业纪律）教育，后来增添一项职业技能教育，成为"四职"教育。在未成年人思想道德建设方面，以对民族的未来高度负责的态度，把德育工作放在重要位置，加强对中小学德育工作的领导。

文化市场是社会主义精神文明建设的重要阵地。为营造健康有序的文化市场环境，促进社会主义精神文明建设，随着改革开放的深入，重庆市文化市场法治化、规范化、标准化建设也日臻完善。先后制定出台一系列有关文化市场管理的政策文件和提出法律修订意见，全面加强、规范和依法开展文化市场管理工作。持续开展演出、上网服务、网络文化、歌舞娱乐、艺术品等行业专项清理整治，查处和打击违法违规经营行为，规范市场经营秩序。全方位加强管理业务、经营人才、法律意识等教育培训，提高依法经营管理能力和水平。深入开展行业自律建设、行业基层党组织建设，建立行业标准，加强行业自律，引导行业标准化建设。不间断开展"演艺交流""阳光娱乐""知识产权""网吧发展峰会""艺术品法制宣传"和"诚信画廊"评选，以及各种论坛等活动，大力宣传文化市场政策法规，树立正面形象，改善行业形象，引导社会舆论，促进行业健康发展。积极配合并接续强力开展"春季战役行动""夏季战役行动""反盗版百日行动""打击网络淫秽色情专项行动""娱乐场所黄赌毒专项治理"，以及"净网""固边""清源""秋风""护苗"等"扫黄打非"专项行动，及时清除文化污垢，净化文化环境。

党的十八大以来，积极加强网上传播阵地建设，树立以人民为中心的创作导向，繁荣重庆市原创网络视听节目创作、生产，引领启迪全社会深入理解和准确把握社会主义核心价值观内涵，弘扬真善美，贬斥假恶丑，传递积极人生追求、高尚思想境界和健康生活情趣，2015年至2018年重庆市连续4年举办"网聚正能量·共筑中国梦"重庆微视频大赛，活动影响广泛，效果良好，成绩斐然。

2015年，首届重庆微视频大赛，大赛征集作品498个，选送全国参评的22个作品中有5部作品获奖，报送作品全国获奖率达到22.7%，获得总局创作资金奖励17万元，其中，微电影《霾没了》一举夺得微电影组唯一的一等奖，取得的成绩在西部省市中名列前茅。

2016年重庆微视频大赛，全市共有52个市级和区县单位参与作品征集、报送。共征集到作品1018部，较2015年增加520部，增幅104%。经过评选和二度创作打磨后的27部作品选送国家新闻出版广电总局参加全国评比，在全国选送的600多部作品中，有6部作品获奖，夺得8个奖项，获得国家作品扶持资助30万元，较2015年分别增加20%、33%、76%，其中，微电影《判若云泥》一举夺得3个奖项，另外《无悔的青春》《播种未来》《我姥爷》《大光明》《光影实视》等5部作品也分别获奖，再度刷新重庆市新媒体内容创作全国获奖纪录，获奖总数仅次于北京市，取得全国第二的好成绩。

2017年，全市创作单位踊跃报送作品参选，89家单位共计申报作品2012个，择优向国家新闻出版广电总局报送26个优秀作品参与全国评比。经总局审核遴选，《滇梦》《兰草时节》《陈皮糖》《妈妈，我来晚了》《做精彩的自己》《一个人的新华书店》等6部作品获得7个奖项，获专项资金扶持45万元，同比分别增长67%和50%。获奖排名西部第一，全国前四。

第七章
全面发展社会事业

增进民生福祉是发展的根本目的。改革开放40年，重庆各项社会事业紧紧围绕"多谋民生之利、多解民生之忧"，在"幼有所育、学有所教、劳有所得、病有所医、老有所养、住有所居、弱有所扶"上不断取得新进展，着力保证全市人民在共建共享中享有更多获得感。

一、教育事业蓬勃发展

改革开放以来，特别是直辖以来，全市教育事业紧紧围绕实现"两基"目标和"提高质量"这一战略主题，始终坚持把"办人民满意教育"放在首位，以党的领导为坚强保证，立德树人为根本任务，促进公平为基本要求，优化结构为主攻方向，深化改革为根本动力，依法治教为可靠保障，锐意进取，开拓创新，科学谋划，综合施策。全市教育事业发生了可喜变化，取得了重大突破，为全市经济发展、社会和谐、文化繁荣奠定了坚实的人才基础，提供了重要的智力支撑。

（一）办学条件不断改善

改革开放之初，全市学校办学条件极其简陋。中小学校舍D级危房率达15%左右，很多农村学校无教室、无课桌椅，基本没有像样的教学设备设施，仅靠一块黑板、一支粉笔教学。改革开放后，全市结合国家系列建设工程，通过实施系列攻坚计划，学校面貌焕然一新。

投入逐年增长。全市依法落实教育投入"三个增长"，先后执行财政教育投入每年增加"一个点"政策、开征城市教育附加和地方教育附加、从土地收益中提取教育资金等投入政策，建立了各级各类教育财政生均公用经费标准或财政拨款水平，实施了学前教育行动计划、义务教育经费保障机制改革、农村义务教育薄弱学校改造计划、普通高中扩容改造工程、现代职业教育职业能力提升计划、高校内涵发展等项目拉动教育投入。到2017年，全市地方教育总投入达947亿元，其中，国家财政性教育经费759.1亿元，占总投入的80.16%。

高校办学条件明显改善。各高校积极适应新常态，转变观念，创新思维，进一步完善办学基本条件，为"双一流"建设和内涵式发展奠定了坚实基础。2003年，高校基础设施建设实现第一次飞跃，占地面积增至2733万平方米，比直辖之初增长193%；校舍建筑面积增至951万平方米，比直辖之初增长141%。2005年，高校基础设施建设实现第二次飞跃，大学城一期建设工程如期竣工，首批师生按时入住。重庆大学城规划建设面积33平方公里，其中，高校用地13平方公里。大学城于2003年6月开工建设，到2017年已完成投资140亿元，建成校舍625万平方米，基本实现现代化、生态化、园林化、网络化，资源共享、教师互聘、课程互选、学分互认、信息互通的发展格局，已形成生态环境优美、综合配套完善、城校有机结合、产学研密切互动的风格，成为中国西部地区高科技人才聚集中心、人才培养中心、科学研究中心、创新中心和国际交流中心，成为"西部领先、全国一流"的大学城。

中小学办学条件得到加强。2005年，全市基本排除中小学D级危房，实现"一无两有"（即校校无危房，班班有教室，人人有课桌凳）。2007年，全市通过近10年的克难攻坚，基本普及九年义务教育，基本解决"人人接受义务教育"问题，跨入"追求质量"的新时代。"十二五"期间，全市中小学占地面积增加1650万平方米，校舍建筑面积增加1500万平方米；设施设备、六大功能室、图书器材等基本办学条件有效改善，宽带网络"校校通"达87%，优质资源"班班通"达95%，网络学习空间"人人通"达100%，网络条件下的教学环境基本形成。

教育信息化加快推进。按照"统筹规划、分步实施，应用驱动、共建共享，深度融合、引领创新"的工作思路，以国家"三通两平台"任务为核心，大力实施全市教育信息化"1125"工程，促进教育均衡，提升教育质量。着力推进信息技术在教育教学中的深度应用，教育教学模式和人才培养方式实现逐步转变，教育信息化在促进教育供给侧改革、提高教育治理能力和服务国家"互联网+"等战略中的创新活力得到充分释放，教育信息化创新融合效能显著增强。建成市级教育数据中心，为"渝教云"提供稳定的物理支撑环境；全市"宽带网络校校通"接入率达95.8%，多媒体教学设备配备率达98.9%；中小学专任教师基本实现笔记本电脑人手一台，学生学习终端配备水平明显提高，教育信息化"云—网—

端"架构初现雏形。基本建成涵盖基础教育、职业教育和高等教育的教育资源公共服务平台，并推广应用。建成教育管理公共服务平台，在国家系统基础上部署建设了22个市级教育通用管理系统。完成"渝教云"门户集成系统一期建设，联通管理和资源两大公共服务平台，基本实现应用、功能、数据、用户、服务等五大集成。教育信息化从"点"上试行开始向"面"上推动，逐步进入区域整体推进教育信息化时代。市、区县两级加强顶层设计，在科学规划、实施步骤、推进举措、保障政策等方面加大统筹，有目标、有计划地推进区域教育信息化。

（二）各阶段教育取得进步

学前教育快速增长。全市按照2010年11月21日《国务院关于当前发展学前教育的若干意见》要求，先后实施了第一期、第二期学前教育三年行动计划，初步形成"广覆盖、保基本、有质量"的学前教育公共服务体系。

义务教育长足进步。2007年，全面实现"两基""普实"目标；2008年，全面妥善解决代课教师问题；2010年，全面实施农村义务教育经费保障机制改革，全面建成学生资助体系。

普通高中教育基本普及。通过扩资源、调结构、提质量、建机制等一系列措施，不断提高普通高中教育发展水平。2017年，全市高中阶段毛入学率达96%，提前实现到2020年普及高中阶段教育的目标。

职业与成人教育明显加强。坚持把职业教育作为扩大就业、促进创业、改善民生的重要抓手，持续推进，基本形成普职规模大体相当、中高等职业教育有机衔接、学历教育与职业培训并重的职业教育发展格局。2017年，全市共有中职学校182所，在校生39.8万人；高职高专院校40所，在校生28.7万人；各类职业培训机构597个，年均开展职业技能培训120余万人次。各职业院校年均向社会输送毕业生20余万人，城乡劳动力接受职业培训的比例增至63.5%，助推全市每年新增城镇就业70万人左右，登记失业率控制在3.5%左右。

高等教育内涵发展。紧紧围绕国家重大发展战略，以服务经济社会发展对高层次人才的需求为导向，以优化布局结构、改善办学条件、提高教育质量为重点，加强统筹规划和分类指导，高等教育事业发展稳中有升，高校办学定位更加明确，结构布局持续优化，办学条件不断改善，师资队伍实力明显提升，人才培养质量不断提高，服务经济社会发展能力显著增强。一是规模不断扩大。在渝普通高校由直辖初的22所发展到2017年的65所（不含军校），在校学生由直辖初的16万人发展到2017年的103万人。高等学校专任教师数由直辖初的1.1万人发展到2017年的4.2万人，毛入学率由直辖初的8%提高到2017年的45.2%。二是层次不断提高。直辖前全市仅有二级学科博士点59个、硕士点215个，无一级学科授权点，目前我市已有博士一级学科授权点89个，硕士一级学科授权点178个；博士专业学位授权点5类7个，硕士专业学位授权点和工程硕士领域195个。通过持续实施市级重点学科建设项目，市级重点学科从直辖时的26个增加到"十三五"时期的200个，尤其是十八大以来，大力推进"双一流"建设，学科建设成效显著。2012年底我市仅有5个进入世界ESI学科排名前1%的学科，2017年底达到20个，其中，重庆大学的工程学首次进入世界ESI学科排名前1%，实现了零的突破。三是科研能力明显增强。产学研合作全面加强，科技投入持续加大，高校科技创新和服务地方经济社会发展能力大幅提升，高校科技工作取得显著成就。到2017年，全市高校（不含军校）有科研人员24067人，其中，具有高级以上职称9090人。全市高校有两院院士14人，特聘院士48人，长江学者73人，国家杰出青年科学基金获得者43人，国家自然科学基金创新研究群体4个，教育部创新团队16个。建成国家级重点实验室12个，省部共建国家重点实验室培育基地3个，部市级重点实验室106个，教育部国际合作联合实验室4个，国家级工程研发平台15个，部市级工程研究中心30个。建成国家级2011协同创新中心1个，市级2011协同创新中心41个（含国家级），累计投入约1.4亿元，择优支持建设中心13个。建成各类科技成果转化平台及产学研合作机构和联盟300余个，国家大学科技园2个，教育系统市级众创空间97个，国家级众创空间8个。全市高校（不含军校）科研经费总投入（理工农医类）约175.24亿元。全市高校获批牵头的国家重点研发计划31项，国家自然科学基金5070项；获国家科学技术奖励47项，重庆市科学技术奖励497项。全市高校共发表学术论文143590篇，其中，被SCIE、EI、ISTP国际三大检索系统收录的有47844篇。高校在家蚕基因工程、深空探测、机械传动、高端装备、信息技术、遗传育种、创伤烧伤、医学免疫、超声治疗、创新药物等多个基础前沿及关键核心技术领域取得了系列高水平的标志性成果。

（三）教师队伍建设卓有成效

教师队伍总量不断增加，结构不断优化。2017年，全市各级各类学校（不含职业技术培训学校）有教职工42.7万人，其中，专业教师34.82万人。较1997年，教职工总量增加10.57万人，增长32.9%；专任教师总量增加10.49万人，增长43.15%。全市教职工中，有高校教职工58388人，其中，专任教师42429人，占比72.67%。专任教师中具有正高级职称4963人，具有副高级职称12219人，高级职称占比40.50%，较1997年提高3.33%；按学历分，具有博士研究生学历9378人，占比22.10%，具有硕士研究生学历17261人，占比40.68%。

农村教师队伍建设不断加强。坚持从师范生培养这个源头抓起，在国家免费师范生教育为重庆培养近7000人的同时，从2013年起在全市推进农村小学全科教师培养制度创新，累计招生5900人。中小学每年新进教师8000余人，其中，70%左右充实到乡镇及以下学校任教。"特岗计划"成为集中连片贫困地区补充农村学校教师的主要渠道。构建"国培作示范、市培抓重点、区县保全员、校本重教研"的教师培训体系，"国培计划"主要向乡村教师倾斜。市级财政每年安排教师培训专项经费，区县按照不低于教师工作总额（含绩效工资）1.5%预算培训经费。通过置换脱产、送教下乡、网络研修等形式，让每一位乡村教师都有机会参与培训。实施乡村教师岗位生活补助。

名师和高层次人才队伍建设成效明显。不断建立健全名师培养、人才队伍建设的项目体系，构建起领军人才、骨干人才、青年后备人才的人才体系。启动"重庆市名师奖"评选表彰，制定《重庆市特级教师管理办法》，实施中小学骨干校长"321"建设工程，实施重庆市高层次人才特殊支持计划，启动"教学名师培养计划"等名师培养工程。出台加强高等学校高水平教师队伍建设实施办法，实施"百名学术学科领军人才培养计划"和"高校巴渝学者特聘教授岗位制度""高校优秀人才支持计划""高校中青年骨干教师支持计划"等人才项目,选派"西部之光"访问学者、中西部高校中青年教师国内访问学者。仅近5年来,全市高校就新增各类国家级高端人才166名。

教师待遇不断提高。从2009年起,全市义务教育学校开始实施绩效工资。2014年10月,实施教师养老保险改革,全市教师纳入机关事业单位养老保险体系。将乡村教师岗位生活补助作为提高乡村教师岗位吸引力、推动义务教育均衡发展的重要民生实事。从2014年来,全市除主城6个区及北部新区外,其余33个区县属于乡村教师岗位生活补助实施范围。到2017年,全市共补助乡村学校4000余所(含村小及教学点),乡村教师10万人,补助资金累计13.44亿元。

(四)教育改革深入推进

改革开放以来,重庆坚持落实教育优先发展的战略地位,不断深化教育改革,促进教育事业持续健康发展,教育体制机制不断完善,制度更加健全,充满活力、更加开放、促进高质量发展的教育体制机制正在形成。

工作部署有力。1999年11月,市委、市政府召开直辖后的第一次全市教育工作会议,作出《关于实施科教兴渝战略深化教育改革全面推进素质教育的决定》,提出实施"十大教育工程"重要举措。2001年,出台《关于加快实施科教兴渝战略的决定》,明确科教兴渝战略的奋斗目标、工作重点和政策措施,作出"建立教育党工委,与教育行政管理部门合署办公,实施对辖区内教育系统党的工作的统一领导"的重大决策。2004年8月,召开第二次全市教育工作会，出台《关于加快教育改革与发展的决定》，提出教育改革和发展的目标任务。2008年7月，市政府和教育部签订建设全国统筹城乡教育综合改革试验区签订战略合作协议，重庆成为国家统筹城乡教育综合改革试验区，在探索建立城乡教育统筹发展体制机制方面取得明显进展。2010年12月，召开第三次全市教育工作会议，贯彻落实《国家中长期教育改革和发展规划纲要（2010—2020年）》，推进重庆教育科学发展，加快重庆教育现代化建设步伐。

试点成效明显。以推进教育治理体系和治理能力现代化为目标，深化教育领域综合改革，制定2014年至2018年教育改革规划，承担国家教育改革重点推进事项3项、国家级教育改革试点6项，重庆成为国家教育综合改革试点省市。制定深化教育体制机制改革的实施意见，系统推进育人方式、办学模式、管理体制、保障机制等方面的改革。深化城乡教育公共服务供给改革，城乡义务教育一体化机制基本建立，城乡教育发展差距逐步缩小。完善立德树人长效机制，探索素质教育深入实施机制，完善学校体育、艺术教育和社会实践教育的政策和制度，学生综合素质培养得到加强。深化考试招生制度改革，制定高中阶段学校考试招生制度改革的实施意见、高等职业教育分类考试招生实施方案和高等学校考试招生综合改革方案，考试招生制度不断改进和完善。深化管办评分离改革，出台《重庆市教育管办评分离改革实施意见》《深化高等教育领域简政放权放管结合优化服务改革的实施意见》，市教委直属中小学全部划转到区管理，政府依法宏观管理、学校依法自主办学、社会有序参与、各方合力推进的教育治理新格局加快构建。实施教育兴市行动计划，推动高水平大学建设、产教协同发展、全民素质提升3个专项行动，促进教育与产业紧密对接，增强教育服务能力。

民办教育持续发展。随着改革开放的东风，重庆民办教育恢复起步，缓慢发展。1997年重庆直辖后，市委、市政府高度重视民办教育发展，积极鼓励和引导各种社会力量以捐赠、出资、投资、合作等方式，举办或参与民办教育，初步形成从学前教育到高等教育、学历教育到非学历教育层次类型多样、充满发展活力的局面，有效地增加了教育服务供给。1997年，全市民办教育从1981年的3个校点、6个教学班、300余人，发展到1063所、21万人。党的十八大以来，全市民办教育坚持党的领导，坚持规划先行，坚持依法办事，印发《关于促进民办教育发展的意见》，出台"十条新政"，构建财政、土地、税收、人事、融资、招生等民办教育扶持政策体系。在市委、市政府领导下，市级相关部门坚持以改革促发展，开展了培训机构管理改革、财务管理制度改革、年检制度改革，推动民办教育健康发展。到2017年，全市民办教育学校增至4623所，占全市学校总数的46.86%；在校学生113.4万人，占全市在校生总数的18.25%。与1997年相比，学校增加3560所，增长334.9%；在校学生增加92.4万人，增长440%。

对外交流与合作有效开展。改革开放40年来，尤其是党的十八大以来，全市教育对外开放不断深化，高层次人才培养规模不断扩大，优质教育资源持续引进，科研国际合作深度持续拓展，汉语国际教育蓬勃开展，中外人文交流深入推进，全方位、多层次、宽领域的教育对外开放格局基本形成。加强教育顶层设计，制发了《关于做好新时期教育对外开放工作的实施意见》和《关于加强和改进中外人文交流工作的实施方案》，与教育部签署了《开展"一带一路"教育行动国际合作备忘录》。积极搭建教育国际合作与交流平台，实施中澳两国政府间具有重大影响的中澳（重庆）职业教育与培训项目（2002—2007年），获教育部批准首批建设中德（重庆）职教合作示范基地，推动成立"一带一路"中波大学联盟、中泰职业教育联盟，组建重庆市孔子学院联盟。积极开展高层次人才培养，选派一流人员赴海外一流高校、师从一流导师开展访学研修。实施西部地区人才培养特别项目、建设高水平大学公派研究生项目等各级各类公派出国留学项目，公派出国留学规模从直辖初的18人增至2017年的1600余人。积极实施"留学重庆"计划，设立重庆市人民政府外国留学生市长奖学金，通过打造全国来华留学示范基地、评选来华留学英语授课品牌课程等途径，留学生规模不断扩大、结构不断优化、培养质量不断提升，接收外国留学生人数从直辖初的162人增至2017年的8505人，生源国别从6个增至144个。积极引进海外优质教育资源，优化学科专业布局，提升人才培养质量。2017年，全市有专科及以上层次中外合作办学机构及项目43个，招生专业48个，外方合作机构来自美国、英国、澳大利亚、韩国、加拿大等11个教育发达国家和中国香港地区。成为全国第四个、中西部唯一一个与教育部共建中外合作办学部市联合审批机制的省市，引进世界百强名校澳大利亚西澳大学合作举办高水平非独立法人中外合作办学机构——西南大学西塔学院。积极开展汉语国际教育，在13个国家合作建立了44所孔子学院（课堂），累计向38个国家派出1300余名孔子学院中方院长、汉语教师及志愿者，举办各类文化交流活动1300余场。2009年至2011年连续3年举办"汉语桥"世界中学生中文比赛，承办"汉语桥"国外学生来华夏（冬）令营48批2309人次，承办"汉语桥"国外校长来华之旅交流活动37批980人次。积极开展科研国际深度合作，建成国家国际科技合作基地8个，教育部国际联合实验室4个，高等学校学科创新引智基地8个。实施"巴渝海外引智计划",引进200余名高水平外籍专家和资深华裔学者来渝开展科研合作。

(五)教育民生保障有力

健全政策体系,推进教育公共服务均等化,教育民生得到有效保障。

学生资助体系初步形成。持续完善学生资助政策体系,初步形成从学前教育到研究生教育的资助体系,基本实现学段、贫困群体、资助项目、资助方式、资助机制五个全覆盖,做到了应助尽助,实现了"不让一个学生因家庭经济困难而失学"目标,促进了教育公平,促进了学生成长成才。

学生营养改善计划扎实推进。2011年秋,根据国家的统一部署,在黔江区等12个集中连片贫困区县启动实施了农村义务教育学生营养改善计划国家试点工作。2012年,将万州区和开州区纳入市级试点,参照国家试点要求和模式,采用"4+X"供餐模式(补贴4元,学生缴纳1—3元不等),逐步实施学校食堂供应完整午餐。同时,指导其余26个区县,结合区县实际,通过食堂供餐、饮用奶和鸡蛋等模式,自主试点实施农村义务教育学生营养改善计划。截至2017年,全市农村义务教育营养改善计划共投入资金66.8亿元。

暖冬计划如期完成。2015年,为解决全市山区高海拔地区师生冬季取暖问题,市委、市政府决定对海拔800米以上中小学校和公办幼儿园实施"暖冬计划"。计划自2015年开始实施,到2017年已全部完成。各项目学校进行了电力增容和用电线路改造,在教室、部分功能室及办公室分别安装了油汀、碳晶墙暖、空调和水暖设施等取暖设备,部分区县还为学生提供了优质、干净的热直饮水，对部分家庭贫困学生发放了手套、棉衣、棉裤等御寒物资。市级财政安排奖补专项资金2000万元，区县配套建设资金7871.4万元，共实施学校1034所，惠及学生20.9万人。

留守儿童和随迁子女关爱体系初步建立。市政府出台《关于加强农村留守儿童关爱保护工作的实施意见》，积极建立农村留守儿童关爱保护工作体系。中小学校重视留守儿童法治教育、安全教育和心理健康教育，积极开展心理辅导。各区县加快建立以居住证为主要依据的随迁子女入学政策，确保应入尽入，实行混合编班和统一管理。

高校毕业生就业率稳定增长。改革开放以来，尤其是十八大以来，按照中央的决策部署和市委市政府的工作要求，市级有关部门加强统筹，协同推进，各高校落实责任，扎实工作，全市普通高校毕业生就业创业工作取得显著成效。据统计，全市普通高校毕业生初次就业率连续10年保持在85%以上。相关工作的主要做法和典型经验多次在全国交流，受到上级部门和社会各方的一致肯定。

二、医疗卫生服务显著改善

改革开放40年来，全市大力推进卫生计生服务体系建设，建立健全了市、区县、乡镇、村四级医疗卫生服务网络，优化了医疗卫生资源布局，显著改善了就医环境。特别是十八大以来，累计实施"全民健康保障工程""十大公共卫生建设工程"、基层医疗卫生机构标准化建设等6200余项，累计投入130亿元，改扩建业务用房400万平方米。

第七章　全面发展社会事业

（一）基层卫生服务能力增强

农村医疗卫生服务成效显著。重庆市农村初级卫生保健工作从1989年起开始实施，到1998年，全市所有区县提前3年实现普及阶段农村初级卫生保健低限目标。从2002年起，按照国家卫生部等七部门要求，出台《重庆市农村初级卫生保健实施纲要（2001—2010年）》，全市所有区县均实现农村初级卫生保健纲要阶段性目标。自2003年开始，按照国家统一安排部署，积极开展由政府组织、引导、支持，农民自愿参加，政府、个人和集体多方筹资，以大病统筹为主的新型农村合作医疗制度试点。2007年，新农合由试点进入全面发展阶段，覆盖区县100%。通过探索，各区县均建立了新农合基金专用账户，实行管用分开、封闭运行的基金管理方式；确立了医药费增长幅度控制在农民人均纯收入增长幅度以下的农村医药费用控制目标，建立了有效的新农合责任管理和监督机制。

基本形成集农村基本医疗和公共卫生于一体的农村卫生综合服务体系

基层医疗卫生服务日渐成熟。一是服务体系不断完善。2000年，市卫生局等14个部门出台《重庆市关于发展社区卫生服务的实施意见》。2001年，市卫生局会同市财政局、市计委将发展社区卫生服务纳入全市经济和社会发展规划、区域卫生规划和医疗机构设置规划。2003年，全市筹资6163万元实施重庆市基层医疗卫生保障工程，用5年时间，完成全市330所疾病控制中心、妇幼保健院和乡镇卫生院的改扩建及设备配备。2009年，实施新一轮医药卫生体制改革以来，投入6.6亿元，实施基层医疗机构标准化建设项目。2014年底实现乡镇卫生院和社区卫生服务中心标准化建设全覆盖，到2016年底全面完成8000所行政村卫生室标准化建设，形成"一街道一中心、一镇一院、一村一室"的网络布局，建立"农村30分钟、城市15分钟"的医疗卫生服务圈。截至2017年底，全市共有乡镇卫生院895所，社区卫生服务中心197所，社区卫生服务站271个，村卫生室10988个。二是服务能力持续提升。2005年至2015年实施中央专项资金中西部地区农村卫生人员培训项目，对区县及乡镇卫生院管理人员、乡镇卫生院骨干、乡村医生开展了管理知识、传染病知识、急诊急救、公共卫生、合理用药等培训。2014年，出台《关于加强基层医疗卫生机构人才队伍建设的意见》，开展基层全科医生职称改革，163名基层全科医生获评高级职称，其中，正高18人，实现"零突破"，基层卫生人员综合素质和职称结构明显改善。以建设全国群众满意基层医疗卫生机构等活动为抓手，规范管理，提升质量，成功创建全国群众满意乡镇卫生院249家、全国优质服务示范社区卫生服务中心19家、全国百强社区卫生服务中心8家、全国百佳乡镇卫生院5家。截至2017年底，基层医疗卫生机构人员（含乡村医生）总量已达6.8万人。

80%以上的村卫生室配置了基于互联网的数字化健康一体机，结束了长期以来村卫生室仅凭体温计、血压计、听诊器"老三件"开展诊疗服务的历史。三是机构运行新机制基本建立。从2002年起就大力开展理顺乡镇卫生院管理体制工作，明确将乡镇卫生院人员、业务、经费上划区县级卫生行政部门管理。2012年，全国首家以省级政府名义出台了《重庆市乡镇卫生院管理办法（试行）》和《重庆市村卫生室管理办法（试行）》等政府规范性文件，明确乡镇卫生院等基层医疗机构为公益一类医疗卫生事业单位，区县人民政府负责保障乡镇卫生院基本建设、设备购置、人员经费、公共卫生服务业务经费等日常运行经费。市、区县两级建立专项资金，用于乡镇卫生院和村卫生室设施设备更新与维护。基层多渠道补偿机制不断健全，维护公益性、调动积极性、保障可持续性的运行管理新机制全面建立。通过建立村卫生室政府专项补助等5个渠道和购买服务机制，提高了村医工作积极性，促进了医疗卫生服务任务落实。2016年，市政府出台《关于进一步加强乡村医生队伍建设的实施意见》，明确乡村医生准入、培养、使用、管理等相关政策。三部门联合下发《关于离岗乡村医生养老和医疗补助的通知》，启动离岗村医养老和医疗补助工作，进一步畅通乡村医生退出渠道。

家庭医生签约服务惠及百姓。近年来，家庭医生签约服务工作重心从农村逐步转向城市。服务对象从农村地区留守老年人、儿童和特困人员，逐步扩大到以高血压、糖尿病、计划生育特殊家庭和建卡贫困户等为主的重点人群。服务内容从以基本公共卫生服务为主，逐步增加预约就诊、预约挂号、及时转诊等基本医疗服务及康复理疗、居家护理、托老关怀等个性化的健康管理服务。2011年10月，《重庆市人民政府关于建立全科医生制度的实施意见》颁布后，各区县陆续启动社区全科医生团队签约服务试点。2013年，《关于开展乡村医生签约服务试点转变农村基层卫生服务模式的指导意见》的出台，推动了农村地区乡村医生签约服务。2016年，市卫计委、市财政局、市人力社保局等七部门联合出台《关于推进家庭医生签约服务的实施意见》，以基本公共卫生服务、基本医疗服务和健康管理为重点的家庭医生签约服务在重庆市全面启动。到2018年，家庭医生制度初步建立，签约服务格局基本形成，服务对象和服务内容逐步拓展，服务方式日渐丰富。

医养结合加快推进。建立健全医养结合支持政策，构建以"居家养老医疗健康服务为基础，医疗机构与养老机构协议合作为支撑，专业医护养机构为补充"的整合型医养结合服务体系，支持养老机构设置医疗机构，强化医疗机构为老年服务能力建设，支持老年医学学科建设，有52所二级以上综合医院开设老年病科，80%以上医疗机构设置了老年人就诊绿色通道。全市有医养结合机构142个，医养结合床位1.85万张，80%以上养老机构与医疗机构建立了协议合作关系，65岁以上老年人健康管理率达到70%以上，有208.48万老年人及其家庭签约了家庭医生服务。

（二）全面深化公立医院综合改革

2016年，重庆市成为全国11个综合医改试点省市之一，以及编制管理创新、医疗服务价格、长期护理保险、医养结合等4个国家级专项改革试点。全市医改各项工作稳步推进，取得阶段性成效。

公立医院综合改革实现全覆盖。2017年9月9日0时，全市所有公立医院（包括部队医院、国企医院）全面实施公立医院综合改革，全部取消药品加成（中药饮片除外）。以"两取消、一调整、六配套、一建立"为主要内容，通过调整医疗服务价格、加大政府投入、改革医保支付方式、降低医院运行成本等，建立科学合理的补偿机制，初步实现公立医院良性运行、医保基金可承受、群众整体负担不增加的目标。探索建立现代医院管理制度，25个区县组建了公立医院管理委员会，履行政府办医职责；11个区县实行院长聘任制，15个区县实行总会计师制。稳步推进人事薪酬制度改革，22个区县41家公立医院重新核定编制总量1.4万余个，为公立医院增加编制2670个；中央编办将重庆市纳入第一批城市三甲公立医院编制管理创新试点。按照"两个允许"的要求，在巴南、永川、垫江3个区县6家医院开展公立医院薪酬制度改革试点，合理确定薪酬水平，建立考核动态调整机制。

分级诊疗制度建设逐步深入。加快推进4种模式的医联体建设，形成了以重医附一院"1+3+11"为代表的城市紧密型医疗集团；以区县人民医院、中医院、社区卫生服务中心和乡镇卫生院组建的区县域内医共体；以重医附属儿童医院组建的覆盖西部10个省市"西部儿科联盟"为代表的跨区域专科联盟；以重医附二院与巫山县人民医院为代表的远程医疗协作。全市所有区县都建立了区县域内医共体，所有市级医疗机构都在医联体建设上进行了积极探索，初步建立医联体内的双向转诊制度。做实家庭医生签约服务，市委、市政府将家庭医生签约纳入了民生实事予以推进，以基层医疗机构全科医生、执业医师和乡村医生为主体，以基本医疗、公共卫生和健康管理为重点，开展分类签约、有偿签约、个性化签约。同步推进50个病种基层首诊、家庭医生签约经费补助、基本医保门诊统筹等分级诊疗配套政策落实。目前，区县域内就诊率达90%

以上。

全民医疗保障制度更加完善。在提前完成国家医保政策的"城乡统筹""省级统筹"和建立大病保险的基础上,继续深化改革,提高健康保障水平。城乡居民医保政府年人均补助标准提高到450元,城乡医保覆盖率达95%以上,将慢性乙型肝炎病毒感染等特病病种新增纳入医保特殊疾病范围予以保障。重庆市被人社部纳入全国医保跨省联网结算平台首批试点省市,已实现职工医保和居民医保与全国联网,解决了群众异地就医垫资等问题。调整大病保险政策,明确2017年1月1日起城乡居民大病保险最低报销比例由40%提高到50%。完善医疗救助体系,调整资助参保政策,提高救助比例和封顶线,扩大救助病种范围。实现基本医保、大病保险、民政医疗救助"一站式"即时联网结算和无缝衔接。深化医保支付方式改革,2016年医保基金总额预算继续向基层倾斜,职工和居民医保基金倾斜基层医疗机构比例在上年增加2%的基础上,分别再提高倾斜基层比例3%、4%。实施100个单病种收付费改革,患者不承担住院门槛费,定额内报销不受医保目录限制,减轻了患者负担。

药品供应保障制度进一步健全。出台《关于进一步改革完善药品生产流通使用政策实施意见》,完善提高药品质量疗效、规范药品流通秩序、严格管理用药行为等方面的政策措施。一是实现基本药物制度全覆盖。2011年,在所有政府办的基层医疗机构和村卫生室实施基本药物制度,实行药品"零差率"销售,成为全国第9个覆盖所有政府办的基层医疗卫生机构、第1个覆盖所有村卫生室的省市,得到了国务院医改办等相关部门的高度认可。二是创建重庆药品交易所。2010年,成立重庆药交所,实行在线注册、在线挂牌、在线交易、在线结算、在线评价、在线监管的实时常态化交易。目前，药交所已建设成集医药交易、监管、大数据、金融结算、供应链、医药智能物流为一体的全新互联网医药电子商务平台，实现药品、器械、耗材、试剂等产品上线交易。药品总体挂牌价处于全国中下水平，药品供应保障秩序良好。三是实现"两票制"电子监管。以重庆药交所药品交易可追溯系统为载体，于2017年5月完成药械交易信息全程追溯体系暨医药智能物流公共信息服务平台的系统建设，打通药品交易系统、税务票据系统、药品流通企业进销存（ERP）系统、医院HIS系统。

政府办医责任逐步落实。2017年，全市医疗卫生支出近360亿元，比改革之初翻了两番，占一般公共预算支出的8.3%，比全国平均水平高1.1个百分点。市区两级每年直接投入在30亿元以上，引导公立医院回归公益性，帮助公立医院化解历史债务2亿余元。医疗服务供给结构不断优化，全市医疗卫生机构总床位数中，医院占比70%，基层占比30%。医院床位数中，公立医院占比72%，民营医院占比28%。卫生人员数中，公立医院占比75%，民营医院占比25%。群众获得感不断提升，2017年改革医院药占比下降到32%左右（不含中药饮片），门诊费用和出院次均费用增幅控制在5%以内。全市预约诊疗注册用户超过900万人、日均预约诊疗1万余人次。医疗纠纷同比下降24%，投诉下降6%。个人卫生支出占卫生总费用的比例下降到30%以下。全市人民健康水平实现"一升两降"，即人均预期寿命持续提升到2017年的77.2岁，孕产妇死亡率降至0.0149%，婴儿死亡率降至0.43%。全市居民健康水平总体上优于全国平均水平。

信息化建设稳步推进。一是全民健康信息服务体系初步建立。

县级统筹完成基本公共卫生、基本医疗服务业务一体化信息系统建设，实现基层医疗卫生机构公共卫生、医疗服务和电子病历等基础信息系统全覆盖。在国内建立了首个基于省级区域信息平台的远程会诊管理平台，目前接入3所市属三甲医院、11家区县人民医院、150个乡镇卫生院（社区卫生服务中心），实现与应急救援系统交互应用，初步建成三级远程会诊体系；在城口县、巫山县等偏远地区，依托物联网技术探索远程心电多种商业运营模式建设。人口家庭信息系统在全国率先实现实有人口和家庭信息市级统筹，初步建成全员人口个案信息库，实现流动人口管理、生育服务办证、药具管理、孕前优生和家庭扶助五大人口业务系统线上应用，全市人口信息覆盖率达98.1%，准确率达96.2%。初步构建了以市—区（县）两级信息平台为核心，面向公众服务、面向行业机构服务、面向政府与社会监督服务的全民健康信息服务体系。二是信息互联互通基本实现。2017年以"医改"重点工作为主线，全面实施全民健康信息平台互联互通和医改监测数据接入任务，实现市—区（县）两级信息平台互联互通全覆盖，卫生计生专网基本覆盖政府办医疗卫生单位，完成15家公立医院电子病历数据集成，整合人口家庭、出生医学证明、信用监督、采供血管理、传染病报告、预防接种、区域医学影像等13个业务系统数据，完善全员人口、电子健康档案、电子病历信息共享交换机制。分阶段推进医改监测评估工作，建成全市统一的医改监测平台，构建医院数据采集唯一权威渠道，接入公立医院226家，除部队医院外基本实现公立医院实时监测全覆盖，其实时动态效果走在全国前列，获得国务院医改办的肯定。三是信息便民惠民效果初步体现。以预约诊疗助推分级诊疗体系建设，市级医院实现门诊免费公共无线网络全覆盖；以远程医疗支撑分级诊疗有效实施，全市已初步构建了以远程会诊、医疗物联网为基础的远程医疗服务平台，推动以三甲医院为"龙头"的区域影像疑难会诊中心和以区县综合医院为"龙头"的区县影像报告中心建设。目前，远程医疗服务覆盖所有贫困区县。四是健康医疗大数据应用创新发展。"十三五"以来，先后与中国航天、中国平安、重庆医股、国科大和阿里等集团公司深入合作，加快各项健康医疗数据应用工作的开展。与中国航天集团共同推进健康卡试点工作，以居民健康卡为纽带，打通各系统之间的信息共享障碍，实现现有信息系统间的深度融合，推动智慧健康医疗产业发展，目前已在南岸、梁平、北碚等区县完成健康卡（含虚拟健康卡）发行应用环境改造工作，计划以家庭医生签约、便民查询和跨院医疗就诊服务等应用推动健康卡应用。

三、体育事业长足进步

改革开放40年来，重庆的体育事业取得了长足进步，群众体育蓬勃开展，竞技水平不断提高，体育产业逐渐壮大。

（一）群众体育蓬勃开展

重庆群众体育不断向新的广度、深度和高度发展，参加体育活动的人数不断增加，范围也在逐步扩大。据1985年统计，重庆市学生达到《国家体育锻炼标准》的有57万人。全市共有市和区县两级体育传统项目学校（队）273个，参加训练的学生6000人。恢复、建立了5个产业体协和562个基层体育组织。厂矿业余运动队

5000多个，队员7万余人。90%的农村文化站开展了体育活动。全市建立了22个老年体协分会和195个基层协会，老年人体育空前活跃。残疾人体育受到社会关注。民间体育如武术、龙舟、登山、钓鱼、信鸽、旱冰等活动吸引了广大群众。在群众体育广泛开展的基础上，涌现了一批全国和省市体育先进集体。重庆市继1983年首次被评为全国"田径之乡"后，1986年再次被授予全国"田径之乡"光荣称号。1995年，重庆市政府举全市之力申办第四届全国城市运动会，围绕"申办"为主题开展的群众体育活动范围广、规模大、参加人数多、高潮迭起，激发了全市人民积极奋进的精神，产生了强大的凝聚力，极大地推动了重庆市群众性体育活动的开展。

直辖后，重庆群众体育朝着管理规范化、活动制度化、锻炼科学化、形式多样化的方向发展。国务院在全国颁布实施《全民健身计划纲要》，几乎所有叫得出名目的在全国流行的健身娱乐项目都在重庆扎下了营盘。学校体育、社区体育、农村体育、职工体育、老年人体育、残疾人体育，如火如荼，方兴未艾。重庆市体育局按照《体育法》的规定，把体育工作的重点放在增强人民体质、提高市民素质上，大力推进全民健身活动。学校体育、职工体育、农村体育、少数民族体育、社区体育、老年人体育、残疾人体育等全民发展，晨练、晚练遍及城乡。每年都举办全市性全民健身宣传周活动，参加群众达到500多万人次，特别是"百万人长跑迎国庆50周年活动"，迎香港、澳门回归万人健身活动，支持北京申办2008年奥运会万人长跑活动等，更是盛况空前。为加强国民体质监测和科学健身指导，成立了重庆市国民体质监测中心，建立了国民体质点19个，开展了国民体质测试工作，举办了多期社会体育指导员培

第七章　全面发展社会事业

训班。市体育局还从体育彩票公益金中提取相当一部分在全市兴建了73处全民健身工程，大大方便了群众参加体育健身活动，被群众称为"民心工程"。2003年，重庆市启动了两江四岸健身长廊工程。工程以健身为重要内容，辅以观光、休闲、娱乐为一体的开敞式、服务大众的体育健身设施。该工程从2004年起，用5年左右时间，以点（社区、乡镇）、线（沿滨江大道）、面（各类广场）、山（森林公园）相结合，分段在滨江大道及附近建成100万平方米左右的体育健身场地，可同时容纳20万人以上的群众参与健身的公益体育设施。此项工程2003年被国家体育总局评选为"中国全民健身二十大景观工程"。

党的十八大以来，习近平总书记亲自谋划、亲自推动、亲自督促体育事业的发展，并形成了对体育工作的重要论述，是体育强国建设的行动指南和根本遵循。党中央、国务院把体育作为实现中国梦的重要内容，把全民健身作为全面小康社会建设的重要战略，是对全国体育系统的极大鞭策和鼓舞。市委、市政府高度重视体育工作，全面贯彻党的体育方针，出台了一系列发展体育事业的政策举措，全民健身取得新成效。成功打造重庆国际马拉

重庆国际马拉松赛
吸引了众多中外长跑爱好者

松赛、世界杯攀岩赛、武隆国际户外运动公开赛、重庆长寿湖国际铁人三项赛等品牌赛事活动。

（二）竞技水平不断提高

改革开放40年，重庆竞技体育在落后的基础上起步，总体实力不断增强，国内、国际赛场屡创佳绩。特别是20世纪80年代，重庆市成为计划单列市和经济改革试点城市后，对竞技体育的发展，市体委制定了"以出席城运会为目标，以培养后备人才为重点的城运战略"。1987年至1995年间，重庆市连续参加了3届全国城市运动会，共获得金牌16枚、银牌27枚。尤其是在第三届城运会上，重庆代表团获得奖牌40枚，在49个参赛城市中居第5位；12个代表队获得体育道德风尚奖，列第4位，取得了运动成绩和精神文明双丰收。在1996年第二十六届亚特兰大奥运会上，3位重庆培养、输送的运动员，获得银牌1枚、铜牌1枚、1个第四名的好成绩。重庆直辖前，还向四川省输送了大批运动员，占四川省运动员人数的1/3，其中，100多人被输送到国家队，有的已成为世界冠军或亚洲冠军。

重庆直辖后，由于体育工作的目标发生了重大变化，市体委结合实际制定了"竞技体育必须迅速从城运战略向全运战略转移并与国家奥运战略接轨的全市竞技体育发展战略"。1997年直辖后的重庆市首次单独组团出席第八届全国运动会，获得银牌3枚、铜牌3枚，总分270.3分，在全国46个省、市代表团中列第24位，在西南五省区中列第2位，并有4人5次超5项世界纪录、2人4次创2项全国纪录、1人1次平1项全国青年纪录，圆满完成了任务，市政府为市体委记集体三等功1次。重庆举重运动员张勇在1997年第二十九届亚洲举重锦标赛上获得83公斤级总成绩冠军和挺举金牌、抓举银牌，并以214公斤的成绩打破213.5公斤的世界纪录，成为中国举重史上该级别第一个打破世界纪录的人。1997年，建队仅一年的重庆红岩足球俱乐部冲击甲B成功，重庆围棋队、象棋队、女子桥牌队、男子篮球队也相继晋升为甲级队，弘扬了红岩精神，展现了重庆人新的精神风貌。1998年在十三届曼谷亚运会上，9名重庆籍运动员获金牌6枚、银牌2枚、铜牌1枚。

随着一条龙训练体制的进一步完善，运动队伍规模逐步扩大，开设项目逐步增加。建立了足球、篮球、武术3个项目管理中心，新建了市体校8所分校，重庆市被国家体育总局命名为全国高水平田径、举重后备人才训练基地。据统计，至1998年，重庆市已拥有运动技术学院，第一、二、三、四运动学校，射击运动学校，棋类运动学校和足球、篮球运动管理中心共9个直属训练单位以及沙坪坝区、渝中区、南岸区、大渡口区、九龙坡区、黔江区、万州区7个市业余体校分校。设置有田径、羽毛球、拳击、跆拳道、摔跤、网球、足球、篮球、赛艇、举重、柔道、射击、射箭、武术、乒乓球、游泳、跳水、蹦床、棋类等19个优秀运动队，队员330名，重点体校队员530名。在规模和布局方面有了大幅度提高，从而使训练结构和层次衔接更适应重庆市竞技体育发展的需要，也为今后向更高层次发展奠定了坚实的基础。此外，重庆还成功举办国际、国内大型体育比赛，加速了体育与世界接轨的步伐。2017年，重庆在国际国内大赛中获金牌50枚、银牌25枚、铜牌51枚。施廷懋继续保持女子跳水3米板的优势，蝉联国际泳联年度最佳跳水运动员；别舸获得亚锦赛接力冠军和全国田径锦标赛、全国田径大奖赛总决赛男子200米冠军；谭中怡获得国际象棋女子个人世界锦标赛冠军，新晋为中国第5位、重庆首位国际象棋棋后。与此同时，持续做好运动队科技医疗服务，推进训科医一体化和运动员文化教育。

（三）体育产业从小到大

随着改革开放的不断推进，社会投资体育健身娱乐业也有了较快的发展，仅1996年至1998年全市有社会投资经营性体育企业70家，注册资金7.1亿元。随着体育产业步伐不断加快，体育自我发展能力逐步增强，1999年全市体育产值已达4706万元，初步形成了新的经济增长点。一是发展体育用品、健身娱乐、信息传播和中介业。经过近10年的孕育发展，逐步出现体育用品业、体育健身娱乐业及以体育为经营内容的信息传播、中介等行业。各类企业、个人投资经营性体育项目逐渐增多，为进一步整合社会力量抓好体育产业，组织成立了重庆市体育用品联合会。命名朝天门港渝广场为"重庆体育专业市场"，举办了"2001年重庆体育用品展示会"和"中国·重庆2002西部体育用品博览会"。并于2001年举办了体育经纪人培训班，116人获得体育经纪人资格证书，为推动重庆体育产业发展奠定了基础。二是体育彩票发行势头看好。自1997年5月批准成立重庆体育彩票中心以来，体育彩票从无到有，从即开型到电脑联网，销量稳步增长。经过逐年发展，全市体育彩票销售终端达到1100个。2005年全市体育彩票总销量2.29亿元，2016年全市总销售量突破45亿元。

党的十八大以来，重庆市体育产业取得新发展。出台了《加快发展体育产业促进体育消费的实施意见》和体育产业发展规划。设立了体育产业发展专项资金。全市体育产业总规模达309亿元，体育及相关产业单位达3.4万家,从业人员达18.7万人。体育彩票年销售额突破45亿元。涪陵区、万盛经开区被列为全国体育产业联系点城市,推动了渝北际华、忠县电竞、万盛嗨摩尔等一批产业综合体项目。党的十九大胜利召开后,市体育局积极对接全市"三大攻坚战""八项行动计划",着力实施体育"1+5+1"行动计划。"1"即打造全国乃至世界户外运动首选目的地行动计划;"5"即实施全民健身服务体系提升、十四运会备战、体育产业加快发展、体育后备人才培养、体育基础设施振兴行动计划;"1"即搭建重庆市体育信息化管理服务平台,切实提高公共体育服务共建能力和共享水平,满足人民群众日益增长的对美好生活的需要,努力让重庆动起来,全民动起来。

四、城市管理水平提高

改革开放40年,是我国城市快速扩张时期,也是城市管理事业飞速发展时期。通过40年的不断发展完善,特别是党的十八大以来,城市管理工作取得了长足进展,城市管理体制逐渐理顺,市政设施不断完善,环卫质量显著提高,市容市貌整洁美观,空间立面清爽规范,夜景灯饰独具特色,水务管理探索新路,园林绿化景色宜人,依法行政走向规范,智慧城管已具雏形。城市管理水平的提高,既保证了城市的正常高效运转,也为公众提供了完善的公共服务产品;既为广大老百姓创造了舒适良好的人居环境,也有力推动了重庆经济、社会的全面快速发展。

(一）城市发展成效显著

重庆是中西部地区唯一的直辖市，也是国家中心城市之一。改革开放40年来，重庆的城市发展和城市管理都取得了显著成效。目前，重庆正朝着"两地""两高"目标迈进。一是城市定位越来越高。习近平总书记在2016年视察重庆时指出，重庆是西部大开发的重要战略支点，处在"一带一路"和长江经济带的联结点上。这一定位要求，为重庆提高城市管理水平，提升城市美誉度提供了更高的站位、更广的视野。二是城市规模扩张迅速。截至2017年底，主城区建成区面积已达到732平方公里，城区总人口达1100万人，常住人口达920万人，城镇化率为90.5%，是典型的特大型城市。三是城市人文悠久厚重。重庆是国家历史文化名城，历经3000多年波澜壮阔的风云变幻，融巴渝文化、革命文化、抗战文化、三峡文化、移民文化等多元、共生文化为一体，红岩精神代代传承，具有悠久厚重的人文之美。四是城市地理彰显个性。重庆是"山环水绕、江峡相拥"的山水之城，城市空间结构为"一岛、两江、三谷、四山、五片、多组团"，山、水、城交融，是一座"站着的城市"，形成了"半城山水满城绿，立体都会新画卷"的美丽山水城市意象。五是城市管理任重道远。目前，虽然城市管理服务的范围广、门类杂、体量大、任务重，但是城市发展已经从以建设为主转变到建管并重的新阶段，从单一管理到综合管理、粗放管理到精细管理、人工管理到智能管理的新时期。

（二）城市管理理念与时俱进

重庆市城市管理工作把习近平总书记对重庆提出的"两点"定

位、"两地""两高"目标和"四个扎实"要求作为"总遵循",深入落实"城市管理应像绣花一样精细"等系列重要指示精神,不断提高城市管理精细化、智能化、人性化水平,不断推进"大城智管、大城细管、大城众管"的城市管理理念,强化法治化建设、健全标准化体系、推进智慧化运行、加强精细化管理、促进融合化发展、体现人性化服务,确保有机构议事、有章理事、有人干事、有钱办事、有氛围做事,实现城市干净整洁有序、山清水秀城美、宜居宜业宜游。

(三)城市管理工作"四提升"

改革开放以来,特别是党的十八大以来,全市城市管理系统深入贯彻党的十八大和十九大精神、中央城市工作会议精神,以及市委、市政府系列部署,着力于打基础、补短板、惠民生、促发展,在抢抓机遇中主动作为,在攻坚克难中持续发力,取得了"四提升"工作成效。一是城市基础设施保障能力不断提升。城市水、电、路、气、讯等"地上、地下"基础设施和市政配套加快完善,城市运行和群众生活的"生命线"不断畅通。二是城市人居环境品质不断提升。累计完成402条背街小巷、306个老旧小区市容环境整治,完成600余项景观照明项目;建成一批城市生态公园,城市绿地优良率达到93.03%,基本实现市民300米见绿、500米见园目标;城市供水水质综合合格率保持在98%以上,城市污水集中处理率达97%,城市生活垃圾无害化处理率达到100%。三是城市对外开放形象不断提升。文化魅力更加彰显,对外交流合作深入开展,举办或承办了中国共产党与世界对话会、世界旅游城市联合会、市长国际经济顾问团年会等一批高层次国际性会议。旅游吸引力更加强劲,"世界温泉之都""桥都""美食之都""不夜之城"等名片传播力、影响力提升,在中商情报网发布的2017年中国最热门的50个旅游城市排行榜中位居第一,位列2017年世界旅游及旅行理事会(WTTC)发布的全球发展最快的10个旅游城市榜首。2018年五一小长假,重庆更是一度成为全国的"网红"城市。四是人民群众的满意度不断提升。12319城管舆情综合平台与市民互动的服务功能日益完善,5年来累计受理市民咨询与投诉达28.26万件,投诉问题结案率为98.93%,市民对办理结果的满意率达到90%以上。据2016年联合国计划开发署和《瞭望东方周刊》共同主办的"中国幸福城市可持续发展国际论坛"调查显示,重庆老旧社区环境综合整治百姓满意度高达97%,市民幸福感显著增强。同时,亮丽的城市形象也得到2016年长江经济带发展座谈会、中国共产党与世界对话会、重庆香山旅游峰会、市长国际经济顾问团年会等一系列重大会展活动来渝领导、客商的高度赞誉,大量影视作品来渝取景,城市美誉度和市民满意度实现"双提升"。

五、住房改革在探索中前行

重庆的住房改革,从以福利分房为主体的传统分房制度,到实行住房分配货币化,再到住房商品化时代,几经变革,始终在探索与实践中稳步推进。

(一)城镇住房制度改革

1994年,国务院印发《关于深化城镇住房制度改革的决定》,

重庆市拉开了城镇住房制度改革的序幕。到1997年底，经过大力实施经济适用住房（含安居工程、集资合作建房）建设，城镇居民人均住房面积达8.8平方米。1998年，国务院出台《关于进一步深化城镇住房制度改革加快住房建设的通知》，明确宣布全面停止住房实物分配，实行住房分配货币化，宣告了福利分房制度的终结和新的住房制度的开始。

多渠道推进职工住房建设。一是集资合作建房。1994年出台了《重庆市城镇集资合作建房管理办法》，明确集资合作建房系在政府主管部门和单位组织下改善居民、职工自身住房条件的公益行为。旨在多渠道筹集建房资金，增加住房建设投入，满足职工群众不断增长的住房需求。主要有全额集资和定额集资两种方式。二是安居工程。1994年市政府印发了《重庆市安居工程管理暂行办法》，规定了安居工程是指纳入市人民政府专项计划，通过政府扶持，定向供给中低收入住房困难户的成套住宅的建设、分配、出售和管理的全过程。三是经济适用住房。1994年建设部、国务院房改领导小组、财政部联合出台了《城镇经济适用住房建设管理办法》，指出经济适用住房是指以中低收入家庭住房困难户为供应对象，并按国家住宅建设标准（不含别墅、高级公寓、外销住宅）建设的普通住宅。1998年按照国家提出的"标准不高水平高、造价不高质量好、面积不大功能全、占地不多环境美"的要求，重庆市建设了以洋河花园、金岛花园等安居小区为代表的新型住宅小区，具有良好示范作用。

稳步推进公有住房改革。一是租金改革。重庆市在1992年公房月租金基价为0.13元/米^{2}至0.27元/米^2，1997年提高到0.51元/米^{2}至1.26元/米^2，1998年提高到0.7元/米^{2}至1.88元/米^2，2001年提高到 0.7 元/米²至 2.44 元/米²（此后再未作调整）。二是出售改革。1994 年启动了公有住房出售工作，按成本价出售享有房屋完全产权，低于成本价享有住房部分产权，从 1998 年底开始允许已售部分产权的公有住房办理完善产权，后来又逐步取消了售后公有住房进入市场的年限限制。

实施住房货币化。一是住房公积金制度。这是一种普惠性制度，单位在职职工都应享有。重庆市 1995 年启动公积金制度。二是住房补贴制度。这是一种差异性制度，即房价较高且有资金和能力的单位职工才能享有。住房补贴政策受当时财力限制到 2005 年后才正式落地实施。

（二）启动廉租住房制度

重庆市于 2003 年启动廉租房保障制度。2009 年，廉租房覆盖面扩大到城镇低收入住房困难家庭，收入线标准由城镇低保标准提高到 2008 年城镇低保标准的 1.7 倍［主城 450 元/（人·月）、渝西 400 元/（人·月）、两翼 350 元/（人·月）］，住房困难标准由人均住房建筑面积低于 10 平方米提高到 13 平方米，保障方式由发放租赁补贴自主租赁住房逐步调整为廉租房实物配租。2015 年底，全市廉租房保障家庭实现了应保尽保。2016 年，将全市的廉租房保障家庭收入线标准统一调整为 840 元/（人·月）。

2007 年，国务院出台了《关于解决城市低收入家庭住房困难问题的若干意见》，要求建立健全廉租住房制度，改进和规范经济适用住房制度，这是对之前住房保障制度的一次总结和提升，是我国住房制度改革历程中的一个新的里程碑，基本建立了保障房供应体系的雏形。此后几年间，结合国家"稳增长、扩内需"的要求，重庆市的廉租住房实物建房量大大增加，最低收入家庭的住房困难问题得到有效解决，住房保障事业真正迎来了大发展。

（三）大力推进公租房建设

为深入贯彻落实党中央、国务院"保障和改善民生""建立市场配置和政府保障相结合的住房制度，加强保障性住房建设和管理，满足困难家庭基本需求"的决策部署。2010年初，重庆市在全国率先探索推进公共租赁住房建设，将住房保障制度改革纳入市委深化改革重点专项，努力构建"以政府为主提供基本保障、以市场为主满足多层次需求"的住房供应体系，建立"低端有保障、中端有市场、高端有约束"的住房调控机制；出台了《重庆市公共租赁住房管理暂行办法》及《重庆市公共租赁住房管理实施细则》等一系列规范性文件。同时，为进一步完善住房保障体系，促进保障性住房有效利用，发挥公租房保障功能，2015年向全市推开公廉并轨制度，且率先探索打通了公租房与征收安置住房、城镇D级危房住户应急搬离的保障渠道，印发了《关于做好公共租赁住房并轨运行管理工作的通知》。

政府主导建设，土地直接划拨。重庆公租房建设坚持政府主导，由政府投入资金和给予政策支持，建设主体为政府国有投资集团，产权由政府持有，政府成立机构统一组织实施建设管理。重庆公租房建设用地为国有非营利机构储备土地，政府以划拨方式供应，与城市总体规划衔接，纳入年度国有建设用地供应计划，在年度用地指标中单独列出并优先保障。重庆自2002年起建立政府主导的土地储备供应机制，通过工业结构调整、老厂搬迁、院校置换、旧城拆迁等方法，储备了30多万亩土地，为规划建设约4000

万平方米公租房所需的3万亩土地提供了充足的保障。

财政市场双筹，资金总体平衡。重庆建设约4000万平方米公租房，计划投资约1400亿元，按财政投入和融资贷款3∶7的比例筹措。财政投入主要通过国有土地划拨注入和中央财政专项补助、本级财政预算安排、税费减免等方式筹集。融资部分主要通过银行贷款、社保基金、商业保险、企业债券和PPN等市场渠道筹集。

健全管理体制，落实建管责任。重庆按照政府主导、统筹推进、各司其职的原则，明确了相关部门和单位的职责。由重庆市国土房管局、重庆市公租房管理局统筹履行对公租房管理工作的组织协调、指导督查，并牵头研究相关政策、服务管理体系及监督考核标准等，重大问题报市政府研究决策，市发改委等部门和单位按照各自职能职责，针对公租房服务管理中的有关共性问题加强行业指导，相关区政府切实落实属地管理责任。

强化顶层设计，完善政策制度。重庆高度重视公租房顶层制度设计，确保公租房建设管理各环节有章可循、照章办事。先后出台了《重庆市公共租赁住房管理暂行办法》及《实施细则》，完成了公租房规划、建设、准入、分配、管理、退出的顶层制度设计。随着公租房分配入住的持续推进，又配套出台了加强公租房管理和社区建设的政策制度，并陆续出台了公廉租房并轨管理、保障房统筹使用、公租房申请规范、摇号办法、换租办法、集体承租规定、住用监管规定、公租房社区党的建设、精神文明建设、平安建设、支持就业创业、视频监控建设联网应用等若干个具体操作性文件或规程，构建了"1+3+X"的公租房管理制度体系，确保了公租房管理工作的规范有序推进。

注重规划建设，保障基本需求。重庆市级公租房项目按照均衡布局、适于就业、配套完善、环境宜居的原则，主要规划布局在主城区21个大型聚居区和产业园区，且紧邻已开通或规划的轨道交通站旁，每个公租房小区规划居住人口5万人至10万人，约占所在聚居区规划居住人口的1/4。公租房与聚居区内的商品房小区实行无差别"混建"，每个公租房小区都配套建设有小学、幼儿园、社区医院、商场、警务室、篮球场等健身设施和公共活动场地，且商业配套设施占比达到10%，实现"插花式"居住，避免社会阶层的分割而形成新的"贫民窟"，有利于促进社会和谐。区县公租房根据区县城镇化发展等合理分散布局。具体项目则结合周边产业发展和保障需求，分步分期，有序推进。在项目建设推进中，一方面抓好小区"红线"内主体工程和相关配套建设，另一方面抓好小区"红线"外水、电、气、讯、市政道路、排污干管、垃圾转运站等配套建设，力争做到同步规划、同步建设、同步投用，满足保障群众的生产生活需要。

打破户籍限制，阳光公正分配。重庆公租房在坚持住房困难这个底线的同时，在全国率先打破城乡内外的差别和户籍制度的藩篱，准入条件设置为有工作无住房、不限户籍并放宽收入限制，重点保障住房困难的原住居民、无住房的新就业大中专毕业生、外地来渝和进城务工人员等三类群体。市级公租房由各区房管局设立20个申请点，分布在主城各区，申请人可就近申请任意各区的公租房项目。为确保公租房分配阳光公正，在分配中严把审核分配关口，坚持摇号配租公开透明、"双随机"配对摇号、全程公证三个关键环节，严抓"两审两公示"，计算机随机摇号，做到申请人与房源一次性精确匹配到位。按保障的"三类群体"统计，本市进城务工人员占47%、外地来渝就业人员和大中专毕业生新就业人员占20%、城市原住民占33%。

重庆公租房摇号配租现场

严格住用监管，确保公平善用。重庆一开始就注重严格住用监管和服务，在项目交房入住前半年即筹建小区房管中心，并选聘物业服务企业，以小区构建起房管中心、物业服务企业、社区居委会三驾"马车"为主，警务室、社区卫生服务站等机构并存的管理服务体系。为确保公租房保障资源公平善用，对新入住住户100%走访查看，确保实际居住人与配租资格人一致。同时，建立房管、物管、楼栋信息、社区网格、网络监督"五员监管"队伍，设置群众举报电话、信箱，建立调查取证、查处整改、清退追责三步工作流程和宣传警示、动态核查、群众监督、严查违规、诉讼追查机制，运用"双随机—公开"实施租赁管理监督检查，协调公安、镇街及社区等力量，开展信息交互、协同检查，对发现或收集的违规线索，及时逐一核实，认真查处。

加强社区治理，构建和谐社区。按照习近平总书记"把加强基层党建、巩固党的执政基础作为贯穿社会治理和基层建设的一条红线"的指示，坚持以社区党建统揽社区治理，坚持机关围着社区转、社区围着居民转，坚持自治、法治、德治三治合一，着力构建基层党组织、为民便民公共服务平台、大数据信息网的"堡垒+平台+网络"的组织体系，大力实施服务型基层组织工程、和谐文化、互助社区、平安工程四大工程建设，不断增强公租房居民的获得感、幸福感、安全感，奋力建设文明、和谐、安全、稳定的公租房社区。

六、社会保险体系不断健全

改革开放以来，重庆市社会保险体系建设经历了制度从无到有，覆盖群体从城到乡，城乡制度从分到合，基金规模从小到大，保障水平从低到高的发展历程。

（一）社会保险制度全面建立

养老保险制度。1987年，以建立全民所有制企业退休基金统筹为切入点，开展城镇企业养老保险制度改革。1992年部分区县开始试行保障水平较低的农村社会养老保险。在这一时期，社会保障的覆盖范围从以往的城镇国有单位为主扩大到了个体工商户、灵活就业人员以及进城务工农民工，保障方式也从国家保障和单位保障向社会保险迈进，尤其是通过实现社会保险基金统筹管理，以社会互济来分散企业和劳动者的职业风险，成为社会保险改革的一项重要举措。在这一时期,社会保障制度形成了多层次的保障体系,以满足不同群体的需求。同时,社会保障筹资渠道呈现多元化,形成个人、单位和政府三方面共同筹资的多元结构。1993年开始实行不分所有制形式、不分职工身份、全额收支、收支两条线管理的基本养老保险。1996年开始实施机关事业单位养老保险试点,实行市级和区县基金分级统筹管理。直辖后,重庆市先后建立了"统账结合"的城镇企业职工基本养老保险制度,在全国率先为农民工"量身定做"农民工养老保险制度,并出台实施征地农转非人员和城镇用人单位超龄人员养老保险办法,建立全市统筹的城乡居民养老保险制度,提前两年实现市级统筹管理的养老保险制度全覆盖。2015年1月,通过分档缴费等措施,构建起居民养老保险"多缴多得、长缴多得"激励机制。随着经济体制改革的不断深化,社会用工形式逐步呈现多样化,重庆市进行了一系列大胆探索,将农民工、灵活就业人员等不同参保群体纳入到职工基本养老保险制度的覆盖范围之内。截至2017年末,解决了220多万征地农转非、三峡库区淹没移民农转非人员及30多万城镇超龄人员的养老保障问题;解决了17.2万国有企业单双解职工养老、医保问题,42万国有破产企业、关破解体集体企业退休人员医保问题;将32万老工伤人员纳入了工伤保险统筹范围,实现社会保险制度全覆盖,为实现社会保险人员全覆盖打下了坚实的基础。

医疗保险制度。1999年,开始制定城镇职工基本医疗保险制度总体规划。鉴于当时全市地区之间经济发展水平差异较大的实际情况,职工医疗保险实行分层次统筹,全市共划分为以主城6区为覆盖范围的市级统筹区和其他各区县以各自辖区为覆盖范围的34个统筹区。2001年底,市级统筹区职工医疗保险制度正式建立,

2002年在渝中区和江北区开展试点，2003年主城其他4个区启动职工医疗保险工作，其余34个区县级统筹区分别于2000年至2003年分别陆续启动职工医疗保险工作。2003年启动新型农村合作医疗保险试点。2007年探索建立城乡居民合作医疗保险制度，并在城镇职工医疗保险制度中为农民工建立了大病医疗保险。2008年实现城镇职工医疗保险主城9区市级统筹，并逐步扩大到所有区县。2009年整合原新型农村合作医疗和城乡居民合作医疗保险两项制度，理顺形成统一的城乡居民合作医疗保险管理体制。2013年1月1日起全面实施城乡居民大病保险制度。在基本医疗保险报销后，一年最多还可补偿20万元，进一步提高了城乡居民重特大疾病保障水平，健全了多层次保障体系。

失业保险制度。1986年10月，印发《关于国营企业待业职工和职工待业保险基金管理若干具体问题的处理意见》，重庆开始建立职工失业保险制度。1999年，制定了《重庆市失业保险规定》，实行全市统筹、分级管理的失业保险制度。2003年，出台《重庆市失业保险条例》，这是重庆市第一部社会保险地方法规，建立起全市统筹、分级管理的失业保险制度。此后，重庆市不断完善失业保险制度，先后出台失业保险专项政策、内控制度、操作实施细则等各项文件，以稳定岗位为支撑，降、补结合，双管齐下减少企业岗位流失。同时，扎实做好失业保险条例修订实施工作，建立健全失业保险费率调整与经济社会发展的联动机制，完善失业保险金标准调整机制，放宽申领条件，更好发挥失业保险预防失业、促进就业的作用。

渝中区南纪门街道社会保障服务所正在为失业人员办理申领失业保险金服务

工伤保险制度。1996年，《企业职工工伤保险试行办法》发布后，重庆市开始试行企业职工工伤保险制度，当时工伤保险基金实行区县级统筹。2003年出台《重庆市工伤保险实施暂行办法》，2004年全市所有区县启动工伤保险，建立起全市统筹、分级管理的工伤保险制度。2010年出台了《重庆市国有企业老工伤人员纳入工伤保险统筹管理有关问题的通知》和《实施意见》，将老工伤人员纳入工伤保险统筹管理，解决了老工伤人员的待遇问题。2012年根据国务院修订的《工伤保险条例》，修订出台了《重庆市工伤保险实施办法》及其相关配套文件，提高了工伤人员待遇。2015年以来，强力推进建筑施工企业参保"同舟计划"，以农民工集中的建筑业、服务业，有雇工的个体工商户为重点，摸清建筑业开工数量底数，开发运用按项目参保信息系统，推进参保人员动态化实名制管理，全面推进有劳动关系的农民工参加工伤保险，切实维护农民工合法权益。与此同时，积极协调建设项目的行政主管部门，推进建筑施工企业按建设项目及工程总造价的0.1%征收工伤保险费的参保办法，参保扩面取得了一定的成效。探索建立工伤保险储备金制度，制定工伤保险浮动费率办法，推进工伤保险待遇调整和确定机制的实施。建立健全工伤保险标准体系制定工作标准，健全完善工伤预防、补偿、康复"三位一体"制度体系。

生育保险制度。1996年，重庆市渝东13个区县开始试行企业职工生育保险制度，分区县实行生育保险基金统筹。2005年重庆市出台并实施地方政府规章《重庆市职工生育保险暂行办法》，建立了全市统筹、分级管理的生育保险制度。养老、医疗制度不断创新，失业、工伤、生育全市统筹，社会保险制度体系日趋完善。2012年4月，全面落实国务院令第619号文件精神，调整了重庆市职工生育保险女职工生育津贴期限。2013年12月，出台《重庆市人力资源和社会保障局重庆市财政局关于将机关事业单位纳入生育保险覆盖范围的通知》，将本市行政区域内的国家机关、事业单位纳入重庆市生育保险覆盖范围；明确了单位及个人办理生育保险关系转移接续的处理办法和待遇结算的问题；明确了参加重庆市生育保险的外籍及港澳台地区职工享受生育保险待遇的问题。

（二）稳步推进重点改革任务

党的十八大尤其是十八届三中全会以来，按照"全面深化改革的出发点和落脚点是促进社会公平正义、增进人民福祉"这一指导思想，重庆市主动适应经济新常态，落实改革新要求，顺应人民新期盼，圆满参与社会保险领域9大类27项重点改革任务，牵头完成12项。

实施全民参保登记试点。2013年在全国率先启动全民参保登记计划试点工作，2015年此项工作推进到全市所有区县，2016年比国家要求提前一年完成全市初次登记工作，3600多万人登记入库，建立了参保人动态管理机制，促进未参保人员参保、未参齐险种人员参齐、断保人员续保，加快推进社会保险从制度全覆盖走向法定人员全覆盖。在实现社会保险制度全覆盖基础上，社会保险覆盖范围逐步从城镇扩大到农（乡）村，从国有企业扩大到各类企业，职工人群扩大到城镇居民。重庆市社会保险各险种都呈参保人群逐年扩大的趋势。截至2017年末，城乡养老、医疗、失业、工伤和生育保险参保人数分别达2098万人、3248万人、466万人、505万人和411万人。城乡养老、医疗保险参保率巩固在95%以上，

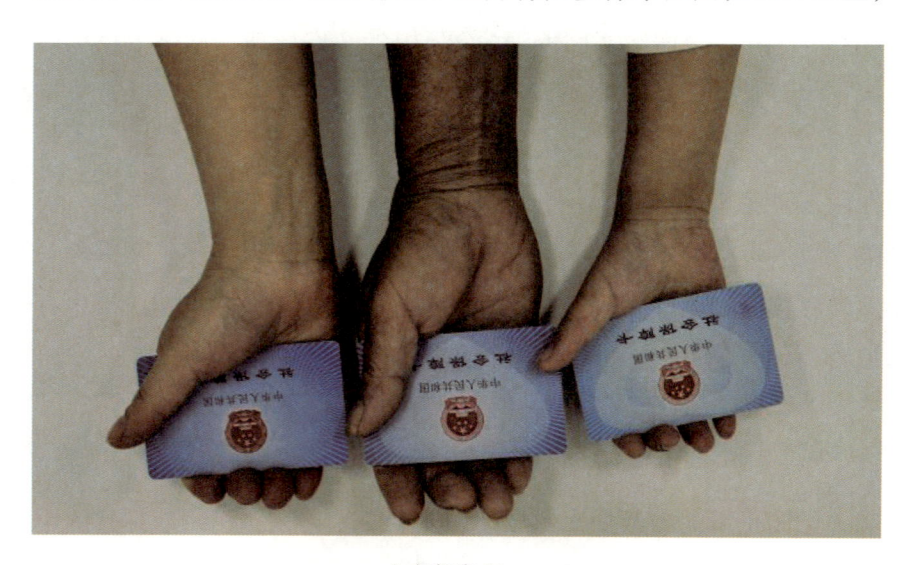

全家都参保

全民医保基本实现；养老、医疗保险参保人数较2010年分别增长706万人、217万人。失业、工伤保险参保人数较2010年分别增长了近1倍，生育保险增长了近2.33倍，不断推动制度全覆盖走向法定人员全覆盖。

机关事业单位养老保险制度改革全面实施。2015年正式全面启动，2016年制度全面并轨，2017年市和区县级机关事业单位全面实施。已出台重庆市机关事业单位养老保险制度改革若干问题的处理意见、六类人员一次性增发待遇、经办管理办法、操作规范、服务指南等系列配套文件。实现全市2.1万户参保单位全覆盖。全面启动基金实收实支，退休人员待遇全部实行社会化发放，待遇调整全面兑现到位。与此同时，启动机关事业单位职业年金工作，着手起草制定《机关事业单位职业年金实施办法》和职业年金经办规程，职业年金与基本养老保险金缴费同步。

探索多种退休人员社会化管理模式。市属国有企业退休人员社会化管理移交稳妥落实。重庆市被纳入国务院全国首批5个试点城市之一，通过部门联动、统筹推进、广泛动员、强化指导和优化服务，2017年将2016年底前未纳入社会化管理的26户市属国有企业集团所属的839家企业、29万名退休人员全部实现应交尽交，全市纳入社区管理服务退休人员305.5万人，社会化管理率为92.5%。同时，大力推进社会化管理市级示范社区建设，出台《重庆市退休人员社会化管理服务示范社区创建规范》，选取基础条件较好、工作规范、宣传到位、创建意愿较强的社区作为试点并成功打造31个示范社区。

医保相关改革持续深化。一是医保支付方式改革。建立起以总额预算付费为主，单病种结算、按人头付费和精神病按床日付费、择期手术术前门诊检查费用报销等相结合的复合型医保付费方式。完善总额控制付费指标，将医疗机构本地化就诊率纳入清算指标，引导合理就医流向。二是推进医保异地就医联网及时结算。在市内定点医疗机构和药店就医购药实现无障碍刷卡实时结算基础上，2013年开始探索重庆市与外省市跨省异地就医直接结算，先后与海南、四川等10省市签订了异地就医联网结算合作协议，联网即时结算医疗机构138家。2017年2月实现职工医保全国跨省异地联网直接结算，目前已接入全国平台医疗机构93家，覆盖全市所有区县、所有三级医疗机构及部分异地就医需求量大的二级和一级医疗机构，覆盖所有城乡参保人员，有效解决了参保人异地就医费用报销"跑腿""垫资"等难题。三是城乡居民医保门诊统筹试点转型优化。从2015年起开展城乡居民医保门诊统筹试点，至2016年底全市557万名参保人员与4084家基层定点医疗机构签约。2017年印发《关于做好2018年城乡居民合作医疗保险普通门诊有关工作的通知》，进一步完善居民医保门诊统筹办法，参保居民在限额内更方便选择基层医疗机构门诊就医，群众看病就医更加快捷。四是生育保险与城镇职工医疗保险合并实施。作为全国12个试点省市之一，2017年7月完成合并实施，通过印发《重庆市生育保险和职工基本医疗保险合并实施试点方案》《重庆市生育保险和职工基本医疗保险合并实施细则》，实现参保登记、基金征缴、基金管理、医疗服务、信息系统"五统一"。

  开展长期护理保险试点。作为全国长期护理保险制度的首批试点15个城市之一，2017年底印发《重庆市长期护理保险制度试点意见》，探索建立以社会互助共济方式筹集资金，为长期失能人员基本生活照料和基本生活密切相关的医疗护理提供资金或服务保障，与医疗保险相对独立、互相衔接的社会保险制度。目前，重庆市正加紧研究制定相关具体实施细则、失能评定及管理办法、协议机构管理办法、护理服务项目及标准、基金监督管理办法等系列配套政策文件，并加快信息系统建设，确保试点工作顺利开展。

降费减负服务社会。积极服务供给侧结构性改革，助推企业发展，落实社保阶段性降费政策和失业保险稳岗补贴政策。2015年以来，重庆市全面贯彻落实国家降低企业社会保险费率政策要求，及时出台相应政策，并在全市统一部署、统一实施、统一兑现。截至2017年末已累计为企业减负87.09亿元，符合条件的参保单位均按期享受政策优惠。

（三）管理服务能力不断提高

基金管理加强，收支稳定平衡。一是基金规模扩大。2017年社保基金全年总收入达到1620亿元，比2010年增加了1146亿元，为社会保险基金合理积累、增强基金支付能力和抗风险能力、实现社会保险的可持续发展奠定了基础。2017年基金全年总支出1509亿元，比2010年增加1102亿元。各项基金支出的增长，从不同侧面反映了社会保险待遇水平的逐年提高，较好保障了参保群众的社保权益。二是基金省级统筹。2011年起，实施城镇职工"五险合一、一票征收"管理新模式，社保管计划、地税管征收、财政管基金的社保基金征收协作分工机制建立，更好方便了参保人员和参保单位，促进社保参保人数大幅增长和基金增收。2012年，按照"基金上收、服务下沉、责任分担"的总体思路，从区县级统筹起步，经过逐次推进、分步实施，全市养老、医疗、失业、工伤、生育五大社会保险全部实现了省级统筹，各项社会保险基金收入大幅增长。统筹层次的提高显著增强了基金抗风险能力，基金支出合理可控、总体平衡，区县间基金收支不平衡的问题得到有效解决，各区县间统筹共济能力增强，较好地保障群众的社保权益。三是基金管理加强。实现了基金监管软件在全市的部署安装和对五大基本险种业务和财务数据的联网监测和应用，网上监控系统基本建立，并将监管延伸到定点服务机构的内设科室及医师（药师），指纹认证系统进一步完善。建立了由人力社保、卫计委、财政等七部门共同参与的稽核监管机制，监管范围由医疗保险扩大到工伤保险和生育保险；探索以购买服务形式，通过第三方机构参与对定点医疗机构的数据检查，统筹提高对五大险种基金使用的监控效率。

经办能力提升，服务质量提高。一是标准化建设。整合经办资源，针对过去分险种业务分散、群众多头跑路、社保数据资源不共享等问题，市和区县整合社保经办机构。2011年，市级经办机构由6个整合为1个，并实现按流程优化设置；2015年，区县经办机构从100个减少为40个（每个区县1个），五大保险统一机构管理、统一窗口办理、统一经办事项，建立了"市级督导、区县管理、镇街经办、村社代办"四级经办服务平台，更加方便了参保群众和参保单位。打造标准化示范基地，部市共建的"中国社会保险公共服务标准化示范基地"已投入使用，部分区县社保标准化建设"先行城市"开始创建，在经办机构设置、社保形象打造、服务流程规范、管理内容精准等方面起到引领示范作用。成立重庆市社会保险标准化技术委员会，市社保电子档案规范地方标准正式出台；初步建立由通用基础标准、服务保障标准、服务提供标准三大子体系所组成的重庆社保服务标准体系。二是信息化建设。金保系统覆盖全市，市内5000多家定点医疗机构、1万多家定点零售药店和1万多个村卫生室全部实现联网结算；全市近3400万人通过金融功能社保卡享有社保服务，实现持卡全覆盖。加快电子社保示范城市建设。目前，网上经办扩大到近2万家参保单位，全市已投放人力社保自助服务一体机528台。建立网上社保大厅和023社保在线服务平台，通过社保微信、微官网和电脑、手机、电视三端为全市参保群众提供"7×24"小时移动互联服务，社保城乡公共服务均等化水平不断提高。建立完善医保智能审核监控系统，以信息化手段提升医保审核监控智能化水平。三是专业化建设。改革前台服务方式，推进服务方式由专管员制向综合柜员制发展，采用统一经办规程，抓好业务规范修订工作，统一流程、统一文书、精简表格、简化程序等措施，为推行综合柜员制夯实基础。同时，完善内控办法，明确授权范围、加强内部横向衔接，以社保机构后台"多运转"换得参保人员"少走路"的思路，为服务对象提供一站式服务，实现各窗口无差别化接待参保、查询、待遇核定、费用审核报销等各项业务。大力推进业务档案信息一体化试点，为社保业务"全城通办""全时受理"的专业化、规范化发展奠定坚实基础。

第八章
建设山清水秀美丽之地

"绿水青山就是金山银山。"改革开放以来，特别是党的十八大以来，重庆市重视生态文明建设和环境保护，坚定不移走生态优先、绿色发展新路，始终坚持党对生态环境保护工作的领导，共抓大保护，不搞大开发，统筹"建治改管"，突出抓重点、补短板、强弱项，深入实施"蓝天、碧水、宁静、绿地、田园"环保行动，加快建设山清水秀美丽之地，水、大气、土壤、生态、声环境质量不断改善，群众幸福感、获得感不断增强。

一、环境综合治理成效明显

1997年，重庆成为直辖市，生态环境保护和建设作为党中央和国务院交办的"四件大事"之一，得到市委、市政府的高度重视，成为资源开发和经济建设的重要前提。全市以主城区大气环境质量改善和三峡库区水污染防治为重点，全面贯彻落实环境保护5年规划，实施了一系列重大决策和行动计划，环境保护工作取得了明显的成效。

（一）工业污染防治力度加大

推进"一控双达标"。直辖后，重庆市在环境保护上将工业污染防治作为一个突出的重点，全力以赴进行"一控双达标"即污染物排放总量控制，工业污染源及城市环境功能区达标攻坚战，取得了显著成效。截至2000年底，全市的主要污染物排放总量全部控制在国家下达的控制指标（1995年排放水平）之内；全市工业污染企业5169家，完成达标任务5143家（其中依法关停2353家），达标率为99.5%；列为国家重点考核、占全市主要污染物排放负荷65%以上的90家工业企业，完成达标任务83家，达标率为92.2%。

关闭"新五小"。直辖以来，重庆以产业结构调整为主线，加快淘汰技术落后、浪费资源、污染环境及不符合安全生产条件的小钢铁、小水泥、小玻璃、小煤窑和小火电等"新五小"企业；"九五"期间，共淘汰"新五小"企业2700余家，取缔造纸厂、土炼焦等"十五小"企业584家，关闭了重庆万元纸业（集团）公司等严重影响库区水质的4家中型造纸厂的化学制浆，对主城区的一批污染严重企业实现了关停、搬迁。

实施主城区"清洁能源"工程。为了从根本上解决环境污染问题，市政府做

重庆市对工业污染企业要求"一控双达标"，在城市实施"清洁能源"工程

出了在全市实施"清洁能源"工程的决定，并于 2000 年发布了《重庆市人民政府关于实施"清洁能源"工程严格控制大气污染的通告》，由此，在全市城区广泛开展了餐饮业禁烧原煤工作。主城区 1153 台 10 蒸吨／时及以下燃煤锅炉和 1500 台燃煤茶水炉全部改用天然气等清洁能源，26 台大于 10 蒸吨／时燃煤锅炉实施了洁净煤工程。目前，各区县已完成建成区的"推清"工作。

（二）城市环境综合治理卓有成效

"五管齐下"净空工程。2001 年，重庆市政府常务会议审议通过了主城区开展"五管齐下"的净空措施，开始全面推进主城区大气污染防治工作。2003 年，市政府发布《关于进一步控制主城区尘污染的通告》和《进一步控制主城区尘污染实施方案》，明确了工作任务和要求，有关责任区政府和市级部门制定了严格控制尘污染的实施方案，至 2003 年底，"五管齐下"净空工程取得重大进展，除计划 2005 年完成的大气污染企业关迁改调外，其余项目都已完成。截至 2005 年底，主城区共有 83 个街道（镇）建成基本无煤区（烟尘控制区），总面积达 344 平方公里，其中，主城区的渝中区、北碚区、渝北区、经济技术开发区和高新技术产业开发区已全面建成基本无煤区。"十五"期间，全市还累计建成 53 座 CN-GOD 加气站，改造了 CNG 车 2.4 万辆，主城区 95% 的出租车和 91% 的公交大客车全部改用 CNG 车；柴油中巴车也全部退出主城区行驶。相对"九五"时期，"十五"期间主城区的空气质量有所好转，空气质量满足优良天数的比例逐年上升，2005 年达到 72.9%，较"九五"末增加了 21.8 个百分点。至"十二五"末的 2015 年，主城区空气质量达标天数为 292 天，达到 80%。

山水园林城市工程。积极推进山水园林城市工程建设，创建一大批"园林式单位"。到 2005 年末，城市绿化覆盖率达到 32.5%，建成山水园林城市（区）10 个，主城区的渝北区和北碚区顺利通过了国家山水园林城市评审；北碚区创建国家环境保护模范城区已通过国家验收；渝北区被国家环保总局命名为国家环境保护模范城区，成为西部地区第一个国家环境保护模范城区。全市还建成丰都名山、永川重野、巫山小三峡等 5 个市级环境保护示范景区。目前，全市城市建成区绿地面积 59085 万平方米（主城区 28085 万平方米），全市建成区绿地率为 37.56%（主城区为 36.91%），绿化覆盖率为 40.21%（主城区为 39.11%），人均公园绿地面积 16.33 平方米（主城区 17.77 平方米），全市共有城市综合公园（含国家级重点公园、市级公园、区县级公园）共 551 个（主城区 207 个），社区游园 582 个。

巫山小三峡

加强噪声污染控制。早在直辖前的1995年，重庆市政府就颁布了《重庆市环境噪声污染防治管理办法》。直辖后随着城市建设的加快和机动车辆的迅速增加，噪声污染日益成为人民群众反映强烈的社会问题。2002年1月，重庆市政府发布了新的《重庆市环境噪声污染防治管理办法》，加强噪声污染控制。通过治理不断扩大噪声达标区建设范围，截至2005年，主城区累计建成环境噪声达标区131.59平方公里，全市累计建成环境噪声达标区273.2平方公里，较"九五"末增加了65%。同时，重点加强了建筑施工噪声夜间巡查和高考中考期间环境噪声监督管理，巩固机动车"禁鸣"成果，开展创建"安静小区"示范工作。

危险废物污染防治。直辖以来，重庆在全市开展了危险废物的核查，摸清了危险废物的产生量、去向和污染状况。着力建设主城区北碚同兴医疗废物处置中心和万州、涪陵、黔江、永川医疗废物处置场。进一步强化核与辐射环境的安全监管，完成了辐射环境监督管理站的建站和核安全监督管理职能的划转，建立健全了核与辐射环境监管的各项规章制度，对核技术、放射性废物处理和处置设施实行统一监管。重庆市城市放射性废物库正在加紧建设中。同时，开展了三峡库区175米水位线以下的放射性废物清库核查和集中收贮社会闲置废弃放射源，对一批危及环境安全的辐射、放射源进行了安全处置。

（三）三峡库区水污染防治稳步推进

直辖后，重庆先后出台并实施了《重庆市长江三峡水污染防治条例》《重庆市三峡库区水污染防治规划》，按照国务院关于三峡库区水污染防治规划的批复精神和朱镕基总理对库区水污染防治项目

"五快"的要求，切实加强了三峡库区水污染防治工作。2002年4月，《三峡库区及其上游水污染防治规划》实施方案出台，到2010年，库区及其上游主要控制断面水质整体上基本达到国家地表水环境质量二类标准，库区生态环境得到明显改善。

与此同时，重庆市加大了饮用水源保护力度。1998年，重庆市人民政府令第25号颁布了《重庆市饮用水源保护区污染防治管理办法》。2003年，又重新修订了饮用水源保护区管理办法，对饮用水源保护区进行了重新划定。防止"白色污染"取得突破性进展。市政府通过了《重庆市环境保护局、重庆市工商行政管理局关于禁止生产销售使用一次性泡沫塑制餐具的通告》。《通告》规定，从1998年7月1日起，禁止在重庆市生产、销售、使用泡沫塑制食品包装容器和餐盒，要求这些生产企业限期转产。从2003年起，重庆开始全面禁止生产、销售和使用含磷洗涤剂，"禁磷"工作取得成效，目前全市城区已基本没有销售和使用含磷水洗涤用品。此外，对社会普遍关注的小安溪、盘溪河、龙溪河等9条污染严重的次级河流进行了流域综合整治。对全市196家区县级以上大于50张病床医院的病毒、病菌废水进行综合治理，全市区县级以上医院基本建成了病毒病菌废水处理设施。另外还开展了水上船舶流动污染源治理，减少了含油废水和垃圾直接排入江河。

为了保证三峡库区的水质，全市范围内加快了库区污水处理厂和垃圾处理场的建设。2001年，库区首批19座污水处理厂及污水收集管网和13座垃圾处理场在13个库区区县开工建设。2002年底已有16座污水处理厂和13座垃圾处理场投入运行，可收集处理服务范围内约70%的污水和90%的垃圾。在2003年水库蓄水前，国家投入了40多亿元，在三峡库区每个县城都建设了至少一座污水处理厂，形成了高密度的污水处理厂布局。截至2005年底，全市已累计建成38座污水处理厂和27座垃圾处理场，主城区内90%的污水都得到了净化。

此外，还完成了三峡库底固体废物清理工作。2003年，重庆组织开展了三峡工程二期水库固体废物清理工作，并顺利通过国家验收。同时，开展了三峡工程二期蓄水期间库区漂浮物清捞工作，全市共出动15万余人次、2.1万余车（船）次，共清理江岸垃圾1.5万吨，打捞江面漂浮物2.6万吨。

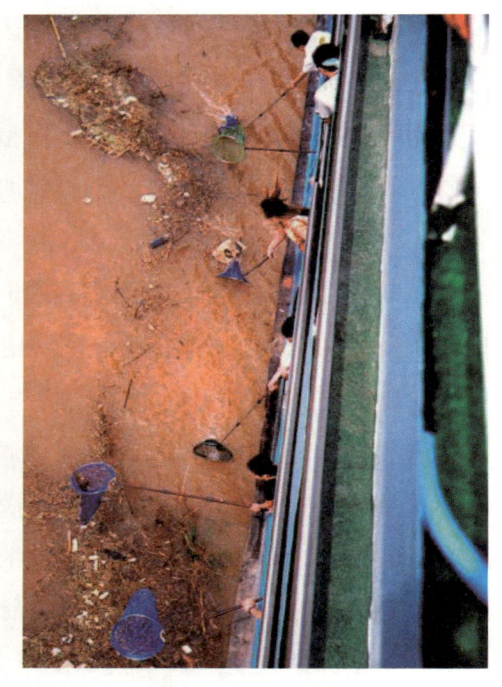

三峡库区清理水面漂浮物

（四）全面推行河长制

为贯彻落实中共中央和国务院关于全面推行河长制的意见通知，从2017年开始，全市河库全面推行河长制。市级设总河长、副总河长。市政府市长担任总河长，为全市河长制第一责任人；市政府分管水利、环保工作的副市长担任副总河长，分别负责长江长寿区及以下19个区县、长寿区以上20个区县及两江新区河长制实施，并任长江、嘉陵江、乌江等3条市级主要河流河长。各河库所在区县、乡镇（街道）、村（社区）均分级分段设立河长，由同级负责同志担任，其中，区县党委或政府主要负责同志为辖区河长制第一责任人，负责辖区内河长制实施。当年底便建设完成了各级河流断面河道管理保护监测网络。

河长制的推行，是全面落实习近平总书记视察重庆重要讲话精神，"把修复长江生态环境摆在压倒性位置""共抓大保护，不搞大开发"的体现。全市牢固树立和贯彻落实新发展理念，坚持节水优先、空间均衡、系统治理、两手发力，严守"五个决不能"底线，以保护水资源、管控水岸线、防治水污染、改善水环境、修复水生态、实现水安全为主要任务，在全市河库构建起责任明确、协调有序、监管严格、保护有力的管理保护机制，为构筑长江上游重要生态屏障、维护全市河库健康生命、实现河库功能永续利用提供了制度保障，为重庆成为山清水秀美丽之地创造了条件。至2018年，全市设立了市、区县、镇街、村（社区）四级河长，镇街及以上实行"双总河长"，分级分段设置河长，组建运行市、区县、镇街三级河长办，实现了河库"一河一长"全覆盖。此外，全市河长制信息化平台已经全面上线运行，目前，各区县、镇街、村（社区）河长已全部使用"重庆河长制"APP履行巡河职责。

二、生态文明体制机制改革稳步推进

（一）环境保护体制改革

1983年，重庆市开始进行经济体制综合改革试点工作。随着企业自主经营机制的增强，政府职能逐步转变，特别是行业主管部门的直接管理职能日渐弱化，由此相应地进行了一系列环境管理体制的改革。一是加强区县环保机构建设。首先是加强区县环保机构建设，强化环境管理职能，使环境管理由过去的以条条（行业）管理为主转向以块块（区县）监督管理为主，有计划、有步骤地放手向区县下放环境管理权。另外，在管理方式上，政府不再直接干预企业内部的经营管理，而由过去的行政管理为主转移到以法制的、经济的、行政的手段综合运用，以依法运用经济手段为主的轨道上来。二是建立环境监察员队伍。在健全区县的环境监测、环境监理机构的基础上，于1987年建立了市和区县环境监察员制度，增强了查处违反环境法规行为的能力。同时，与运用限期治理等行政手段相结合，以依法征收超标排污费这个有力杠杆，推动排污单位搞好环境保护，管好环保设施。

（二）生态文明体制改革

2014年3月，市委全面深化改革领导小组下设生态文明体制改革专项小组，负责统筹协调推进全市生态文明体制改革工作。专项小组由分管副市长任组长，市环保局主要领导任副组长和联络员，分管副秘书长和相关市级部门负责人为成员，办公室设在市环保局。专项小组办公室始终把推进生态文明体制改革作为重大政治任务，制定《重庆市生态文明体制改革工作推进机制》《重庆市生态文明体制改革专项小组办公室工作规则》等规章制度，确立了学习贯彻、任务分解、台账管理、会商协调、督察督办等10项制度。对标对表中央《生态文明体制改革总体方案》，制定了贯彻落实的任务分工，点对点落实到具体牵头部门。2014年至2017年，制定并完成101项生态文明体制改革年度任务，出台了40余项生态文明体制改革成果文件，为加快推进生态文明建设提供强有力的保障。

生态环保管理体制进一步健全。一是完成环保机构垂直管理制度改革。2016年，重庆市率先启动环保机构垂直管理制度改革，改革方案在全国第一个备案、第一个印发、第一个实施，形成"一调、两分、四清单"的工作体系。生态环境部充分肯定重庆环保体制改革工作在全国具有较好的标杆和示范效应，重庆改革经验写入国家总体报告内容，并上报党中央和国务院。重庆环保垂改走在全国前列，30余个省市来渝调研，新华社内参专题报道重庆环保垂改。二是基层环保管理体制改革成效明显。全市1025个乡镇（街道）全部设立环保机构，配备环保员3000余名，实现环境监管横向到边、纵向到底，解决了环境监管"最后一公里"的问题。三是环保督察机制逐步建立。以中央环保督察为契机，成立重庆市环境监察办，印发《重庆市环境保护督察办法（试行）》，采取日常监察、专项督察和集中督察相结合的形式对各区县开展环保督察，推动重庆市环保督察工作常态化、制度化、规范化。四是自然资源资产管理体制逐步健全。编制自然资源资产负债表，已完成潼南区、奉节县原党政主要领导的自然资源资产离任审计试点工作。制定《森林和湿地价值评估体系》，开展重庆市森林生态系统服务功能价值和湿地生态系统服务功能价值评价。出台《重庆市林地保护管理规定》，建立健全林地用途管制制度，实行林地使用差别化管理，全面管控自然保护区、森林公园、"四山"等重点区域。

生态环保治理机制进一步完善。一是严格"源头预防"。完成主城区"多规合一"工作，划定主城区约3493.08平方公里生态空间范围，确定主城区城市开发建设控制及建设用地增长边界，实现主城区城乡规划、国土规划、生态规划"一张图"。划定生态保护

"红线",《重庆市生态保护红线划定方案》经国务院同意,正按照生态环境部要求进行完善,将全市生态环境保护重要区域划入"红线"范围,实现应保尽保。完善污染物排放许可制,印发《重庆市控制污染物排污许可制实施计划》,争取到2020年,完成覆盖国家排污许可分类管理名录内所有固定污染源的排污许可证核发工作。二是落实"过程严管"。全面推行河长制,设立河长办集中办公,印发《重庆市全面推行河长制工作方案》,织牢织密4000多条河流、3000多座水库水生态链和责任网。建立重点地区跨区域大气污染协同控制机制,开展"蓝天行动"百日攻坚。加快生态环境监测网络建设,印发《重庆市生态环境监测网络建设工作方案》,积极构建要素统筹、规范统一、天地一体、上下协同、信息共享的生态环境监测网络。三是实施"后果严惩"。完成生态环境损害赔偿制度改革试点,印发《重庆市生态环境损害赔偿制度改革试点实施方案》,制定《重庆市生态环境损害专家管理办法(试行)》等8项配套制度。大力推进环境行政执法体制改革,建立环境保护行政执法与刑事司法衔接机制,市公安局设立环境安全保卫总队;市高级人民法院、5个中级法院,以及渝北、万州、涪陵、黔江、江津等5个基层法院共设置11个环境资源审判庭;市检察院也相应地明确集中审查起诉专门机构,"刑责治污"工作格局基本形成。考核评价及责任追究制度逐步建立,印发《重庆市环境保护工作责任规定(试行)》《重庆市党政领导干部生态环境损害责任追究实施细则(试行)》《重庆市生态文明建设目标评价考核办法》,明确各类环境保护责任和追责情形。

资源集约利用水平进一步提升。实行能源、水资源、建设用地总量和强度双控行动,制定印发《重庆市"十三五"节能和控制能源消费总量重点工作》等文件，合理控制资源能源消费总量；制定印发《重庆市"能效领跑者"制度实施方案（2016—2020年）》，开展能效"领跑者"引领行动，促进全行业能效水平提升。大力开展循环经济试点，强化循环经济试点示范，推进大足、合川等地区国家循环经济示范城区建设，加快长寿经开区等国家园区循环化改造试点建设，成功创建南川、潼南、荣昌、江津、忠县等5个国家现代农业示范区。

生态环保市场活力进一步激发。充分发挥市场在资源配置中的决定性作用，运用经济杠杆构建环境治理和生态保护的市场体系。在荣昌区安富镇等5个镇街开展水权交易试点，涉及总灌面20750亩。开展碳排放权交易试点，2016年5月获批同意在重庆市设立"全国碳市场能力建设中心"。成立重庆资源与环境交易所，推动建立全市统一的污水、垃圾、废气排污权指标交易平台；组建重庆环保投资有限公司，在全国率先印发《乡镇污水处理设施建设运营实施方案》，强化全市乡镇污水处理设施"投""建""管""运"一体化管理，助力补齐环境基础设施短板；设立重庆环保产业股权投资基金，重点投向节能环保领域。

（三）环境监察体系改革

按照党的十八届五中全会精神以及中办、国办《关于省以下环保机构监测监察执法垂直管理制度改革试点工作的指导意见》，2016年11月，重庆在全国首批启动环保机构监测监察执法垂直管理制度改革。市委、市政府出台了《重庆市环保机构监测监察执法垂直管理制度改革实施方案》，强化环境监察职能，建立健全环境监察体系，上收区县环境保护部门的环境监察职能，由市级环境保护部门统一行使。12月，在市环保局设立重庆市环境监察办公室。2017年以来，该办认真履行环境保护"督政"职能，以压实区县和市级部门环境保护"党政同责、一岗双责"为主线，以中央环保督察整改为重点，以推进环境监察常态化、制度化、规范化为抓手，环境监察工作从零起步、全面展开，取得积极成效。

中央环保督察整改扎实有效。把推动中央环保督察整改作为环境监察工作的重中之重，并承担市环保督察整改领导小组办公室的具体工作，切实履行统筹协调、督促落实职责，高效推进整改办各项工作。牵头编制《重庆市贯彻落实中央环境保护督察反馈意见整改实施方案》，分2017年底、2018年底、2020年底三个时间节点完成整改任务，在第二批被督察7省市中率先上报中央并印发实施。坚持整改工作台账管理，实行周报送、周公开、月调度、月通报整改机制，对涉及整改工作的19个市级部门和40个区县完成2轮全覆盖督办，重点区县和部门多轮覆盖。牵头起草《中共重庆市委重庆市人民政府关于中央环境保护督察反馈意见整改落实情况的报告》，系统梳理总结全市整改工作和生态环境保护工作成效与经验，强化深入推进整改举措。整改工作得到了环保部和国家环保督察办的充分肯定，3次出专刊信息交流重庆整改工作做法和成效。

强化多种环保监察督察手段。一是环境监察基础加快夯实。加强制度建设，构建起以《重庆市环境保护工作责任规定（试行）》《重庆市环境保护督察办法（试行）》《重庆市环境保护集中督察方案（试行）》《重庆市党政领导干部生态环境损害责任追究实施细则（试行）》等5个重要制度为基础，以环境保护监察规程等8个实施规范为支撑，以25个操作规则为配套的环境监察运行机制。环保部《改革动态》专门介绍重庆监察体制机制规范有效运行情况。二是环保集中督察稳步推进。参照中央环保督察模式，建立市级环保集中督察制度。严格督察准备、督察进驻、交换意见、督察反馈、整改落实、问责追责、立卷归档等7项督察程序，精心组织并顺利完成对九龙坡等4个区县的环保集中督察，形成督察反馈意见和责任追究问题清单。4个区县环保集中督察，赢得社会积极反响，其中，重庆环保微博"重庆环保督察在行动"专栏阅读量突破200万人次，群众普遍关注，公众普遍点赞。三是环保专项督察有力开展。聚焦重点难点环境问题，整合督察资源，左右协调，上下联动开展环境保护专项督察。对城市污水处理设施建设、城市污水管网建设、黑臭水体整治、垃圾渗滤液及污泥无害化处置、乡镇污水处理厂及管网建设问题、小水电站生态基流改造、饮用水水源地码头污染整治、自然保护区环境问题整治、畜禽养殖污染治理等开展11个专项督察。会同市委督察室、市政府督察室对沿江化工污染整治、餐饮船舶污染整治等开展4个专项督察，配合环保部西南督察局完成3次专项督察。通过强有力的专项督察，持续跟踪问效，推动区县和相关市级部门明责履责，啃下一批"硬骨头"，解决一批"老大难"。四是环保日常监察有序铺开。强化日常监察机制建设、方式探索和工作落实，加强生态环境保护责任落实过程监管。按片区、分领域实施监察，强化启动监察、通报报告、整改落实、调度分析等9项监察程序管理，采取现场巡查、驻点监察、专项调度、回访核查等多种督察方式，严格实施通报、约谈、挂牌督办、区域限批等制约措施，日常监察工作体系初步形成。2017年实现日常监察宽领域、全覆盖。国家环保督察办认为重庆市级环保日常监察工作有力有效，并对重庆市探索开展市级部门督察工作给予充分肯定。相关人员就此在全国环保督察系统培训会上作交流发言。五是环保督政督企协调联动。按照市委、市政府的安排，常态化、长效化推进环境监管执法"零容忍、出重拳"专项行动，统筹协调市级党政机关和区县共同开展"利剑执法""铁腕监察""司法联动""阳光监督"4个具体行动，共查处违法行为1.25万余起，问责200余人，破获破坏环境资源保护类刑事案件872件，起诉963人，判处959人，曝光环境负面典型20余件，刊发新闻报道280余篇，推动形成环境监管执法高压态势。环境监管执法"剑之所向，拳之所处"，受到群众普遍欢迎和高度评价，环保部专门给予表扬肯定。

  环保督察结果得到积极运用。积极推进环境监察与环保考核、干部考核评价任用、生态环保追责问责等方面关联挂钩。加强生态环保考核，将中央环保督察等整改工作、环境监察结果纳入2017年区县和市级部门年度考核项目，完善区县经济社会发展实绩环保考核体系，做到重点考、考重点，硬扣分、扣硬分，考出实绩、拉开差距。将环保集中督察结果移交组织人事部门，作为领导干部评价考核、选拔任用的重要依据。配合完成中央环保督察移交的8个责任追究问题线索责任核查和责任追究，共追责79人，督促区县追责问责100余人，充分体现了依纪依规、权责一致、党政同责、一岗双责、突出重点等追责问责要求，形成了警示，强化了震慑。国家环保督察办认为重庆市环保督察结果运用从严从实，充分传导了环保督察压力，特别是8个责任追究问题追责数量大、层级高、程度深，为其他省市作出了示范。

三、生态环境质量持续改善

自2013年重庆市实施"蓝天、碧水、宁静、绿地、田园"五大环保行动以来，不断加大生态环境保护力度，一批突出环境问题得到解决，环境质量得到明显改善。

（一）蓝天行动

全面贯彻落实习近平总书记关于"持续实施大气污染防治行动，打赢蓝天保卫战"的重大部署，强化"四控两增"工程措施，控制交通、扬尘、工业和生活污染，增强大气污染监管能力和科研能力。全市完成5264万吨水泥熟料生产线的脱硝设施建设，完成燃煤火电机组超低排放改造364万千瓦、挥发性有机物污染治理266家。淘汰黄标车和老旧车29.45万辆，推广新能源车约1.1万辆。2017年，重庆市环境空气质量优良天数达303天，较2013年增加97天，细颗粒物浓度为45微克/米^3，较2013年下降35.7%。

（二）碧水行动

全面贯彻落实习近平总书记关于"加快水污染治理，实施流域环境综合治理"的重大部署，全面深化"四治一保"工程措施，加强工业、城乡生活、农业和重点流域（区域）污染防治，保障饮用水水源安全。全市建成城镇和农村集中污水处理设施2417座，污水处理能力达到518万吨/日，城市污水处理率达93%，比2012年提高5个百分点，建制乡镇和撤并乡镇污水基本得到有效处理。全市地表水环境质量总体良好，长江干流重庆段水质为优，纳入国家考核的42个断面水质达到Ⅲ类以上的比例为90.5%，64个城市集中式饮用水水源水质达标率为100%。

蓝天碧水

（三）宁静行动

全面贯彻落实习近平总书记关于"还自然以宁静"的重大部署，健全噪声污染防治长效机制，深化"一管四控"工程措施，加强城市声环境管理，控制社会生活、交通、建筑施工和工业噪声。全市创建市级安静居住小区210个，噪声达标区118.48平方公里，改造低噪声路面13.4万平方米，建设道路隔声屏8558米，建设道路降噪绿化带97万平方米，淘汰更新公交车1982辆。完成噪声污染扰民企业限期治理119家。全市声环境质量总体稳定，2017年区域环境噪声平均值53.5分贝，交通干线噪声平均值66分贝。

（四）绿地行动

全面贯彻落实习近平总书记关于"统筹山水林田湖草系统治理"的重大部署，强化"一守五建"工程措施，严守生态保护"红线"，强化重要生态功能区、生态功能退化区、城市生态系统、自然保护区和生态文明示范区建设。全市森林面积5735万亩，森林覆盖率提高到46.4%。治理水土流失面积8059平方公里，水土流失率下降到34.8%。湿地面积达到310万亩。城市建成区绿化率40.78%。建成各级各类自然保护区58个，占全市面积的9.78%。

城市绿化成效明显

（五）田园行动

全面贯彻落实习近平总书记关于"强化土壤污染管控和修复"的重大部署，突出重点区域、重点行业和重点污染物，管控土壤环境风险，强化"一查三治"工程措施，开展土壤污染状况详查，加强农用地、建设用地和固体废物污染防治。全市累计完成519家搬迁或者拟搬迁企业场地调查评估、50余块污染场地治理修复，修复污染土壤167.7余万立方米，提供修复后的净地741余万平方米。全市有危险废物经营单位57家，危险废物贮存、利用及处置设施60个，危险废物利用处置能力达到116.13万吨/年，实现乡镇级医疗卫生机构医疗废物集中处置全覆盖。

（六）生态优先绿色发展行动

深入贯彻党的十九大精神、全国生态环境保护大会精神和习近平生态文明思想、推动长江经济带发展重要战略思想，市委、市政府于2018年专门制定了《重庆市实施生态优先绿色发展行动计划（2018—2020年）》，加快建设山清水秀美丽之地。该计划坚持贯彻新发展理念，坚持稳中求进工作总基调，牢固树立以人民为中心的发展思想，坚持人与自然是生命共同体，坚决守住发展和生态两条底线，坚定不移走"生态优先、绿色发展"之路，将"共抓大保护、不搞大开发"作为战略导向，将深入推进长江经济带发展作为战略任务，将建成山清水秀美丽之地作为战略目标，把修复长江生态环境摆在压倒性位置，把生态优势转化为发展动能，把"绿色+"融入经济社会发展各方面，实现科学发展、有序发展、高质量发展，筑牢长江上游重要生态屏障，让重庆山水"颜值"更高，大地"气质"更佳，努力实现产业兴、百姓富、生态美的有机统一。

四、环保管理水平显著提升

（一）健全环保法规

近年来，重庆市适时制定和修改地方环境法律法规，在环境立法方面取得了较大进展。市人大先后审议通过了《重庆市环境保护条例》《重庆市长江三峡库区水污染防治条例》《重庆市绿化条例》等地方法规；市政府出台了《重庆市饮用水源保护区污染防治管理办法》《重庆市环境噪声污染防治管理办法》《重庆市机动车排气污染防治管理办法》《重庆市环境保护奖励与处罚办法》等行政规章。

坚持依法保护生态环境，以《重庆市环境保护条例》《重庆市大气污染防治条例》为核心，以《重庆市饮用水源保护区污染防治管理办法》等政府规章为配套，以10余个地方环保标准为补充的环保法规制度体系初步形成。作为全国首批试点两个省市之一开展垂直管理制度改革，加快建立条块结合、各司其职、权责明确、保障有力、权威高效的环境保护管理体制。在全国率先实现乡镇（街道）全部设立环保机构，专兼职环保员从2012年的169人增至2017年的3988人，打通了环境监管的"最后一公里"。建成环境监测、监察、宣教、应急、信息化、核与辐射管理等国家级标准化能力项目8个、市级126个，环境管理基础不断夯实。

2017年启动《重庆市长江三峡水库库区及流域水污染防治条例》修订，开展《重庆市污染地块土壤环境保护管理办法》《重庆市辐射环境污染防治管理办法》等立法调研。进一步健全环保行政执法与刑事司法联动机制，加大污染环境、破坏生态案件打击力度，配合环保社会组织依法对中化重庆涪陵化工污染环境行为等提起环境公益诉讼。完成498家重点企业环境信用评价，建立企业环境信用"红黑名单"，推动实施守信激励和失信惩戒。

（二）强化执法监管

市环保局严格落实市委、市政府关于环境监管执法"零容忍、出重拳"的要求，围绕改善环境质量的核心任务，创新方法举措，保持高压态势，严格执法、热情服务，有力保障了全市生态环境安全。

强化一线监管，不断提高执法效力。全面落实市委、市政府关于环保机构垂直管理制度改革的重要决策，围绕全市环保中心工作，及时调整工作重心，安排部署执法重点任务，不断拓展环境监管范围。一是利剑斩污，统筹组织跨区域执法检查。组织开展环境监管"利剑执法"专项行动，检查企业1359家，处罚违法行为1250件，包括查封扣押等五类重点违法行为149件，积极探索了异地交叉执法、按日通报进展、"点穴式"检查等工作模式，成为环保的"亮剑"之举。二是特色鲜明，针对性地组织专项执法。2001年以来，持续15年组织开展"打击环境违法行为、保障群众健康"环保专项行动，联合10余个市级部门，逐年确定工作重点，相继整治了涉铅、涉汞、电镀、皮革、造纸、碳酸锶等重点行业，以及沿江、锰三角等重点区域，有效化解了环保领域的重大风险。三是扩展范围，建设全国统一的在线系统。建成市级污染源自动监控中心和区县监控分中心，459家企业安装在线监测系统，730个监测站点联网接入监控平台，每天接收数据约1500万条，2017年发送在线数据超标和预警短信14.1万条。上传环保部的数据传输有效率稳定在98%左右,在全国名列前茅,环境监管逐步向"全行业、全因子"的方向转变。

落实严惩重罚,促进排污者主动守法。严格执法、公开曝光,形成强大威慑,让破坏生态环境者付出代价,促进企业形成遵法守法的内生动力。一是环环相扣,落实企业环保主体责任。公布重点监管对象名单,落实日常检查"双随机一公开"要求,3204家重点监管对象完成了环境信息公开(除停产企业)。2017年,全市排污费开单4.38亿元,全力协助财税部门推进"费改税"工作。联合市发改委、人行重庆营管部、重庆银监局建立环境信用评价制度,失信企业将在行政许可、公共采购、评先创优、金融支持等领域受到限制。二是坚持零容忍,继续保持严打高压态势。2017年,全市环保部门作出行政处罚4032件,同比增加14%。会同公安机关查办环境违法犯罪案件,全市刑事案件立案67件,破案74件,起诉39件、69人;办理污染环境行政拘留案件99件、行政拘留63人,形成了有效震慑。三是系统治理,实施工业源全面达标排放计划。2017年率先选择产排污量大、已制定污染物排放标准的钢铁、火电等8个重点行业的250家企业实施该计划,经过评估,达标企业119家,存在环境问题的企业121家,涉及各类环境问题1261个,目前已整改1251个,整改率为99.2%,不达标企业10家,已实施关停6家、整改达标4家。各区县已推动其他重点行业企业评估工作,2020年将实现工业企业守法常态化。

保障环境安全,杜绝较大以上突发事件。以环境应急"一案三制"建设为抓手,推进事前事中事后各个环节的全过程监管,切实保障环境安全。一是预防为先,不断完善事前防范措施。以风险评估、预案修订、应急演练、隐患排查、治理销号为工作脉络，督促企业落实环境安全责任。在风险评估的基础上，推进应急预案精细化管理，实行"一源一事一案"，增强可操作性。注重提升应急演练质量，2017年市级联合演练得到部、市及周边省市一致好评。二是审慎研判，妥善安排事中应对手段。强化与22个市级部门和周边省市的应急联动机制，签订框架协议，联动网络日臻完善，形成"政府主导、部门联动、环保支撑、社会救援"的处置救援模式。在突发事件应对中，坚持落实"五个第一时间"要求，提高处置效能，重大决策以综合评判为前提，确保慎重、妥善处置。三是强化制约，严格落实事后惩戒措施。严格履行事后的污染损害评估工作程序，印发生态环境损害鉴定评估技术指南，规定企业事后恢复环节的主体责任，加强对企业的引导。制作应急处置及经验启示专题片，在环保系统及重点风险单位进行了警示教育。据环保部通报，近3年来重庆市组织开展的损害评估数量占到全国总量的近1/3。

（三）严格环境准入

党的十八大以来，重庆市坚持生态优先、绿色发展，贯彻新发展理念，突出问题导向，改革创新、提质增效，按照市委、市政府工作部署，严格环境准入，推动高质量的发展。

制定完善政策，强化面上引导。以环评为抓手，创新管理机制体制，积极参与宏观决策，强化面上引导。以促进全市各区域协调、可持续发展为出发点，出台《重庆市工业项目环境准入规定》，严格工业项目管理。以问题为导向，实施区域限批，市政府印发《重庆市环境保护区域限批实施办法》，完善重庆市"区域限批"制度，并对秀山县、江北区藏金阁电镀园区、丰都县镇江精细化工园区等实施了"区域限批"，促使当地解决了突出环境问题。建立与社会稳定评价联动机制，印发《涉及社会稳定建设项目环境影响评价管理名录（试行）》，对容易引发社会问题的项目，开展社会稳定风险评估，有效化解"邻避"问题。强化分级审批，推进分类精准放权，修订完善《重庆市建设项目分级审批规定》。推进涉及重金属行业管理，制定《重庆市电镀行业准入条件》和《重庆市涉铅行业环境保护指导意见》。实施工业园区统一监测、统一评价工作，印发《重庆市工业园区环境质量统一监测方案》。

严格环境准入，分类精准施策。严格环境准入，对产业和建设项目实行"3+5"分类精准管理，促进经济社会又好又快发展。把好3个方向：一是定好位，找准眼，"扣好扣子"，支持发展不足的地方科学发展、绿色发展、低碳发展，指导发展不当或者环境超载的地方以资源环境为约束实现优化发展、转型发展、可持续发展；二是提质增效，加强服务，优化和改善营商环境，"担上担子"，全力推进基础设施提升、乡村振兴、军民融合、创新驱动等战略行动；三是抓重点、重点抓，"钉稳钉子"，以空间管控、产业调控、提高标准等手段保护好长江母亲河，确保三峡库区生态和水环境质量安全，筑牢长江上游生态屏障。分类推进5类项目：一是坚决支持污染较轻的以大数据为依托的现代制造业等战略性新兴产业发展，倒逼产业结构升级；二是坚决支持基础设施项目建设，加强指导力度，加快发展速度；三是严格控制高污染、高消耗、高排放、高风险和产能过剩项目，全面推进供给侧结构性改革；四是认真对待对人群健康和宜居生活影响较大的敏感项目，坚持以人为本，开展社会稳定风险评估，确保污染达标、风险可控、社会安宁；五是慎重对待可能造成生态灾难、排放重金属等有毒有害及持久性污染物或者对生态安全有重大影响的项目，坚持科学论证、信息公开、慎重决策。

加强沿江工业管控，加快产业结构调整。坚持调优存量、做优增量，把发展质量和效益摆在首位，强化招商引资引智和重点项目支撑，做到调速不减势、量增质更优。严把准入关，促进产业结构调整，逐步淘汰或搬迁不符合产业政策和布局要求的企业。严格长江大保护，全面落实《加强长江黄金水道环境污染防控治理的指导意见》要求，出台《重庆市生态文明建设"十三五"规划》，印发《关于具体执行沿江工业布局距离管控有关政策的通知》，严格执行禁投清单规定，坚决禁止在长江干流及主要支流岸线1公里范围内新建重化工项目、5公里范围内新布局工业园区，守好长江及其主要支流岸线"1公里""5公里"两条"红线"，严禁工艺技术落后、环境风险高的企业向重庆市转移，从源头控制布局性环境风险，落实大保护要求。

加快制定"三线一单"，促进高质量的发展。按照国家长江经济带战略环评要求，以推动高质量发展、改善生态环境质量为目标，积极推进全市"三线一单"即生态保护"红线"、环境质量底线、资源利用上线和环境准入负面清单编制工作，把生态环境监管和约束落实到国土空间层面，全面加强长江经济带生态环境系统性、整体性保护。以"三线一单"明确制约条件，划出"红线"边界，为规划实施和项目落地画好框子、定出规则。生态保护"红线"管住空间，把自然保护区、饮用水源保护区等环境敏感区域落到图上，为开发建设活动划出禁区；环境质量底线衔接环境功能，要确保区域、流域、天上、地下的环境质量达标，顺应老百姓对蓝天白云的美好生活需要，并倒逼产业技术创新，提高污染物排放标准，实现环境保护和经济发展的双赢；资源利用上线强化源头监管，给出相关行业及单位产品水资源、能源资源等的"天花板"，促进形成节约资源、清洁高效的生产和生活方式。综合"三线"，形成环境准入的一张负面清单，既是产业、园区规划，建设项目招商引资的环境准入门槛，又是推进经济高质量发展，调结构促转型的调控手段。此外，还启动了两江新区全区域的战略环评试点，以此明确资源优势和短板，促进两江新区经济社会高质量的发展。

优化环境资源配置，强化环评刚性约束。把环境质量不降低作为不能突破的底线，确保"三江"水质出境断面持续稳定达标，确保"蓝天目标"顺利实现。统筹生态、生活、生产层面环境容量分配，优先保障生态和生活需求。强化硬性约束，区域环境质量不达标且无环境综合整治措施的规划或建设项目不得实施。严格执行《工业项目环境准入规定》，规划或建设项目所在区域主要污染物环境质量现状占标率达到90%至100%的，必须按新增同类污染物的1.5倍进行区域削减。发挥规划环评宏观管控作用，以资源环境承载为约束，从结构、规模和空间布局等方面优化规划。严格项目环评准入，落实"上大关小""区域替代""倍量削减""以新带老"等环保措施；严控"两高一资"项目，提高清洁生产水平，推进工业企业入园；坚持"三挂钩"原则，管好"时间""空间"两条底线，严格执行"五个不批、两个严格"等要求。

贯彻国家环评改革要求。一是出台《关于强化措施深入贯彻环境影响评价改革工作要求的通知》，统一思路，明确方向。对竣工验收改革、排污许可与环评衔接、登记表审批改备案等重点任务专题部署，专项研究，解读政策，凝聚共识，推进改革。二是疏解传递"串"改"并"压力。编印《建设项目环境准入法律红线及政策汇编》手册,分送市级部门、区县政府、科研单位,前移准入要求,传递改革压力。三是健全环评会商机制。从区域、部门、社会等多维度、多层面开展会商,齐抓共管,形成合力。加强跨省市环评管理,对影响跨区域的项目与周边四川、云南、贵州、湖北等省强化会商;推进部门会商,会同发改、经信、国土、规划等就环境准入进行多次专题研究;强化社会会商,通过公众参与、开展课题研究等形式充分吸纳人大代表、政协委员、科研人员或有关专家的意见建议。四是率先启动督导检查。组织评估中心开展全市环评文件质量检查专项工作。五是推进社会风险防范与化解试点。作为全国5个试点省市之一,积极推进垃圾发电等涉环保项目"邻避"问题试点,印发《垃圾焚烧发电项目环境社会风险防范和化解试点方案》,有效化解垃圾发电项目中的"邻避"影响。

第九章
提高党建工作水平

改革开放，特别是党的十八大以来，重庆市委高度重视党的自身建设，按照中央一系列重大战略部署，忠实践行邓小平理论、"三个代表"重要思想和科学发展观，全面贯彻落实习近平新时代中国特色社会主义思想，紧密结合重庆实际，与时俱进加强党的建设，有力推动了全市经济社会又好又快发展。

一、把党的政治建设放在首位

党的十一届三中全会作出把党的工作中心转移到经济建设上来，实行改革开放的历史性决策，实现了新中国成立以来党的历史上具有深远意义的伟大转折，开启了社会主义事业发展的新时期，并逐步形成了建设中国特色社会主义路线、方针、政策。在"解放思想，实事求是"的思想指导下，重庆市委坚持用党的纲领、路线、方针和政策统一全市党员干部的思想和行为，使其在思想上、政治上、行动上始终与党中央保持高度一致，确保全市各项工作沿着正确的政治方向前进。

（一）摆脱"左"的思想束缚

十一届三中全会召开后，市委多次召开全市会议，认真学习贯彻全会精神，采取各种措施统一广大党员，特别是各级领导干部的思想。1979年2月召开的市委四届四次全委（扩大）会议联系重庆市的工作，对解放思想问题进行了热烈讨论。与会同志对"恐右病"、思想的僵化半僵化列表现、摆危害，分析根源，着重讨论了工作重点转移、落实政策和工农业生产问题。会议决定，要在全市迅速掀起学习、宣传、贯彻党的十一届三中全会精神的热潮，尽快把重庆市的工作重点转移到社会主义现代化建设上来。8月，在市委的领导下，各级党组织积极投入真理标准问题讨论的补课，进行纠"左"的思想教育，批判"两个凡是"的错误方针。1981年8月，市委四届九次全委（扩大）会议通过《关于认真学习贯彻党的十一届六中全会精神的决定》，要求县以上党委通过以会代训、党校轮训、办学习班、小集中等形式，分批轮训领导干部，在学习中自觉联系思想和工作实际，总结经验教训，进一步清理"左"的影响和防止右的倾向，提高马列主义、毛泽东思想的水平，更加坚定地贯彻执行党的十一届三中全会以来的路线、方针、政策，不断研究解决发展过程中出现的新情况、新问题。市委以《关于建国以来党的若干历史问题的决议》的公布为契机，着力解决各级党组织和党员思想上根深蒂固的"左"的"框框""套套"，把思想统一到《决议》的精神上来，确保党的十一届三中全会的路线、方针、政策的贯彻落实，以完成拨乱反正的各项任务。

（二）坚定改革开放信心

市委把加强党的思想政治工作作为经济工作和其他一切工作的生命线，坚持放在领先的地位。针对政治思想领域出现的资产阶级自由化思潮、资本主义腐朽思想对人们思想和社会风气的污染，以及广大群众在改革开放和发展商品经济过程中产生的各种思想矛盾和认识问题，1984年1月、1985年2月、1986年1月及1987年7月，市委先后召开了全市企业职工思想政治工作会议、企业思想政治工作经验交流会、城市思想政治工作会议和高校党委书记会议，针对不同对象、不同情况制定具体的工作措施，努力改变企业和学校思想政治工作软弱涣散的状况。市委领导还多次深入企业、大专院校，帮助职工、学生正确认识形势，解答他们关心的问题。在加强正面教育和疏导的同时，市委注重提高思想政治工作的开放程度，逐步建立了社会协商对话制度，多形式、多渠道地开展民主对话；注重在继承优良传统的基础上不断改革创新，在实践中探索新路子、新方法；注重把思想政治工作同改革与经济工作结合起来，同关心群众生活、解决群众具体困难结合起来，同开展丰富多彩的文化体育活动和文明创建活动结合起来，不断提高思想政治工作的科学性、针对性，增强说服力、感染力。通过有力的思想政治工作，坚定了全市人民改革开放的信心，增强了广大市民的民主法制意识和抵制资本主义腐朽思想侵蚀的能力，巩固了重庆安定团结的局面，保证了改革开放和经济建设的顺利推进。

（三）治理整顿稳定局势

党的十三大以后，党领导全国人民沿着有中国特色社会主义道路继续前进，改革开放和经济建设的步伐不断加快。在这个过程中，也出现了物价波动较大、通货膨胀加剧、重复建设严重、经济发展过热等问题。市委坚决贯彻落实中央关于治理整顿、全面深化改革的指导方针，采取强有力的、切实可行的措施，治理经济环境、整顿经济秩序，有领导有秩序地推进相互配套的全面改革。在此过程中，面对1989年政治风波，市委坚决同党中央保持高度一致，始终旗帜鲜明地反对动乱，把制止动乱、稳定局势作为压倒一切的中心工作来抓并采取了坚决有力的措施。在异常复杂的情况下，市委成立了制止动乱指挥部，市级各部门和近郊区县自上而下建立了强有力的组织指挥系统，实行高度集中统一指挥，有条不紊地开展工作，通过及时召开各种会议、发布通告、发言人谈话、报刊评论、舆论引导等多种形式，大力宣传党中央、国务院的决策精神，让人民群众了解真相和实质，统一全市党员、干部和广大群众的思想，保证了及时、高效、正确地处理各类事件。

（四）开展解放思想大讨论

1992年，邓小平视察南方并发表重要谈话后，重庆很快掀起了学习、宣传邓小平"南方谈话"的热潮，并在全市开展以"加快改革开放步伐，关键是进一步解放思想"为主题的大讨论。在大讨论中，市委和各级党组织认真分析思想不够解放的种种表现，将问题梳成辫子，有针对性地引导干部群众破除旧观念，树立新观念。全市各种宣传舆论工具大力宣传解放思想、深化改革的重大意义，宣传敢试敢想、求实创新的先进典型，发挥了积极的引导作用。这场解放思想大讨论，进一步破除了各种阻碍改革开放和发展社会主义商品经济的旧思想、旧观念，"思想再解放一点、胆子再大一点、步子再快一点"成为全市党员、干部和群众的共识,解放思想大讨论的成果很快体现在改革开放的实践中,落实到加快经济发展的工作上。直辖后,重庆迎来了新的发展机遇。2000年,国家确立西部大开发战略后,全市开展以"西部大开发、重庆大发展、我们怎么办"为主题的思想解放大讨论,聚焦消除"等靠要"思想和畏难情绪。2006年开展重庆人文精神的大讨论,设立中国重庆·青年人才论坛,培育"开拓开放、自强不息"的人文精神,摆脱思想观念的桎梏。2008年在全市开展以"解放思想、扩大开放"为主题的大讨论,各地各部门对照标杆查短板,开门纳谏找差距,形成了加快建设内陆开放高地的思想共识。

(五)牢固树立"四个意识"

党的十八大以来,重庆市委把学习贯彻习近平新时代中国特色社会主义思想作为首要政治任务,引导各级干部进一步树牢政治意识、大局意识、核心意识、看齐意识。始终把坚决维护习近平总书记在党中央和全党的核心地位、坚决维护党中央权威和集中统一领导作为第一位的政治要求,不断增强忠诚核心、拥戴核心、维护核心、捍卫核心的政治、思想和行动自觉,确保重庆各级党组织和广大党员干部一切行动听党中央指挥、向总书记看齐,确保重庆所有工作部署都以贯彻中央精神为前提,确保重庆各项事业沿着总书记指引的正确方向前进。组织各级领导班子和干部队伍认真学习贯彻《中共中央政治局关于加强和维护党中央集中统一领导的若干规定》精神,严格执行市委关于坚决维护党中央集中统一领导的规定。不折不扣贯彻落实党中央决策部署,自觉把工作放到党和国家全局中去思考、谋划和推动,使各项工作既为一域争光,又为全局添彩。党的十九大召开后，市委召开五届三次全会，审议通过《关于把党的十九大精神全面落实在重庆大地上的决定》，部署实施打好"三大攻坚战"，实施"八项行动计划"，逐个制定具体方案、政策措施。

（六）净化党内政治生态

坚决贯彻中央精神和市委要求，坚持破立并举、扶正祛邪，督促各级党组织和党员领导干部以薄熙来、王立军和孙政才案件为反面教材，深刻反思、汲取教训，全面纠正政治、思想、作风、工作上的偏差。认真对待中央纪委"7·14""4·13"专案组交办的线索，坚持政治上从严、工作上过细，既严肃处理相关涉案人员，又给政策、给出路。严格执行新形势下党内政治生活若干准则，认真落实"三会一课"、民主生活会、组织生活会、民主评议党员等制度，严格落实领导干部参加双重组织生活制度，全面推行支部主题党日，推动党内政治生活严起来、实起来。把政治纪律和政治规矩突出出来，教育党员干部严防"七个有之"，做到"五个必须"，在执纪审查中先把违反政治纪律的问题查清楚，对违反政治纪律典型问题进行通报。严格执行民主集中制，完善集体酝酿、集体讨论决定任用干部等制度，市委常委会在会议讨论市管重要干部时推行"票决制"，对市管重要职务干部任免决定前征求全委会成员意见，强化集体把关。着眼于当好政治生态"护林员"，在搞清政治生态上下功夫，深入分析地区、部门、单位政治生态状况，紧盯"关键少数"，找准"歪树""病树""烂树"，通过监督执纪问责，树立鲜明政治导向。

二、领导班子和干部队伍建设全面加强

"文化大革命"结束后,重庆市开始整顿和调整领导班子。1976年底至1979年,市委结合揭批"四人帮"运动开展清查工作,对区县、局以上领导班子进行多次调整,并结合平反冤假错案重新起用在"文化大革命"中被打倒的一大批老干部,选调一批科技人员充实各级领导班子。通过整顿调整,纯洁了组织,落实了政策,健全了领导班子,对拨乱反正、稳定局势起了重要作用。但是,调整后的领导班子文化知识结构变化不大,平均年龄有所上升。于是,1980年至1982年,市委认真贯彻中共中央关于干部队伍革命化、年轻化、知识化、专业化的"四化"方针,抓紧做好选拔培养中青年干部的工作。在这期间,全市先后提拔一大批中青年干部进入县级以上领导班子,结合区县召开党代表大会和人民代表大会,对区县的党委、人大、政府、政协领导班子成员进行了统一调整、安排。调整后的领导班子人员精干,年龄及文化知识结构有了较大改善。

1987年,在全面整党的基础上,市委进一步对各级领导班子进行了必要的调整和充实,市级部委局、区县和大中型骨干企业93.8%的班子形成了梯形结构,构成情况有了很大改善。对有严重问题、软弱涣散、能力低、打不开局面的区、乡、村基层党组织的领导班子进行了调整,全市县辖区、乡镇党委和村级支部领导班子调整面分别达到55%和30%,共调整充实干部5512人。通过整党,初步改变了"文化大革命"遗留下来的党内思想、作风、组织

不纯的状况，为实现重庆党风、社会风气和财政经济状况的进一步好转打下了思想和政治基础。此后，市委继续按照干部"四化"的要求，加强了对干部的培训、考核、选拔、任用，努力培养德才兼备的干部队伍。

重庆直辖以来，特别是党的十八大以来，在以习近平同志为核心的党中央坚强领导下，重庆市委坚持从严教育干部，全面贯彻党的十八大和十八届三中、四中、五中、六中全会精神，严格落实中央八项规定及其实施细则精神，大力整治"四风"突出问题，严格选人用人监督，用好监督执纪"四种形态"，领导班子和干部队伍的思想建设、组织建设、作风建设等全面加强。党的十九大召开后，市委深学笃用习近平新时代中国特色社会主义思想和党的十九大精神，深入学习贯彻习近平总书记视察重庆重要讲话和参加重庆代表团审议时重要讲话精神，统一思想、凝聚力量，深入推进各级领导班子和干部队伍建设。

（一）大力加强思想建设

加强干部理论武装工作。先后印发《关于认真学习贯彻〈中共中央关于在全党深入学习邓小平理论的通知〉和江泽民总书记重要讲话的意见》《关于兴起学习贯彻"三个代表"重要思想新高潮的通知》《关于深入学习宣传贯彻党的十七大精神的工作意见》，全市各级党委以中心组学习为依托，以各级党校为主阵地，以开展县（处）级党政领导干部政治理论水平任职资格考试等为载体，扎实推进邓小平理论、"三个代表"重要思想、科学发展观和习近平新时代中国特色社会主义思想的学习教育，不断在全市掀起深入学习贯彻马克思主义中国化理论的热潮。1998年、1999年，先后印发

《关于进一步健全各级党委中心组学习制度的规定》《关于建立和完善领导干部理论学习考核制度的意见》等，推行领导干部述学、评学、考学等制度。

开展党内集中教育。1999年在全市县（处）级以上领导班子、领导干部中开展以"讲学习、讲政治、讲正气"为主要内容的党性党风教育活动，自上而下、分期分批进行为期1年3个月的集中教育，深入查找解决领导班子内部党性党风问题。2000年在全市乡镇、县级部门等基层干部和农村党员中开展"三个代表"重要思想学习教育活动，至2002年结束，解决了一大批农村基层干部存在的突出问题。2005年在全市5.8万个基层党组织、143.4万名党员中分三批次开展先进性教育活动，一年半时间解决了一批群众反映强烈的突出问题。2010年在全市基层党组织和党员中深入开展为期3年的创先争优活动，着力提振党员干部的精气神。2013年在全市党组织中开展党的群众路线教育实践活动，认真落实"照镜子、正衣冠、洗洗澡、治治病"的总要求，紧扣"为民、务实、清廉"主题，解决了一批"四风"突出问题和群众反映强烈的具体问题。2015年在全市开展了"既严于修身、严于用权、严于律己，又谋事要实、创业要实、做人要实"的"三严三实"专题教育，解决了许多不严不实的问题。2016年在全市党员中深入开展"学党章党规、学系列讲话，做合格党员"学习教育，整个教育紧扣"基础在学、关键在做"的要求，坚持学做结合，突出问题导向，带着问题学，针对问题改，在推动全市改革、发展、稳定中充分发挥战斗堡垒和先锋模范作用。2017年以来，扎实推进"两学一做"学习教育常态化、制度化。组织各级党员干部把学习党章党规与学习习近平新时代中国特色社会主义思想、习近平总书记视察重庆重要讲话和参加重庆代表团审议时重要讲话精神等结合起来，融会贯通，学思践行。扎实推动学做结合，通过设立党员示范岗、党员责任区等，引导党员干部勇于担当作为。

深学笃用习近平新时代中国特色社会主义思想。坚持把学习习近平新时代中国特色社会主义思想作为中心组学习、干部培训、组织生活等中心内容，组织党员干部认真学习《习近平谈治国理政》和习近平总书记最新系列重要讲话精神。聚焦习近平总书记对重庆"两点"定位、"两地""两高"目标和"四个扎实"要求，对标对表党的十九大精神和中央决策部署，组织开展35个专题调研，提出务实管用的政策建议、工作举措和行动计划。围绕学习贯彻习近平总书记参加重庆代表团审议时重要讲话精神，召开市委五届四次全会作出具体部署。编制习近平新时代中国特色社会主义思想课程体系、全市党校理论教育课程大纲和高校中小学教辅读物，推动新思想进教材、进课堂、进头脑。

（二）持续推进组织建设

理顺干部队伍管理体制。1996年代管"两市一地"后，"两市一地"所辖区县市干部分别由原万县市、涪陵市、黔江地区负责管理。1997年撤销"两市一地"，1998年成立万州移民开发区和黔江开发区，梁平、城口、南川、丰都、垫江、武隆县级领导班子由市委直管。2000年撤销万州移民开发区和黔江开发区后，全市40个区县领导班子全部直管。同年印发《重新确定区县（自治县、市）领导干部职级的意见》，统一区为正厅局级、县为副厅局级的职级规格。从1999年开始，工商行政、质量技术监督、环境保护、国土资源管理、药品监督等25个市级部门对区县相应部门干部实行双重管理。2001年印发《关于调整干部双重管理有关问题的通知》，对有关部门干部双重管理进行调整，下放区县部分部门领导干部管理权限。

加强民主集中制建设。1997年印发《贯彻执行〈中国共产党地方委员会工作条例（试行）〉实施细则（试行）》，强调市委总揽全局、协调各方，明确市委全委会、市委常委会、书记办公会及重大问题的议事决策程序。2004年印发《区县（自治县、市）党委、政府领导集体决策重大问题议事规则》，科学界定重大问题范围，完善重大问题决策程序，对决策前中后程序进行了规范。2004年印发《中共重庆市委全体会议对市管重要职务拟任人选和推荐人选表决实施办法》，2006年一次性对24个区县38名党政正职拟任（推荐）人选进行票决。2003年印发《重庆市县以上党和国家机关党员领导干部民主生活会实施细则（试行）》，明确民主生活会主要包括确定主题与制定方案、开展谈心活动、批评和自我批评、制定和落实整改措施等9个主要环节，推进各级领导班子民主生活会规范化建设。

加大年轻干部培养选拔力度。1997年在全市范围内开展优秀年轻干部公开推荐，通过宣传发动、公开推荐、择优考察，全市202个单位公开推荐1003名优秀年轻干部。1998年出台《关于党政后备干部队伍建设的意见》，提出各级领导班子后备干部逐步达到一职二备，明确民主推荐、组织考察、组织审定的选拔程序，建立后备干部人才库。从1999年到2000年，结合"三讲"教育在全市开展后备干部推荐考察，市级层面建立1160名市管党政领导班子后备干部队伍名单，后备干部人才库每年动态调整，5年时间全市党政领导班子后备干部发展到1585名。2009年实施"百名优秀年轻干部充实区县计划"，从各地各单位推荐上报的379名干部中，择优选派100名优秀年轻干部到区县担任党政副职。从2010年起，集中选派优秀年轻干部市内挂职锻炼，每年选派一批干部到市属重点工程和项目、国有重点企业、信访岗位和贫困地区等挂职锻炼。

（三）强化作风建设

密切党员干部联系服务群众。直辖以后，先后出台《关于进一步健全完善领导干部联系点和机关部门包村责任制的意见》《关于领导干部深入基层调查研究密切联系群众的通知》《干部联系群众和调查研究制度》等，建立完善领导干部接待日、接访下访、调查研究、联系点等制度。从2008年深入学习实践科学发展观活动开始，全市各级各部门党员干部突出实践特色，以关注民生、解决突出问题为重点，深入基层一线开展宣讲政策、征求意见、慰问帮扶等活动，探索一批联系服务群众的好经验、好做法。

坚决整治作风突出问题。从1998年起，在市直机关开展为期4个月的机关干部优质服务、优良秩序、优美环境，做人民满意的公务员"三优一满意"活动，进行干部作风整顿。1999年出台《关于转变工作作风的八条规定》及其《实施细则》，重点整治形式主义和官僚主义方面的突出问题。2001年开展作风问题专项调查，全面实施"十个一批"发展环境整治措施，加强机关作风综合整治。2006年，在机关干部中开展"执政为民、服务发展"学习整改活动，整治"门难进、脸难看、话难听、事难办"等群众反映强烈的"衙门作风"。

加强干部管理监督。1998年印发《关于党政机关县（处）级以上领导干部收入申报规定的实施办法》，推行市管领导干部收入半年一次申报、每年一次通报。2001年出台党政领导干部实行诚勉、谈话、函询的3个《暂行规定》，在全市全面推行诫勉、谈话、函询制度。2005年把领导干部报告个人重大事项纳入领导班子民主生活会、述职述廉、考察考核、巡视工作。2006年印发《关于党员领导干部报告个人有关事项的实施办法》，各级领导干部2007年首次集中报告。2010年出台《实施〈关于实行党政领导干部问责的暂行规定〉办法》，严格落实干部问责处理。2004年印发《重庆市规范党政领导干部辞去公职从事经营活动实施办法》，明确辞去公职3年内不得从事与原任职管辖地区和业务范围相关的活动。2010年印发《关于认真学习贯彻干部选拔任用工作四项监督制度的通知》，在全市开展四项监督制度学习教育。1999年开展县级以下党政领导干部和国企领导人员经济责任审计，2001年和2002年分别开展厅局级和事业单位县处级领导干部经济责任审计试点，2004年制定经济责任审计评价和结果利用办法，全市领导干部经济责任审计工作规范化、制度化。

（四）加强能力建设

大规模培训干部。2001年和2006年分别印发《重庆市2001—2005年干部教育培训规划》《重庆市2006—2010年干部教育培训规划》，明确从2003年起开展大规模培训干部，大幅度提高干部素质工作。2003年和2008年分别印发《中共重庆市委关于大力开展干部教育培训工作的意见》《关于2008—2012年全市大规模培训干部工作的实施意见》，以及全市党政干部、专业技术人员和国有企业经营管理人员培训工作的3个《实施方案》，以学习中国特色社会主义理论体系为主线，以坚定理想信念、增强执政本领、提高科学发展能力为重点，深入实施一把手、后备干部、基层干部"三大培训工程",开展万名干部开放型经济管理知识培训和万名干部脱产学历教育,10年时间累计培训各类干部339.3万人次。

开展干部挂职锻炼。从1997年起,每年选派3000名干部轮换参加对口扶贫蹲点,到2002年仅市级部门就选派六批873名扶贫干部到贫困地区挂职锻炼;从1997年起,全市组建21个市级扶贫集团(2001年因行政区划调整为18个),坚持每年从市级扶贫集团中选派部分优秀年轻干部到贫困区县挂职。从1998年起,每年选派干部到中央国家机关挂职锻炼,当年选派10名少数民族和民族地区干部到中央、国家机关和经济发达地区挂职锻炼。2002年印发《2003—2007年选派区县(自治县、市)干部到市级部门挂职锻炼工作规划》,每年选派一批区县部门和乡镇领导干部到市级部门和近郊区进行为期半年挂职锻炼。2006年印发《选派干部到信访部门挂职锻炼办法(试行)》,每年从主城区选派80名左右干部对口支援三峡库区区县工作1年,实行定期轮换。从2007年起,开展主城区和渝东北、渝东南地区对口帮扶互派挂职干部挂职锻炼,结对区县每年互派5名以上干部挂职。从2009年起,组织开展百名市级机关干部与百名乡镇干部互派挂职。

树立正确选人用人导向。严格按照"二十字"好干部标准选人用人,突出政治标准,对政治上不合格的"一票否决",已在领导岗位的坚决调整下来;突出依事择人,考虑"该用谁"而不是"谁该用",大力倡导实干创实绩、有为才有位的鲜明用人导向;突出专业素养,不简单看干部是否学过、干过、分管过什么,更注重看干得怎么样、管得好不好。强化选人用人制度规范,制定《市管干部选拔任用工作流程》,细化动议、民主推荐、考察、讨论决定、任职等环节操作规范;出台《防止干部"带病提拔"实施办法》,

从做实日常研判、强化动议审查、改进考察方式等方面提出系列防范措施，列出党委（党组）主体责任、纪检监察机关监督责任、组织人事部门直接责任等八个方面的责任清单；完善组织把关机制，从动议环节就开始严格落实"凡提四必"制度，严格执行党委书记、纪委书记在人选廉洁自律结论性意见上"双签字"等措施；严格请示报告制度，系统梳理区县、市级部门有关干部工作的27项请示报告事项。

提升干部专业化水平。围绕打好"三大攻坚战"、实施"八项行动计划"，组织开展创新驱动、人工智能、乡村振兴、内陆开放等专题培训，市级层面每年举办10余期市管领导干部专题班、统筹举办100期处级及以下干部示范班。推进实施干部挂职锻炼制度，每年从市级部门选派一批优秀干部到深度贫困乡镇挂职，从市级部门、国企、高校选派一批专业干部到两江新区、中新项目和各类开发区、园区挂职，从市内选派一批干部到中央国家机关和东部沿海发达地区挂职，组织市级部门、国企、高校与区县乡镇互派交流一批干部挂职。稳妥推进综合管理类、专业技术类、行政执法类公务员管理改革和聘任制公务员试点，深入推进司法体制、群团、审计、环保等体制改革，开展公安机关执法勤务警员和警务技术职务序列改革等。出台区县事业单位领导人员管理暂行办法，研制国有企业领导人员管理办法，建立适应各类专业技术人员和经营管理人员的有效管理机制。

坚持严管与厚爱结合、激励与约束并重。开展专题调研查找"四风"新动向和新表现，着力解决"会议多、文件多、考评检查多，懒政不作为"等"三多一懒"突出问题。制定出台《中共重庆市委常委会贯彻落实中央八项规定精神实施意见》，深入开展"兴调研转作风促落实"行动，建立健全领导干部经常性调研和调研联系点制度。严格落实领导干部个人有关事项报告和抽查核实，提醒、函询、诫勉等措施，开展规范领导干部配偶、子女及其配偶经商办企业行为试点，制定落实《关于进一步规范重庆市领导干部配偶、子女及其配偶经商办企业行为的规定（试行）》，运用"大数据"完善干部管理信息平台，推动干部监督与巡视巡察、经济责任审计等工作联动融合。扎实推进中央巡视"回头看"反馈问题整改，开展"带病提拔"干部选任过程倒查追责，依托五届市委第二轮巡视，组建17个选人用人专项检查组，同步进行选人用人巡视检查。研究制定贯彻中央党政领导干部考核工作条例具体办法，调整不适宜担任现职干部实施细则和激励干部新时代新担当新作为的意见等制度办法，强化奖勤罚懒、奖优罚劣的鲜明导向。

三、基层党建基础不断夯实

市委历来高度重视基层党组织和党员队伍建设，按照中央各个时期的部署要求，坚持从严管理干部，持续深入改进作风，切实加强和改进基层党组织建设，不断提高基层党组织党建工作水平。

（一）农村基层党组织建设

抓党建促脱贫攻坚。重庆市认真落实全国深度贫困地区脱贫攻坚座谈会和深度贫困地区抓党建促脱贫攻坚工作经验交流座谈会要求，把加强基层组织建设作为打赢脱贫攻坚战的根本保证，研究制定《深化抓党建促脱贫攻坚行动方案》，以实际行动扎实推动如期高质量稳定脱贫。

建强三级班子，打造脱贫攻坚"火车头"。把建设好县、乡、村三级班子作为打赢脱贫攻坚战的关键，着力选优配强，强化脱贫攻坚一线力量。一是强化贫困区县领导班子统揽力；二是强化贫困乡镇领导班子战斗力；三是强化贫困村"两委"班子引领力。把贫困村党组织全部纳入后进整顿，强化贫困村党组织政治功能，抓实"三会一课""支部主题党日"。实施村"两委"提升行动，经过摸排调整了党组织书记，新选拔了村"两委"成员。

保障村（社区）干部待遇。抓基层强基础，必须有实实在在的经费保障。针对村（社区）干部在基层一线工作量大、待遇偏低、动力不足、服务群众缺手段缺资源等问题，重庆市坚持重心下移、资源下沉，把更多财力物力投向基层，全面提高村（社区）干部待遇保障，真正把钱花在巩固党的执政基础上。2009年、2011年、2014年、2017年，重庆市先后四次调整村（社区）干部待遇，将村书记、主任补贴最低标准从800元提高到不低于上年度农民人均可支配收入的2倍，平均达2300元/月；城市社区书记、主任补贴最低标准提高到不低于上年度居民可支配收入的1.2倍，平均达2967元/月。村干部参加城乡居民（或城镇企业职工）养老保险，参加城乡居民的补助保险金不低于2000元/年，参加城镇企业职工养老保险的按规定比例给予补贴；社区干部全面参加"五险"，财政按规定比例给予补贴。在保障经济待遇的同时，重庆着力拓宽村（社区）干部政治出路。从2008年起，全市每年坚持拿出150个指标，从优秀村（社区）书记、主任中招录乡镇公务员。

持续整顿后进基层党组织。重庆市把整顿后进基层党组织作为基层组织建设的长期任务，按照"一年整顿、二年巩固、三年提升"的思路，每年按一定比例倒排后进基层党组织整顿提升，从突出问题改起，向服务群众聚焦，形成常态化的转化提升机制。党的十八大以来，重庆集中整顿后进基层党组织，推动全市基层党建工作全面从严、全面加强、全面过硬。

农村人才队伍建设。重庆市高度重视基层党组织建设和农村人才队伍建设，1997年，推行全市农村村级组织中实施农村青年星火带头人计划，争取每村有30岁以下、具有初中以上文化程度的年轻干部；1999年，下发《建设高素质农村基层干部队伍的三年规划（1999—2001年）》，提出争取3年85%的村级组织形成40岁左右为主体的梯次结构，普遍具有高中文化，60%的"三职"主要干部具有大中专文化的干部队伍；2004年，实施"领头雁"工程和"双培双带"工程，提出用3年至5年时间基本实现1村有1名大专以上文化的村干部；2006年，开展"千村推进、百村示范"村党组织书记（简称"千百工程"），鼓励50周岁以下、具有高中（中专）及以上学历的党员（包括农村党员致富带头人、党员专业大户，符合条件的外出务工致富人员，乡镇机关、事业单位在职人员，城镇下岗职工，返乡大中专毕业生，正在服务期的西部志愿者，乡镇机构改革中的分流人员）到村任职。

党的十八大以后，针对农村"空心化"带来的村干部后继乏人等突出问题，立足当前大中专毕业生就业难、创业难、扎根城市难的实际，重庆市从2015年起启动实施"农村高素质本土干部人才计划"，从根本上破解农村发展缺带头人、基层治理缺能干人问题。通过"给基本待遇、给创业扶持、给发展出路"，大力回引本土大中专毕业生回村挂职、创业，建立起农村优秀人才引得回、留得住、用得好的良性机制，在农村留下了一支"不走的工作队"，为推进农村基层治理体系和治理能力现代化，推动农村改革、发展、稳定提供了坚强组织保证。

（二）街道社区党的建设工作

社区党组织实现全覆盖。1992年8月3日，市委组织部转发四川省委组织部《关于加强城市街道党组织建设若干问题的试行意见》，明确要求城市街道居委会凡有正式党员3人以上的，逐步建立党支部（或总支部），或暂建联合支部，待条件成熟后再分开建立。2000年7月3日，市委印发《关于加强社区党的建设工作的意见》，要求到2003年城区居委会都建立党支部，实现一居一支。2003年5月16日，全市争创社区党建示范区（市）工作座谈会召开。会议要求，按照"横向到边，纵向到底"的工作思路，创新社区党组织设置。凡直接管理党员100名以上的，必须建立党委；党员在100名以下、情况特殊的也可建立党委。到2002年，全市676个城市街道社区居委会中，673个建立党组织，占比达99.6%；到2004年10月，全市已实现"一社区一党组织"的目标。

街道职能不断完善。2000年7月3日，市委印发《关于加强社区党的建设工作的意见》，从有利于社区管理和加强基层基础建设的要求出发，适当扩大街道党工委职权。2004年12月8日，市委办公厅颁发《重庆市街道社区党组织工作暂行规定》，明确街道党工委的职能职责。

2017年9月，市委组织部召开全市城市基层党建工作推进会，会议要求：一是要聚焦主责主业；二是要强化统筹协调；三是要优化内设机构。要适应全面从严治党要求，在街道设立党群办，由专职副书记分管，整合组织、宣传、统战委员和群团组织负责人力量,共同抓好党建工作。

据统计,全市215个街道中有71个已取消招商引资、协税纳税等职能,其余144个街道在城市化进程中逐步取消和调整上述职能。有27个区县出台文件,赋予街道对驻区单位人事考核和选拔任用建议权、重要事项考核督办权、相关工作指挥调度权、城市规划参与权、辖区公共事务综合管理权等五项权力。

南岸区南坪镇汇雅社区组织党员到红岩村参加学习,重温党的誓词

区县、街道、社区三级联席会议制度逐步完善。2000年7月3日,市委印发《关于加强社区党的建设工作的意见》。《意见》要求,区县、街道、社区三级组织网络上下联动,社区内各社会单位和各社会组织横向互动,基本形成社区党建工作的责任体系和考核体系。2003年5月23日,为整合社区的政治资源和组织资源,构建社区党建工作共建格局,市委组织部印发《重庆市社区党组织工

作会议制度实施细则（实行）》。社区党组织工作会议制度以街道党工委（镇党委）为领导核心，社区党组织、辖区社会单位党组织为参与主体，会议代表由30人至50人组成。

2017年9月29日，市委组织部召开全市城市基层党建工作推进会，会议要求：必须树立系统思维和整体意识，在上下联动、条块结合、协同用力上下功夫，使街道社区党建、单位党建、行业党建联起来、动起来、活起来。一是搭建联动平台；二是构建联动机制；三是充实联动内容。截至2017年底，全市38个区县和两江新区、万盛经开区均建立健全了区县、街道、社区三级党建联席会议制度，组织13.5万名在职党员到社区报到，街道、社区党建和各领域党建联动融合、协调推进，城市基层党建工作新格局正在形成。

（三）国有企业党的建设工作

市委始终坚持对国有企业的领导，注意加强国有企业党的建设，引领推动国有企业经历了改制重组、建立现代企业制度、做强做优做大的发展历程，明确提出了国有企业党建工作的指导思想和方针原则、目标要求和主要措施，国有企业党的建设坚持与时俱进、改革创新，在转变中适应、在改进中加强、在融合中发力、在规范中从严，在促进改革、推动发展、维护稳定、反腐倡廉、思想政治工作和精神文明建设中，取得了积极成效，为国有经济的持续健康发展和加强全市党的建设工作发挥了重要作用。

积极探索国企党建工作改革。党的十六大作出了建立管资产和管人、管事相结合的国有资产管理体制的部署，市委、市政府坚决贯彻这一部署，实行经营性国有资产集中统一管理。2003年9月22日，市委下发《关于成立中共重庆市国有资产监督管理委员会、中共重庆市国有资产监督管理委员会纪律检查委员会有关问题的通知》，明确了市国资委党委管理39家市属国有重点企业，以及37家中央和外地在渝大型企业党的建设。市国资委党委在市委组织部的大力指导和协调下，按照选好配强党组织负责人与建立法人治理结构同步进行、党组织与经营决策运营组织同步建立、党组织工作制度与公司章程同步制定、党政工作同步规划、党政关系同步理顺的"五同步"原则，确保在企业改制重组中同步加强党的建设，巩固了党在国有经济领域的组织基础，保证了党对国有企业的政治领导。

在国有企业改革发展中推进全面从严治党。党的十八大以来，市国资委党委和国有企业各级党组织认真贯彻落实中央和市委全面从严治党要求特别是习近平总书记在全国国有企业党建工作会议上的重要讲话精神，强化国企党委领导作用，抓实基层党建工作，创新党组织活动方式和内容，为推动国有企业改革发展、实现国有资产保值增值提供坚强保障。重庆国有企业各级党组织服务生产经营不偏离，把提高企业效益、增强企业竞争实力、实现国有资产保值增值作为党建工作的出发点和落脚点，把党建工作与企业生产经营融合起来，把党的组织和政治优势渗透到企业生产经营管理的全过程，转化为推动企业科学发展的内动力。

（四）学校党的建设工作

重庆直辖后，设置中共重庆市委高等教育工作委员会（2000年后更名为中共重庆市委教育工作委员会），作为市委的派出机构，与重庆市教育委员会合署办公，归口管理市属高校及国家部委属在渝高校党的工作，指导全市教育系统党的工作。

市委高度重视高校党建工作，坚持每年召开高校党建工作会议，传达贯彻全国高校党建工作会议精神，对全市高校党建工作进行部署，始终坚持和强化党对高校的领导，全面贯彻高校党委领导下的校长负责制，加强高校党的基层组织建设，发挥高校党组织和党员作用，落实立德树人根本任务，夯实党在高校的执政基础，为高等教育事业改革发展提供坚强政治保证和组织保证。

1998年11月，市委印发了《重庆市普通高等学校实施〈中国共产党普通高等学校基层组织工作条例〉的办法》《关于加强重庆市普通高校党务思想政治工作队伍建设的若干意见》《重庆市普通高等学校党建工作五年规划（1999—2003年）》等文件。2006年，研究制定了《关于加强和改进在大学生中发展党员工作和大学生党支部建设的实施意见》，作为全市保持共产党员先进性教育活动13个长效机制文件之一，以市委名义印发。

2008年5月8日，全市高校党建工作会议明确了当前和今后一个时期高校党建工作的总体思想是：抓党建，促三风（校风、教风、学风），建三高（建设高素质教师队伍、培养高质量大学生、创造高水平科研成果）。2009年，开展了高校"抓党建、促三风、建三高"工作专题调研，深入11所高校，召开30个座谈会，下发500份调查问卷，形成了《全市高校"抓党建、促三风、建三高"工作调研报告》，在深入研讨的基础上，编制了《重庆高校"抓党建、促三风、建三高"2009—2013年工作规划》。

2010年9月，市委教育工委下发《关于在高等学校创先争优活动中实施"三创六进"行动计划的通知》，通过创建高水平班子、学习型党组织、示范性党员队伍，组织引导领导干部进基层、教学人员进班级、科研人员进企业、管理人员进一线、政工人员进社区、学生实践进社会，加强基层组织，推动科学发展，服务人民群众，促进校园和谐。2012年2月，市委教育工委联合印发了《全市高校在创先争优活动中开展基层组织建设年工作要点》，从创新基层党组织设置、选好配强党组织班子、做好发展党员工作、改进党员教育方式、加大党员管理服务力度、推进党组织规范化建设等方面，对高校基层组织建设工作提出了明确要求。

2013年10月，市委教育工委出台《关于加强和改进高校青年教师思想政治工作的实施意见》，进一步从加大青年教师思想政治教育引导力度、加强青年教师党员队伍建设、推进青年教师师德师风建设、拓展青年教师思想政治工作途径等方面，做好高校青年教师党建和思想政治工作。2017年4月6日，市委印发《中共重庆市委、重庆市人民政府关于加强和改进新形势下高校思想政治工作的实施意见》，明确了高校思想政治工作重要意义、指导思想和基本原则，强化理论武装和思想价值引领，推动大学生思想政治工作，全面提升高校教师思想政治素质，加强思想政治工作专门力量建设，充分发挥哲学社会科学育人功能，严格高校意识形态阵地和活动管理，切实强化党对高校的领导等8个方面30项重点任务。

市委重视中小学校和中等职业学校党建工作，各区县全部设置教育工作委员会，与区县教育委员会合署办公，统一领导和管理区县教育系统党的工作。在市委领导下，各区县教育工委理顺中小学校党建管理体制，加大中小学校和中等职业学校党建工作力度，强化党对中小学校的领导，落实立德树人根本任务，为基础教育和中等职业教育改革发展提供坚强的政治保证和组织保证。

2010年9月8日，市委教育工委印发《关于在全市中等职业学校和中小学校创先争优活动中实施"三创四做"行动计划的通知》，通过创建优秀领导班子、学习型党组织、示范性党员队伍，引导管理干部下基层做调研指导的模范、校长书记进课堂做提高质量的模范、城镇教师到农村做支教送教的模范、党员教师访家长做关爱学生的模范，不断激发中小学党组织和党员创先争优的动力。

2011年，市委教育工委下发了《关于在中小学创先争优活动中深入推进文明礼仪教育的通知》，11月28日，市委组织部、市委教育工委在云阳县召开文明礼仪进校园推进会，以文明礼仪教育为抓手，推进中小学校基层党建工作。

2012年2月，市委组织部、市委教育工委联合印发了《全市中小学在创先争优活动中开展基层组织建设年工作要点》，从理顺管理体制、优化基层党组织设置、加强党员队伍建设、推进基层党组织规范化建设等方面，首次对中小学校基层组织建设工作提出了规范性的要求。6月，制定中小学校党组织评价标准、中等职业学校党组织评价标准，为中小学校和中等职业学校基层组织建设提供了基本遵循。8月和11月，先后召开部分区县教育工委和中小学党务工作者代表座谈会，听取加强中小学党建工作的意见，坚持问题导向，推动中小学校党建工作突出问题的解决。

2014年1月14日，市委组织部、市委教育工委联合召开全市中小学党的建设工作视频会议，主会场设在市委教育工委，各区县教育工委设分会场，各区县党委组织部分管领导、教育部门有关领导和相关科室负责人、各中小学党组织书记和校长共6800余人分别在主会场和分会场参加了会议。这是重庆市召开的首次全市中小学党建工作会议。

2015年2月，市委组织部、市委教育工委联合出台《关于加强中小学党的建设工作的意见》，成为加强中小学党建工作的第一个规范性文件。目前，全市各区县中小学党建管理体制全部划转区县教育工委，实现了集中统一管理。

（五）非公有制经济组织党建

改革开放特别是重庆直辖以来，全市非公有制经济组织得到长足发展，其规模从1997年约占全市GDP的25%迅速发展到占据半壁河山，提供了城镇就业和新增就业的绝大部分岗位，其独特的地位和贡献，决定了非公有制经济组织党建工作成为全市党的建设的重要领域。

开展在新的社会阶层中发展党员试点工作。随着非公有制经济组织的快速发展，全市各级党组织越来越敏锐地意识到，加强非公有制经济组织党建工作势在必行、刻不容缓。在各级党委的重视支持下，国有集体企业改制过程中党建工作得以同步加强，一些私营企业、外资企业和个体工商户也在出资人的有力支持下，在广大党员职工的积极参与下，纷纷成立了党的组织并积极开展党的工作，助推了非公有制经济的健康快速发展，也催生了一大批在政治上追求进步的出资人向党靠拢的强烈意愿。根据中央组织部的安排，2003年3月起，市委组织部、渝中区委开展了历时1年的在新的社会阶层中发展党员试点工作。试点工作一开始，全市就坚持统筹协调、整体推进，使试点工作和非公有制经济组织党建工作获得了双丰收，实现了两促进。一是通过深入调查摸底，清理出了一批"隐性党员"，为非公有制经济组织提供了党建资源；二是扩大了党在非公有制经济组织的组织覆盖面和工作覆盖面；三是大大加强了非公有制经济组织的党建工作力量。

广泛探索非公有制经济组织党建工作。2006年10月，市委成立新经济社会组织工作委员会（简称"两新工委"），作为市委领导全市新经济组织和社会组织党的工作的派出机构。市委两新工委成立后，针对非公有制经济组织党组织覆盖率偏低的实际，连续3年开展党组织集中组建行动，并在实践中探索出"5+X"组建模式，即依托工业园区和经济园区、依托镇街社区和行政村、依托商务楼宇、依托专业市场、依托专业协会建党组织5种指导性组建模式，在此基础上鼓励各地积极创造行业联合建、区域统一建、镇街分类建、就近挂靠建等多种组建形式。这被全国党建研究会非公专委会作为创新成果予以推广。2011年，市委两新工委又与市委组织部、市工商局、市民政局联合开展千名干部牵头帮建党组织活动，取得了良好效果。

全面加强非公有制经济组织党建工作。2013年10月，市委研究决定，将市委新经济社会组织工作委员会更名为市委非公有制经济组织和社会组织工作委员会（简称"非公工委"）。市委非公工委成立后，紧紧围绕全市改革发展稳定大局，坚持问题导向、重点发力，出台《关于加强非公有制经济组织党的建设工作的意见》，为推动全市非公党建工作提供了基本遵循，强力推动全面从严治党在非公领域落地落实。

坚持把组建党组织作为基础性工作来抓，强力推动党在非公领域的组织覆盖和工作覆盖等"两个覆盖"，着力提高覆盖质量。针对非公有制经济组织底数不清、情况不明，有的党员不亮身份、不找组织的实际，2014年在全国率先开发非公党建信息管理系统并多次升级完善，整合组织、民政、工商、人力社保等部门信息开展大数据比对，按季度投放非公有制经济组织基本情况排查任务，采取"人口普查"方式逐户上门摸排，做到运营情况、职工队伍、党员队伍、出资人情况、未建党组织原因"五个清楚"，如实录入信息系统并动态维护相关信息，并据此指引、督促各有关责任单位做好党组织组建工作。同时，依托信息管理系统对各地"两个覆盖"成果自动排名通报，形成常态化、竞争性工作机制。在组建党组织的过程中，针对非公领域实际，坚持"一企一策"，科学制定方案，能单建的不联建、能联建的不挂靠、能挂靠的不遗漏。对新建党组织，选优配强党组织书记，落实专人联系、跟踪指导；对联合党组织，定期开展"回头看"，把条件成熟的及时单建党组织；对关停并转、党员流失严重的党组织及时撤并重组，防止成为"空壳"；对暂没有党员的，通过选派党建工作指导员，先行建立工会、共青团等群团组织，开展党的工作，为组建党组织创造条件。截至2017年底，全市非公领域管理党员数已较2013年底增长了4倍，建立党组织1.7万个，党组织覆盖率较2013年大幅提升，工作覆盖率达100%。

四、狠抓反腐倡廉建设

改革开放以来，市委和各级地方党委坚定不移地深入开展党风廉政建设和反腐败斗争，以反腐倡廉的实际成效，保障和推进了重庆的经济社会发展。

（一）加强党风廉政建设

党风廉政建设是党的建设和政权建设的重要组成部分，是纪检监察机关的重要职责和任务。党的十一届三中全会后，面对改革开放新形势下出现的种种不正之风和腐败现象，纪检监察机关恢复重建后的首要任务就是维护党纪党规和国家法律法规，协助党委政府管好党风政风，采取教育、制度、监督并重的举措，切实加强党风廉政建设。

为了保障党风廉政建设的深入开展，重庆从1992年开始率先于全国试行党风廉政建设责任制。1998年中共中央、国务院《关于实行党风廉政建设责任制的规定》颁布后，进一步完善了党风廉政报告制度、党风廉政谈话制度、党风廉政评议制度、党风廉政考核制度和党风廉政责任追究制度等配套制度，严格实行责任分解、责任考核、责任追究制度。按照"谁主管、谁负责"和"一把手"负总责的原则，每年初逐级对党风廉政建设任务进行责任分解，每年底对党风廉政建设任务落实情况进行全面考核，对违反责任制规定的行为严格实施责任追究。仅据1999年至2005年统计，全市对1011名领导干部实施了党风廉政责任追究。2009年，出台《重庆市"关于实行党政领导干部问责的暂行规定"的实施办法》，进一步强化了责任追究。

党的十八大以来，市委严格执行《中国共产党问责条例》，制定全市实施办法，开列责任清单，细化问责情形，规范问责程序。加大问责力度，对党的领导核心作用弱化、管党治党不严不实、"四风"和腐败问题频发、巡视整改不落实等严肃问责，释放失责必问、问责必严的强烈信号。先后出台《关于落实党风廉政建设党委主体责任和纪委监督责任的意见》《落实全面从严治党责任实施办法（试行）》，构建主体清晰、责任明确、有机衔接的责任体系，强化责任清单管理和制度刚性约束。市委主要领导认真履行第一责任人的责任，对全面从严治党和党风廉政建设重大问题亲自过问、重要工作亲自部署、重点环节亲自协调、重要案件亲自督办，抓得紧而又紧、实而又实，旗帜鲜明、毫不犹豫。市委常委班子成员切实履行"一岗双责"，抓好职责范围内管党治党责任的落实。市纪委认真落实监督责任，建立并严格执行"两个责任"专题报告、述责述廉、约谈、检查考核、通报曝光、责任追究等制度。

市委还特别注意以优良的党风促政风带民风。深入开展理想信念宗旨教育，坚持共产党人价值观，大力弘扬红岩精神。坚持正确的舆论导向，建设集信息公开、新闻发布、政策解读、网民互动、信访举报于一体的"风正巴渝"网站、微信平台，完善执纪审查信息发布工作机制，开展"党风廉政看巴渝"新闻采写活动，做好涉腐网络舆情信息的收集、研判、处置工作，加强宣传和舆论引导。挖掘本土廉洁文化，加强家风建设。发挥德治礼序作用，汲取乡规民约精华，推动社会风气持续好转。

（二）纠正不正之风

在改革开放和市场经济大潮中，针对一些部门和行业为了小团体利益而损害群众利益的不正之风，中共中央、国务院于1990年作出了纠正部门和行业不正之风的决定。全市各级党委、政府和纪检监察机关紧密结合重庆实际，抓住影响改革、发展、稳定和群众反映强烈的突出问题，集中开展专项治理，并逐步由标本兼治、侧重治标走向标本兼治、纠建并举，使纠风工作不断取得阶段性实效。全市先后集中开展了治理行政事业单位乱收费乱罚款乱摊派、减轻农民负担、减轻企业负担、治理公路"三乱"（乱设卡、乱罚款、乱摊派）、治理中小学乱收费、纠正医药购销中的不正之风、推进工程建设领域突出问题专项治理、纠正损害群众利益的突出问题等重大专项治理工作。

随着纠风工作的深入开展，从2003年开始，全市又将城镇化、工业化快速推进中出现的一些损害群众利益的突出问题，作为纠风专项治理的重点来抓，落实"四个坚决纠正"，即纠正土地征用中损害农民利益的问题、纠正城镇拆迁中侵害居民利益的问题、纠正企业重组改制和破产中侵害职工合法权益的问题、纠正拖欠和克扣农民工工资问题。2009年至2012年，全市围绕规范工程建设项目决策行为，规范招标投标活动，规范土地使用权、矿产权审批和出让行为，规范城乡规划，加强工程建设实施和质量安全管理，加强物资采购和资金安排使用管理，推进建设项目信息公开和诚信体系建设，加大查办案件力度等八个方面，开展工程建设领域突出问题专项治理，在全国率先实现工程建设领域项目信息综合检索平台与国家检索平台互联互通，治理工作取得显著成效。在纠风工作中，还先后开展了清理整顿和规范行政执法机关统一着装、清理制止公款出国（境）旅游、实行党政机关与中介机构和行业协会脱钩改革、治理党政部门报刊散滥和利用职权发行、治理商业贿赂等其他专项治理。

为了加强民主监督，促进部门和行业切实改进作风，在纠风工作中坚持开展民主评议行风。市政府纠风办公室先后从人大代表、政协委员、特邀监察员和民主党派及社会各界人士中聘请了100余名行评代表，全市各级共聘请近3000名行评代表和行评监督员参加行风评议工作。行风评议工作在突出重点部门和行业的同时，对市级和区县所有部门和行业及基层站所做到全覆盖，并不断创新评议内容和方式，注重把行风问题的解决与业务工作规范和行业内部管理结合起来，把建立健全规章制度与职业道德和作风建设结合起来，逐步形成了行风评议促进行风建设的长效机制。

十八大以来，市委把落实中央八项规定精神作为改进作风的突破口，制定实施《关于改进工作作风、密切联系群众的实施意见》《贯彻落实中央八项规定精神实施意见》等制度规定，以身作则、以上率下，抓常抓细抓长，力戒形式主义、官僚主义、享乐主义和奢靡之风。市纪委坚决正风肃纪，抓住元旦、春节、中秋等年节假期，开展集中检查、交叉检查和明察暗访，一个节点一个节点地抓。扎实开展会员卡专项清退和会所中的歪风、公款送月饼贺卡、违规使用公车到高山景区避暑等问题的专项整治，着力解决存在的突出问题。按照越往后执纪越严的要求，坚决查处违规发放津补贴、收受礼金、大操大办、公款吃喝旅游等问题，不讲特殊、没有例外，对顶风违纪的从严执纪、从严处理。党的十八大以来，全市查处违反中央八项规定精神问题3184个，处理党员干部4613人，其中，给予党纪政纪处分1802人。通报曝光违反中央八项规定精神问题1624个、2700人，基本刹住了面上的奢靡享乐歪风。

（三）惩治腐败行为

查处违纪违法案件，是纪检监察机关的一项基本职能，是惩治腐败的重要方式和手段。全市纪检监察机关紧紧围绕党和政府各个时期的中心任务查处违纪违法案件，坚决惩治腐败。改革开放初期，查处案件工作主要是结合端正党风、打击经济犯罪、保护和促进改革发展来进行，特别是在1982年至1986年打击经济领域严重犯罪活动中，全市纪检机关共查处各种经济案件6542件，给予党纪政纪处分1854人，移送司法机关处理1395人。1987年至1992年，围绕"治理整顿、深化改革、维护稳定、促进发展"，全市纪检监察机关共查处各类案件10465件，党纪政纪处分9685人。1993

年纪检监察机关合署办公后，在整体推进反腐败三项工作中更加注重案件查处，重点查处党政领导机关、司法机关、行政执法机关、经济管理部门（简称"三机关一部门"）和县（处）级以上领导干部的违纪违法案件。1997年重庆直辖后，继续以"三机关一部门"和县（处）级以上领导干部中的违纪违法案件为重点，进一步强化案件查处工作。

在查处案件中，各级纪检监察机关注重依靠群众的支持和参与，通过调查处理群众的信访举报，既为反腐倡廉建设提供了大量有价值的信息和案件线索，也实事求是地澄清了一些举报不实的问题。同时，还注重对党员、干部不服党纪政纪处理的申诉复查工作，特别是粉碎"四人帮"后的拨乱反正时期，全市纪检监察机关对历次政治运动中处理的党纪政纪案件进行了全面复查，按照实事求是、有错必纠的原则，平反纠正了过去在"左"的影响下造成的冤假错案，认真落实了党的政策。为了保证案件查处质量，各级纪检监察机关吸取历史经验教训，从案件线索的初核、立案、查证到审理、处理、结案等各个环节，建立健全了一整套严密的办案程序和管理制度，并不断加强案件质量和执纪监督检查，切实做到查处的案件事实清楚、证据确凿、定性准确、处理恰当、手续完备、程序合法。

党的十八大以来，全市纪检监察机关注意减存量、遏增量，保持惩治腐败高压态势。坚持有案必查、有贪必肃，重点审查不收敛不收手，问题线索反映集中、群众反映强烈，现在重要岗位且可能还要提拔使用的领导干部。加大扶贫领域问题查办力度，围绕扶贫项目安排、资金落实等环节，重点查处脱贫攻坚领域贪污挪用、虚报冒领、截留私分、优亲厚友、挥霍浪费等问题，为打赢脱贫攻坚战提供坚强纪律保障。严肃查处涉及民生资金、"三资"管理、征地拆迁、土地复垦等领域的违纪问题，集中开展专项整治，让群众切身感受到全面从严治党的成果。改革和完善反腐败协调机制，健全案件线索协调会商、移送、重大案件督办等制度。共立案14471件，党纪政纪处分16807人，其中，厅局级干部107人，县处级干部2125人，移送司法机关处理1250人。不断加大追逃追赃工作力度，追回外逃人员38人，其中，"百名红通人员"1人。与此同时，充分发挥警示教育作用，开展领导干部任前廉政谈话，查处的市管干部、典型案件在重庆电视台公开发布，到受处分党员所在党支部宣布处分决定，督促案发单位用好忏悔录和剖析报告，召开警示教育大会，策划改版升级市廉政教育基地，拍摄警示教育片，以身边事教育身边人。

（四）开展纪检监察

执法监察是行政监察机关的基本职能，是监督和促进行政机关依法行政的重要手段，在保证政令畅通及各项法律法规和中央决策措施的贯彻落实中发挥了极其重要的作用。全市监察机关自建立之初就开展了执法监察工作（当时叫专项监察），1988年监察机关恢复重建后把执法监察作为重要任务，1993年纪检监察机关合署后将其贯穿于纪检监察工作全过程。仅据1991年至2005年记载，全市纪检监察机关开展执法监察项目就达1004项。较为重要的执纪监察任务有：开展对国家行政机关及其工作人员贯彻执行中央重大决策和有关法律法规情况的监督检查；参与整顿和规范市场经济秩序的专项工作；加强三峡移民资金和移民工程质量、重点建设工程项目的监察；开展关键部位的监督检查和安全生产的监督检查，等等。

直辖后,全市纪检监察机关按照党的十五大提出的标本兼治、综合治理,从源头上预防和治理腐败的要求,积极牵头或协调配合有关部门,从推行政务、厂务、村务"三公开",行政审批、财政管理、干部人事管理、投资体制、司法体制"五项制度"改革,政府采购、有形建筑、土地交易、产权交易市场"四个要素市场"建设等方面,加强了对权力的监督制约,着力从源头上防治腐败。为进一步从源头上预防和治理腐败,从2009年开始加强廉政风险防范机制建设,制定《全市开展廉政风险防控实施方案》,按照依法规范职权、查找廉政风险、评定风险等级、制定防控措施等程序,建立健全廉政风险防控的排查体系、预警体系、管理体系和监督体系,廉政风险防控工作内容不断深化、领域不断拓展、覆盖面逐步扩大、成效逐步显现。

1997年6月18日,直辖后的市纪委挂牌

党的十八大以来，市纪委坚持惩前毖后、治病救人的方针，注重对党员干部的日常监督，抓早抓小抓苗头，对反映的一般问题及时同本人见面，综合分析违纪行为性质，考虑认错悔错态度，进行分类处置。注意做好执纪审查对象的思想转化工作，教育引导违纪干部相信组织、忠诚组织。监督执纪"四种形态"结构性特征加快形成，失责必问渐成常态，政策感召效应逐步释放。

根据党中央关于全面推开国家监察体制改革试点的决策部署，市委切实担当主体责任，成立试点工作小组，扎实做好国家监察体制改革试点。对标对表中央确定的时间表和路线图，制定重庆市深化国家监察体制改革试点工作实施方案，召开会审会，逐一审核区县实施方案，全覆盖督导区县改革试点工作，确保不跑偏、不走样。抓住职能划转、人员转隶这个关键，统筹做好监察委员会办公地点选址、组织机构设置、涉转干部谈心谈话、人选考察、人员定岗定责、人大选举等基础性工作，倒排工期、压茬推进，市、区县监察委员会全部产生并挂牌，与纪律检查委员会合署办公。抓好职能、人员、工作的深度融合，实现新时代纪检监察工作"形"的重塑、"神"的重铸，切实把制度优势转化为治理效能。

坚持把建章立制贯穿国家监察体制改革试点始终，出台市纪委监委机关执纪监察工作办法、审查调查措施使用规范、审查调查常用文书式样、监察留置场所管理等规范性文件18件、具体实施规范28件，建立党委、政法委与公安、检察、审判、司法行政机关支持配合监察委员会工作"1+4"制度，推动监察委员会顺畅高效、规范有序运转。围绕转职能、转方式、转作风，构建监督执纪工作规则实施办法"1+X"制度体系，制定请示报告监督执纪重要事项、监督执纪工作保密等22项制度，规范权力运行、强化自我约束。围绕推进纪律检查体制改革，制定问责条例实施办法、监督执纪"四种形态"实施办法和运用第一种形态开展谈话工作规程、纪律审查信息报送发布及典型案例通报曝光办法、市纪委派驻机构工作运行管理和工作情况考核办法，在部分区县开展执纪监督和执纪审查部门职责分开、监督执纪力量整合试点，深化组织和制度创新。

（五）彰显巡视利剑

市委高度重视巡视工作，按照中央的统一部署，从聚焦党风廉政建设和反腐败斗争，到聚焦全面从严治党，再到突出坚持党的领导、加强党的建设，检查党的路线、方针、政策落实情况，着力发现党的领导弱化、党的建设缺失、全面从严治党不力、党的观念淡漠、组织涣散、纪律松弛，管党治党宽松软等突出问题。制定出台巡视工作实施办法、五届市委巡视工作规划，明确市委巡视办为市委工作部门，健全巡视协作机制，制定加强巡视整改监督检查工作的意见，增强巡视实效，充分发挥巡视监督在党内监督中的重要作用。

把中央巡视反馈意见整改作为重要政治任务抓落实。2013年，积极配合中央第五巡视组对重庆的巡视，协助市委抓好巡视反馈意见整改，对巡视交办的906件信访件全部办结，先后出台党政机关主要领导不直接分管人财物，领导干部招投标工作纪律"三要十不准"，规范领导干部配偶、子女及其配偶经商办企业行为等制度规定，强化对权力运行的监督制约。2017年，把中央第十一巡视组"回头看"反馈意见整改作为维护党中央权威的具体行动，市委切实加强领导，研究制定34项整改任务、128条具体整改措施，加大督促检查力度，确保条条要整改、件件有着落。2017年7月中央调整重庆市委主要负责人以来，对前期整改落实的力度、精准度和效果进行再评估，查漏补缺，在对号入座、系统深入、全面具体上下功夫，不断把巡视整改引向深入。全力完成市纪委牵头的15项整改任务。对中央巡视组移交的1266件问题线索立交立办、快查快结，逐一分析研判，一件一件"过筛子"，确保每一条线索处置都经得起检验。

完成四届市委巡视全覆盖。深入贯彻中央巡视工作方针，坚定不移深化政治巡视，科学制订巡视计划，市委巡视组共开展22轮巡视，巡视260个单位党组织，实现巡视监督全覆盖。不断创新巡视监督方式方法，着力提高发现问题的深度和精准度。强化巡视整改落实，要求被巡视党组织主动认领问题，开列问题清单和责任清单，防止把层层传导压力变成层层推卸责任。对巡视发现的共性问题进行专项整治，对移交的问题线索加强跟踪督办，确保真正改到位、有实效。

开展五届市委第一轮脱贫攻坚专项巡视。将政治巡视与脱贫攻坚结合起来，选好配强巡视组组长，要求学习中央巡视组直面矛盾、点名道姓的优良作风，学习中央巡视组的工作机制和方式方法，抱着"首战必胜"的信念去巡视，共发现问题209个；发现涉及75名市管干部和873名其他干部的问题线索，是2016年全年发现问题线索总数的2.3倍，有力发挥震慑遏制治本作用。加强脱贫攻坚专项巡视成果运用，向分管市领导、市扶贫办通报情况，规范和强化对区县党委书记单独反馈，首次向社会公开通报巡视反馈情况，把整改压力传导下去，该查处的查处、该通报的通报、该曝光的曝光。

全面推进区县巡察。按照统筹谋划、试点先行、积累经验、全面推开的思路，坚持巡视巡察一体谋划，构建巡视巡察联动机制。全市38个区县均建立巡察制度，成立巡察机构，建立区县巡察工作重要情况向市委巡视工作领导小组报告制度，形成巡视巡察"一盘棋"，推动全面从严治党向基层延伸。

后　　记

　　经中共中央领导同意，为隆重庆祝改革开放 40 周年，中共中央党史和文献研究院、人民出版社决定联合编写出版《中国改革开放全景录》丛书，每个省、自治区、直辖市各出一卷。其中，《中国改革开放全景录·重庆卷》由中共重庆市委党史研究室与重庆出版集团合作编撰出版。中共重庆市委宣传部高度重视编写工作，张鸣同志专门对编写工作作出指示。市委宣传部组织召开《中国改革开放全景录·重庆卷》编撰出版工作专题会议，对各相关部门和单位撰写基本素材提出工作要求。编委会由中共重庆市委党史研究室主任徐塞声和重庆出版集团党委书记陈兴芜担任主编，中共重庆市委党史研究室艾新全、田姝、俞荣新组成编写组。市纪委、市委组织部、市委统战部、市人大研究室、市政协研究室、市发展改革委、市经济信息委、市教委、市科委、市公安局、市人力社保局、市国土房管局、市环保局、市文化委、市城管委、市卫生计生委、市体育局、市扶贫办、市政府法制办、市法院、市检察院、市电力公司等单位提供了相关资料。各章完成情况如下：第一章、第九章，艾新全；第五章、第七章、第八章，田姝；第二章、第三章、第四章、第六章，俞荣新。全书由中共重庆市委党史研究室副巡视员艾新全统稿。本书编写过程中，曾维伦、周廷勇、张琪、徐光

后　记

煦、简奕、别必亮、徐飞、林郁等同志提出了宝贵意见，重庆邮电大学原党委书记徐仲伟、重庆工商大学原副校长廖元和、重庆师范大学原党委书记邓卓明及中共重庆市委研究室、重庆市政府研究室、重庆市发展改革委的有关专家审读了书稿。

限于时间和水平，书中不足之处在所难免，敬请广大读者批评指正！

编　者

2018年9月20日

责任编辑：徐　飞　林　郁
封面设计：石笑梦
版式设计：周方亚

图书在版编目（CIP）数据

中国改革开放全景录 · 重庆卷 / 中共重庆市委党史研究室编 . —重庆：重庆出版社，2018.11（2022.4 重印）

ISBN 978-7-229-13628-4

Ⅰ . ①中… Ⅱ . ①中… Ⅲ . ①改革开放—历史—重庆 Ⅳ . ① D61

中国版本图书馆 CIP 数据核字（2018）第 264610 号

中国改革开放全景录 · 重庆卷
ZHONGGUO GAIGE KAIFANG QUANJINGLU · CHONGQING JUAN

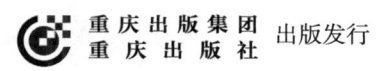

中共重庆市委党史研究室　编

重庆出版集团
重庆出版社　出版发行

（400061　重庆市南岸区南滨路 162 号 1 幢）

重庆天旭印务有限责任公司印刷　新华书店经销

2018 年 11 月第 1 版　2022 年 4 月重庆第 2 次印刷
开本：710 毫米 ×1000 毫米 1/16　印张：24
字数：280 千字
ISBN 978-7-229-13628-4　定价：84.00 元

邮购地址 400061　重庆市南岸区南滨路 162 号 1 幢
重庆出版集团图书发行有限责任公司　电话（023）61520646

版权所有·侵权必究
凡购买本社图书，如有印制质量问题，我社负责调换。
服务电话：（023）61520646